D1729891

Hannoversche Schriften
zur
Regional- und Lokalgeschichte
Band 8

Hannoversche Schriften zur Regional- und Lokalgeschichte

Im Auftrag der
Arbeitsgruppe Regional- und Lokalgeschichte
der Universität Hannover
herausgegeben von
Cord Meckseper, Herbert Obenaus und Hans-Dieter Schmid

Band 8

Carl-Hans Hauptmeyer (Hrsg.)

Hannover und sein Umland in der frühen Neuzeit

Beiträge zur Alltags-, Sozial- und Wirtschaftsgeschichte

Bielefeld 1994

Gefördert durch die Calenberger Volksbank Hannover-Linden.

CIP-Titelaufnahme der Deutschen Bibliothek

Hannover und sein Umland in der frühen Neuzeit
Beiträge zur Alltags-, Sozial- und Wirtschaftsgeschichte/Hrsg. von
Carl-Hans Hauptmeyer.-
Bielefeld: Verlag für Regionalgeschichte, 1994
(Hannoversche Schriften zur Regional- und Lokalgeschichte; Bd. 8)
ISBN 3-89534-114-2
NE: Hauptmeyer, Carl-Hans [Hrsg.]; GT

Verlag für Regionalgeschichte
Bielefeld

Gestaltung des Titelblatts: Eva Streich, unter Verwendung einer Karte von Hannover
und Umgebung (Beikarte zu: "Die Königliche Haupt- und Residenz-Stadt Hannover
mit ihren Umgebungen", um 1862).

© 1994 Arbeitsgruppe Regional- und Lokalgeschichte der Universität Hannover
ISBN 3-89534-114-2

Inhaltsverzeichnis

III. Menschen und Alltag

Christiane Schröder

"Die Welt kann des Weibervolks nicht entbehren!" Geschlechter-

Karin Schmidtke

Verbotene Liebe und ihre Folgen. Kirchenzucht im Calenberger

Dirk Riesener

Die Produktion der Räuberbanden im kriminalistischen Diskurs.
Vagantische Lebensweise und Delinquenz im niedersächsischen

Carl-Hans Hauptmeyer

IV. Anhang

Vorwort

Der Band vereinigt ausgewählte Forschungen von Absolventinnen und Absolventen des hannoverschen Geschichtsstudiums aus den Jahren 1984-1991. Die Arbeiten hätten nicht geleistet werden können ohne die umfangreiche Unterstützung von Mitarbeiterinnen und Mitarbeitern der staatlichen, kommunalen, kirchlichen sowie in Einzelfällen privaten Archive und Bibliotheken in und um Hannover.

Frau cand. phil. Claudia Fassauer, unterstützt von Frau cand. phil. Ute Bahrs, besorgte die Herstellung der Druckvorlage. Eine großzügig gewährte finanzielle Zuwendung durch die Calenberger Volksbank Hannover-Linden ermöglichte die Publikation dieses Bandes.

Allen, die uns halfen, danke ich herzlich.

Hannover, im Juni 1994   Carl-Hans Hauptmeyer

Carl-Hans Hauptmeyer

Einleitung

Die Verflechtung Hannovers mit seinem unmittelbaren Umland wuchs seit der Mitte des 17. Jahrhunderts rasch. Hannover war 1636 wider Willen Residenz der Calenberger Welfenherzöge geworden. Die Calenberger Neustadt links der Leine gedieh zu einer Konkurrenzsiedlung und wurde gemeinsam mit der Altstadt mit einer modernen Bastionärsbefestigungsanlage versehen[1]. Zwischen den heute nach Hannover eingemeindeten Dörfern und der Alt- bzw. der Neustadt lag ein seit dem Spätmittelalter dorffreies Gelände. Da die Altstadt über keine eigene Feldmark verfügte, betrieb kein hannoverscher Bürger Landwirtschaft als Hauptberuf. Allerdings besaßen die Bürger Gärten im dorffreien Terrain vor dem Steintor und vor dem Aegidientor. Hier wurde Gemüse gezogen, auch wurden zur Honig- und Wachsversorgung Bienen gehalten, und hier wurde ein Teil des für die Bierproduktion so wichtigen Hopfens angebaut. Wohl 980 Gärten mit ca. 250 ha Fläche zählte man. In den Gärten hatten sich bereits im 16. Jahrhundert Siedler niedergelassen, die weder einem dörflichen Verband angehörten noch der Stadt. Vor dem Steintor unterstanden sie dem landesherrlichen Amt Langenhagen, vor dem Aegidientor dem Amt Koldingen. Sie lebten in den Gartenhäuschen der Bürger. Ihre Zahl nahm im Lauf des 18. Jahrhunderts stetig zu und erreichte zum Jahrhundertende ca. 1.500. Bereits 1741 war für die Gartengemeinde ein eigener Friedhof angelegt worden, 1746 wurde der erste Pfarrer der Gartengemeinde eingeführt, und seit 1749 besaß sie mit der 1747 begonnenen Gartenkirche ein eigenes Gotteshaus. Zunächst sahen sich die Altstädter Wirte, Branntweinbrenner und manche Handwerker von den Konkurrenten vor der Stadt bedroht. Auf die Dauer wurden die Gartenleute für die Versorgung der Stadt jedoch immer wichtiger. Obst und Gemüse wurde in den Gärten in solchen Mengen angebaut, daß über die Versorgung Hannovers hinaus exportiert werden konnte.

Zählt man das Eigentum der Altstadt mit demjenigen der Kirchen und Stifter sowie der Privatpersonen zusammen, so ergibt sich eine Fläche von nahezu 1.125 ha Land, das im Umfeld der Altstadt besitzrechtlich an diese gebunden war. Dazu gehörten nicht nur die Gärten, sondern auch Ackerland in den Dörfern, insbesondere in Vahrenwald, Hainholz und List, das von den Bauern nach Meierrecht genutzt wurde. Schon seit dem 16. Jahrhundert waren

---

[1] Das Nachfolgende bis Anm. 3 nach: Carl-Hans Hauptmeyer, Die Residenzstadt. Von der Residenznahme 1636 bis zum Beginn des 19. Jahrhunderts. In: Klaus Mlynek, Waldemar R. Röhrbein (Hrsg.), Geschichte der Stadt Hannover 1, Hannover 1991, S. 137-264.

die Friedhöfe von den Kirchen gelöst und im unmittelbaren Umland neu angelegt worden. Vor der Stadt lagen auch etliche Regiebetriebe wie die 1638
zur Engesohde verlegte Ratsziegelei. Bis 1672 befand sich der städtische
Rösehof (Kalkherstellung) vor dem Aegidientor. Nun mußte er neuen Befestigungsanlagen weichen. 1714 folgte die Anlage der neuen städtischen
Ziegelei an der Breiten Wiese zwischen Kirchrode und Misburg. Nordöst-
lich des Steintors, an der Celler Straße, errichtete 1643 auch der Postmeister
Rötger Hinüber das erste Posthaus. Ein geeignetes Areal für die zum absolutistischen Hof gehörende herrschaftliche Jagd fand Herzog Johann Friedrich bei Kirchrode. 1679 ließ er hier den Tiergarten errichten.

Erst die Befestigungsanlagen mit dem Umflutgraben, dann die Gärten und
Siedlungsplätze für in der Stadt nicht geduldete oder nicht gerne gesehene
Personen, die Friedhöfe und städtischen Regiebetriebe, die Eilenriede als
Stadtwald zur Viehweide, Bau- und Brennholzversorgung, die Viehweiden
der Ohe und der Bult - so baute sich das unmittelbare städtische Umfeld bis
hin zu den Türmen, mit denen die Straßen von und nach Hannover bewacht
wurden, auf. Der Kranz des Landwehrsystems um die Stadt wurde zwar
nicht aufgelöst, verlor durch die allmähliche Öffnung der Stadt in ihr Umland
aber an Bedeutung. Nimmt man dies alles zusammen, also die gegenüber
Feinden ungeschützte Anlage des Herrenhäuser Sommerschlosses mit dem
Großen Garten und seinen Nebenanlagen, die zwischen der Alt- und Neustadt entstehenden Palais und Gärten des Adels, der Bau der Clemenskirche
auf einer Bastion der Neustadt und viele kleine Baumaßnahmen mehr, so
wird deutlich, daß schon am Ausgang des 17. Jahrhunderts, rasch nach der
Schließung der modernen Bastionärsbefestigungsanlage, das höfisch-re-
präsentative und städtisch-wirtschaftliche Element der Umfeldgestaltung das
militärische Element verdrängte. Sicherheitsüberlegungen traten immer weiter in den Hintergrund, nicht zuletzt, weil die Stadt vom Ausgang des Dreißigjährigen Krieges bis zum Siebenjährigen Krieg nicht von Truppen bedroht wurde.

Die Tendenz der baulichen Öffnung der Alt- und Neustadt gegenüber ihrem
Umland setzte sich zügig fort. Die engen alten Stadttore, die nach der Anlage der Bastionärsbefestigung innerhalb des Mauerringes lagen, hemmten
den Verkehr. Das Steintor fiel 1741, das Aegidientor 1747/48, der Leintor-
turm 1797. Die neuen Toranlagen an den Straßen von und nach Hannover
dienten nun nur noch zur Kontrolle des Verkehrs und zur Akziseerhebung.
Bereits wenige Jahre nach dem Siebenjährigen Krieg (1756-1763), der die
militärische Funktionslosigkeit der Wälle, Bastionen und Gräben gezeigt
hatte, begann die Niederlegung der Festungswerke. Seit 1780 erfolgte die
Umnutzung und Öffnung der alten Befestigungsanlagen immer rascher. Die

gesamte Südflanke der Alt- und Neustädter Befestigungen konnte nunmehr zu freien Anlagen umgestaltet werden.

Nur folgerichtig war es, wenn die rechtlichen Trennungen zwischen Stadt und Umland allmählich gelöst wurden. 1802 erhielten alle Hausbesitzer der Aegidienvorstadt das Altstädter Bürgerrecht. Auch die Gartenleute vor dem Aegidien- und dem Steintor wurden mehr und mehr in die Stadt integriert. Das Gebiet der Gartengemeinden vor dem Steintor und dem Aegidientor wurde 1793/95 aus den landesherrlichen Ämtern Langenhagen und Koldingen ausgegliedert und dem Gerichtsschulzenamt Hannover unterstellt. 1797 konnten in den Gartengemeinden erstmalig Bürgervorsteher gewählt werden. 1776 wurden nach langem Streit die Weiderechte östlich des Pferdeturmes (Roderbruch) zwischen Groß-Buchholz, Misburg, Kirchrode und der Altstadt geregelt. Die allmähliche Öffnung der Stadt in ihr Umland scheinen die Bürger auf ihre Weise genutzt zu haben. Bis 1765 entstanden 19 Gasthöfe an den Straßen vor Hannover. Hier wohnten wohl auch fremde Gäste und zechten vielleicht einmal Bauern, vorrangig aber besuchten die Stadtbewohner die Wirtschaften als Ausflugsziele. 1799 wurden Teile des Tiergartens der Öffentlichkeit zugänglich gemacht, und eine Ausflugswirtschaft entstand hier.

Den vehementesten Wandel machte das stadtnächste Dorf, nämlich Linden, durch. Mehrere ihrer bisher von Bauern bewirtschafteten Höfe verkauften die von Alten 1645 an Herzog Christian Ludwig, der hier, nördlich des Dorfes, ab 1652 einen 8 ha großen, 1741-44 neugestalteten Küchengarten und ein Jagdzeughaus errichten ließ. Ebenfalls von der Familie von Alten erwarb durch Pacht und Kauf Herzog Ernst Augusts Oberhofmarschall und Minister, Franz Ernst Graf von Platen, 1688 den Gutsbezirk in Linden samt allem Zubehör, erweiterte ihn durch den Kauf zusätzlicher Höfe und ließ einen schließlich 19 ha großen Barockgarten anlegen. 1691/92 wurde das 1945 zerstörte Schloß gebaut. Die gräfliche Familie von Platen bemühte sich, neben den zeittypischen Repräsentationsobjekten eine Wirtschaftsherrschaft aufzubauen, die - anders als die übliche Grundherrschaft mit ihren Verfügungsrechten des Adels über Bauern und deren Natural- oder Geldabgaben - einen rechtlich und wirtschaftlich geschlossenen Komplex darstellte, um im Sinn merkantilistischer Wirtschaftsvorstellungen mit agrarischen und gewerblichen Produkten handeln zu können. Bierbrauerei, Branntweinbrennerei, Schmiede und Wachsbleiche legten in dem bisher nicht überdurchschnittlich gewerbereichen Dorf Linden den Grundstock für eine vielfältige Wirtschaft am gräflichen Gut. 1690 erwarb der Graf die Kruggerechtigkeit in Linden. Seit 1696 ließ er am Lindener Berg Kalk brennen. 1700 erweiterte er seine Aktivitäten durch die Anlage von 30 Weberhäusern. Auf Bitten des Grafen schuf Kurfürst Georg Ludwig 1707 einen geschlossenen Untergerichtsbezirk in Linden. Die 1714 mit einem Lagerhaus hier etablierte Königliche Bergwarenhandlung half zukünftig die Hafenfunktion Lindens zu fördern. 1728 allerdings kündigte die Familie von Alten den Nutzungsvertrag mit dem Grafen von Platen-Hallermund für die Lindener Güter. Über den Rückkaufpreis entstand ein bis 1816 währender Rechtsstreit, der einen systematischen weiteren Ausbau der Wirtschaftsherrschaft verhinderte. Die von den ökonomischen Anregungen Platens ausgehenden weiteren Innovationen waren groß. Seit der Wiederaufnahme der Leineschiffahrt 1740 lag der Hafen in Linden, an dem 1753 ein fünfgeschossiges massives Speichergebäude errichtet wurde. 1750 entstand eine Salpetersiederei, 1788 eine kleine Kornbrennerei.

Die Förderung im Sinn der zeitgenössischen ökonomischen Vorstellungen schuf die Basis für eine den dörflichen Rahmen sprengende Entwicklung Lindens. Zu dem Zweigespann Altstadt-Neustadt war also bis zum Ausgang des 18. Jahrhunderts mit Linden ein dritter Partner getreten, der zunftunbeschränkt zukünftigen liberalen wirtschaftlichen Entwicklungen offenstand. Linden zeigt deutlich, daß die ersten Vorbereitungen für eine Industrialisierung im ländlichen, nicht im traditionell städtischen Terrain stattfanden. Während Alt- und Neustadt wuchsen, wurden das Umland und die der Stadt unmittelbar benachbarten Dörfer immer enger in die Funktionsvielfalt des Hauptortes im expandierenden Herzogtum/Kurfürstentum einbezogen.

*

Sind diese Veränderungen nur gültig für Alt- und Neustadt, das unmittelbare Stadtumland und die Hannover nächstliegenden Dörfer? Welche zusätzlichen Aussagen lassen sich gewinnen, wenn der Radius weitergezogen, auf zumindest 50 km ausgedehnt wird und die Menge der behandelten Sachprobleme über die Bau- und Wirtschaftsgeschichte hinausgreift?

In einer Eingabe, die dem in Herrenhausen weilenden König Georg II. 1748 vorgelegt wurde, klagten die Gilden und Zünfte der Altstadt Hannover[2] : "Die Nahrung hat sich fast gänzlich aufs platte Land gezogen." Gemeint war damit, daß die Möglichkeit der Handwerker und Händler Hannovers, ihren Lebensunterhalt (Nahrung) zu sichern, arg geschmälert erschien. Die Aussage reiht sich in eine Vielzahl ähnlicher Klagen ein, die von der Altstadt zur Zeit der Residenzerhebung 1636 ebenso vorgetragen wurden wie noch am Ausgang des 18. Jahrhunderts. Stets wurde die Konkurrenz im hannoverschen Umland dafür verantwortlich gemacht, daß die altstädtische Wirt-

---

[2] Jüngster Abdruck bei Henning Rischbieter, Hannoversches Lesebuch 1 (1650-1850). Velber 1975, S. 68 ff., hier S. 68.

schaft leide. Der einzelne Handwerksbetrieb könne seine zum Fortbestehen notwendigen Einkünfte nicht mehr erzielen. Anfänglich richteten sich die Beschwerden gegen die Betriebe in der rasch wachsenden Calenberger Neustadt, dann mehr und mehr gegen diejenigen auf dem Lande und speziell gegen die Eigenwirtschaften der landesherrlichen Ämter, des Adels und der Klöster. Tatsächlich aber herrschten 1748 in der hannoverschen Altstadt keineswegs wirtschaftlicher Ruin und Massenverelendung. Während andere Städte stagnierten, war in der Altstadt die Bevölkerungszahl seit 1636 von gut 5.000 auf über 10.000 gestiegen. Hinzu kam das Anwachsen der Neustadt von weniger als 500 auf ca. 3.500 Menschen. Alt- und Neustadt gediehen, das Umland gedieh; gewann das Umland Hannovers relativ mehr - gemessen an der Aufwärtsentwicklung der Stadt?

Wird den Leitlinien der Forschungsliteratur zur frühneuzeitlichen Wirtschaftsgeschichte gefolgt, müßte die Aussage der Altstädter Gilden und Zünfte bestätigt werden. Der ländliche Raum Mitteleuropas gewann generell an Bedeutung. Hier wurde im agrarischen Sektor Kapital investiert[3], hier fand in etlichen Regionen eine "Industrialisierung vor der Industrialisierung" (Protoindustrialisierung) statt[4], hier förderte der Staat die Ansiedlung von wirtschaftenden Menschen[5]. Ausnahmen bildeten während der frühen Neuzeit auf der einen Seite die aufstrebenden Handelszentren wie Amsterdam, London oder auch Hamburg, auf der anderen Seite die Residenzstädte wie Wien oder auch Berlin. Insofern spielt Hannover seit der Residenzerhebung 1636 eine Sonderrolle,[6] und insofern wird die Klage der Gilden und Zünfte relativiert.

Die Verquickung zwischen Stadt und Umland allein zu konstatieren und festzustellen, daß im Sonderfall der Residenzstadt Stadt und Umland gewannen, reicht nicht aus. Vielfach wird die frühe Neuzeit mit Begriffen des Übergangs, der Transformation, gekennzeichnet[7]. Unmittelbar nebeneinan-

---

[3] John Merrington, Stadt und Land im Übergang zum Kapitalismus. In: Paul Sweezy u.a., Der Übergang vom Feudalismus zum Kapitalismus. Frankfurt [2]1984, S. 229-269, hier S. 246-257.

[4] Peter Kriedte, Die Stadt im Prozeß der europäischen Protoindustrialisierung. In: Die alte Stadt 9, 1982, S. 19-51.

[5] Fritz Blaich, Die Epoche des Merkantilismus (=Wissenschaftliche Paperbacks Sozial- und Wirtschaftsgeschichte 3). Wiesbaden 1973, S. 141-178.

[6] Carl-Hans Hauptmeyer, Die Residenzstadt Hannover im Rahmen der frühneuzeitlichen Stadtentwicklung. In: Niedersächsisches Jahrbuch für Landesgeschichte 61, 1989, S. 61-85.

[7] Als Beispiel: Leonhard Bauer, Herbert Matis, Geburt der Neuzeit. Vom Feudalsystem zur Marktgesellschaft. München 1988.

der standen Tradition und Wandel. Die Regionalgeschichtsschreibung zur frühen Neuzeit wird diesbezüglich in den letzten Jahren von Leitthemen bestimmt, unter denen die folgenden Stichworte häufig zu finden sind: Frauen, Randgruppen, Mentalitäten, Alltagskultur, Protoindustrialisierung, Kapitalisierung des ländlichen Raumes, Kommunalismus oder Sozialdisziplinierung. Die zur Erforschung solcher Themen sozialhistorisch-anthropologisch ausgerichteten Untersuchungen verlangen die Erschließung neuer Quellen und die Erweiterung der Arbeitsmethoden. Auf diese Weise soll der Transformationsprozeß erfaßt, der Wandel gegenüber der Tradition gewichtet werden.

Auch wenn sie in Fragestellung und Methode zum Teil konventionell bleiben, fühlen sich die nachfolgenden Beiträge einem solchen Forschungsansatz und den genannten Fragestellungen verpflichtet. Sie verstehen sich nicht als Vertiefung der eben knapp skizzierten wachsenden Einbeziehung des Umlandes in die städtischen Funktionen, sondern wollen nach Beharrung und Veränderung in den verschiedenen Lebensbereichen der Menschen in der Stadt, in den umliegenden Dörfern, in den Kleinstädten und Feudalherrschaften suchen. Die exemplarische Studie über einzelne Fälle steht dabei, wie in der Geschichtswissenschaft bewährt, im Mittelpunkt. Nicht alle geschlossenen Rittergüter oder Klosterbezirke werden untersucht, sondern nur Loccum, nicht alle Dörfer, sondern nur Klein- und Groß-Nenndorf, nicht alle Kleinstädte, sondern nur die Hannover nahen Calenberger Kleinstädte - und so ließe sich die Aufzählung fortsetzen.

Die nachfolgenden Beiträge verstehen sich als Vorstudien auf dem Wege, ein Erklärungsmodell für die Entwicklung des Raumes Hannover zum führenden niedersächsischen regionalen Zentrum zu entwerfen. Sie sind aus Studienabschlußarbeiten hervorgegangen, die den genannten Problemen für Hannover und das Umland nachgingen. Eine gewisse Heterogenität der Beiträge ist daher unvermeidlich.

Unser Anliegen war es nie, die aufgeworfenen Fragen von Stadt und Umland allein wirtschaftshistorisch zu beantworten, wie es zumeist in der Stadt-Umland-Forschung üblich ist[8]. Daher sind die Zugangsweisen an den Stoff

---

[8] Walter Christaller, Die zentralen Orte in Süddeutschland. Eine ökonomisch-geographische Untersuchung über die Gesetzmäßigkeit der Verbreitung und Entwicklung der Siedlungen mit städtischen Funktionen, Jena 1933, Nachdruck: Darmstadt 1980, S. 64. - Rudolf Klöpper, Entstehung, Lage und Verteilung der zentralen Siedlungen in Niedersachsen (=Forschungen zur deutschen Landeskunde 71), Remagen 1952. - Hans Heinrich Blotevogel, Zentrale Orte und Raumbeziehungen in Westfalen vor der Industrialisierung (1780-1850) (=Veröffentlichungen des Provinzialinstituts für westfälische Landes- und Volksforschung des Landschaftsverbandes Westfalen-Lippe, Reihe 1, Heft 19), Münster 1975.

in den einzelnen Beiträgen bewußt unterschiedlich. Dennoch deuten sich zahlreiche Zusammenhänge zwischen den Beiträgen an: Verwaltungsneugliederungen in den Kleinstädten lassen sich nicht ohne die wirtschaftlichen Veränderungen auf dem Lande erklären. Das Problem der Normierung von Verhaltensweisen der Menschen, wie sie aus ländlichen Kirchenzuchtakten oder städtischen Reglementierungen der Frauenrolle erkennbar wird, korrespondiert mit Problemen der Aufrechterhaltung von Autonomien gegenüber sozialen Wandlungen im Dorf oder in der Zunft. Der Widerstand der Zünfte gegen landesherrliche Eingriffe regte eine eigenständige landesherrliche Förderung des Manufakturwesens an. Während die bäuerliche Wirtschaft im 16. bis 18. Jahrhundert, ebenso wie die Wirtschaft eines Klosters, noch relativ konstant blieb, nahmen Randgruppen und Unterschichten stetig zu. Die Deklarierung von Räuberbanden im 19. Jahrhundert setzt eine soziale Mobilität voraus, wie sie im Rahmen der Agrarreformen eingeleitet wurde. So kristallisierten sich die drei hier berücksichtigten Bereiche heraus: Bauern und Landwirtschaft, Städte und Bürger, Menschen und Alltag. Mit ihnen sind gleichsam die "Säulen" benannt, auf denen die weitere Erörterung der Frage nach der Stellung des Raumes Hannover im Rahmen der frühneuzeitlichen Geschichte erfolgen soll. Im Schlußbeitrag wird versucht, die Theorie "Internationales System" zur Einordnung des Raumes Hannover in die interregionalen Verflechtungen der frühen Neuzeit zu nutzen.

Für den engsten um Hannover zu ziehenden Kreis liegen die Veränderungen - wie eingangs dargestellt - auf der Hand. Daher haben wir den Radius auf ca. 50 km ausgedehnt, dennoch den Raum Hannover nur pragmatisch abgegrenzt: Räuberbanden lassen sich nicht allein im Gebiet des heutigen Landkreises erforschen. Daher muß auf weitere Teile Niedersachsens ausgegriffen werden: Die "westfälische Eigenhörigkeit" der Bauern reichte bis dicht an Hannovers Stadtgrenze, Klein- und Groß-Nenndorf mit ihren charakteristischen getrennten Entwicklungen gehören daher zum Raum Hannover, das Kloster Loccum hatte einen eigenständigen Wirtschaftsbetrieb in der Stadt Hannover. Dieser Pragmatismus der Raumabgrenzung war für die Einzeluntersuchungen hilfreich, nicht zuletzt, um vielfältige Bereiche von Beharrung und Veränderung zu erschließen, ist aber für die zukünftige Arbeit nicht zu verantworten. Veränderte Inwertsetzung physiogeographischer Potentiale, Bevölkerungsentwicklung, Arbeitsverhältnisse, Marktbeziehungen und Verkehrseinbindungen sowie Angebote im tertiären Sektor sind Leitindikatoren, die für die funktionale Raumabgrenzung während der frühen Neuzeit fortan systematisch zu erforschen wären. Gerade zu diesen Bereichen fehlen uns aber noch detaillierte Arbeiten.

Dieser Band ist ein Werkstattbericht. Einstweilen wollen wir ein weites Terrain abstecken und uns charakteristisch erscheinende Sachverhalte der früh-

neuzeitlichen Geschichte in Stadt und Umland hervorheben, ohne auch nur
den Anspruch auf Vollständigkeit zu erheben. Wir wollen die Vielschichtigkeit der Probleme vorstellen und verdeutlichen, wie viele Traditionen selbst
in einem Gebiet bewahrt blieben, das sich offensichtlich schneller wandelte
als nicht in die Residenzdynamik einbezogene andere küstenferne Gebiete
Nordwestdeutschlands. Zugleich verstehe ich diese Beitragssammlung für
den Raum Hannover als ersten Vorbericht auf dem Weg zu einem Projekt
über die Stellung Nordwestdeutschlands im entstehenden Internationalen
System.

Christian Eggers

Grundherrschaft als Unternehmen
Die Wirtschaft des Klosters Loccum im 17. und 18. Jahrhundert

Wirtschaftsherrschaft als Forschungsproblem

Innerhalb des Diskurses um das frühneuzeitliche "Weltwirtschaftssystem"[1] wird dem Gebiet des heutigen Niedersachsens die Rolle einer "semiperipheren Region"[2] zugeordnet. In einigen Gebieten des mitteleuropäischen semiperipheren Raums entwickelte sich nach Ansicht einiger Autoren seit dem Beginn des 16. Jahrhunderts eine alternative Form der feudalen Produktion, die "Wirtschaftsherrschaft"[3], gleichsam als "dritter Weg" zwischen westlicher Grundherrschaft und östlicher Gutswirtschaft. Unter Wirtschaftsherrschaften oder "ländlichen Unternehmen" verstand Hoffmann, der Begründer dieses Modells, 1952 die ländliche Parallelerscheinung zum "bürgerlich-städtischen Kapitalismus" in Oberösterreich, eine frühkapitalistische Umgestaltung der Grundherrschaften zu komplexen Unternehmungen, die sich im Handel und gewerblich-industriellen Bereich betätigten, die städtische Monopole zersetzten und gewinnorientiert produzierten. Erreicht wurde dies durch die Arrondierung der Grundherrschaften, die Erlangung gerichts-

---

[1] Siehe zum Weltwirtschaftssystem: Fernand Braudel, Sozialgeschichte des 15.-18. Jahrhunderts, Bd. 3: Aufbruch zur Weltwirtschaft, Dt. München 1990. - Hans-Heinrich Nolte, Die eine Welt. Abriß der Geschichte des internationalen Systems, Hannover 1982. - Immanuel Wallerstein, Das moderne Weltsystem. Die Anfänge kapitalistischer Landwirtschaft und die moderne Weltökonomie im 16. Jahrhundert, Dt. Frankfurt/M. 1985. - Ders., The Modern World-System II. Mercantilism and the Consolidation of the European World-Economy 1600-1750, New York 1980.

[2] Vgl. Carl-Hans Hauptmeyer, Die Residenzstadt Hannover im Rahmen der frühneuzeitlichen Stadtentwicklung. In: Niedersächsisches Jahrbuch für Landesgeschichte 61 (1989), S. 61-85, hier S. 63-71.

[3] Zum Modell der Wirtschaftsherrschaft siehe: Alfred Hoffmann, Wirtschaftsgeschichte des Landes Oberösterreich. Bd. 1: Werden, Wachsen, Reifen. Von der Frühzeit bis zum Jahre 1848, Salzburg 1952, bes. S. 88-103. - Ders., Die Grundherrschaft als Unternehmen. In: Zeitschrift für Agrargeschichte und Agrarsoziologie 6 (1958), S. 123-131. - Anton Spiesz, Die neuzeitliche Agrarentwicklung in der Tschechoslowakei. Gutsherrschaft oder Wirtschaftsherrschaft? In: Zeitschrift für bayerische Landesgeschichte 32 (1969), S. 222-235. - Eckart Schremmer, Agrarverfassung und Wirtschaftsstruktur. Die südostdeutsche Hofmark - eine Wirtschaftsherrschaft? In: Zeitschrift für Agrargeschichte und Agrarsoziologie 20 (1972), S. 42-65. - Ders., Die Veränderung der Produktionsstruktur auf dem flachen Land im 17. und 18. Jahrhundert in Südostdeutschland. In: Proceedings of the Hungrian Agricultural Museum 1971-1972, Budapest 1973, S. 213-222. - Hermann Rebel, Peasant Classes. The Bureaucratization of Property and Family Relations under Early Habsburg Absolutism 1511-1636, Princeton N.J. 1983.

herrschaftlicher und obrigkeitlicher Rechte und die Anwendung außeröko-
nomischen Zwanges gegenüber den Untertanen. Die Polizeigewalt wurde ein
Mittel, um die Durchsetzung landesherrlicher Anordnungen zu behindern,
den Zugang der Untertanen zum Markt zu blockieren und deren Konsum zu
kontrollieren[4].

Dieses nur wenig rezipierte Modell wurde 1972 von Schremmer erneut aufgenommen, der die bayerischen Hofmarken als Wirtschaftsherrschaften an-
spricht. Er sieht die Wirtschaftsherrschaft als einen "Typ der Agrar- und
Wirtschaftsverfassung", der ganz Südostdeutschland, wenn nicht gar Süd-
osteuropa strukturierte[5]. Dazu betont Schremmer die Bedeutung des Bevölkerungswachstums bei der Umgestaltung der bayerischen Hofmarken, da
die wachsende Bevölkerung nicht ohne weiteres in das bestehende Wirt-
schafts- und Sozialsystem integriert werden konnte[6]. Um ihre Grundherrschaften umzugestalten, sicherten Adel und Klöster sich dingliche Rechte
wie niedere Gerichtsbarkeit, Scharwerksgerechtigkeit (Dienste), Verwal-
tungs- und Vollzugsrechte für den Landesherren, Polizeigewalt, Gewerbe-
aufsicht und -konzessionierung[7]. Diese Rechte nutzten die Hofmarksherren
zum ökonomischen Ausbau ihrer Grundherrschaften.

Der adelige Hofmarksherr und das Kloster intensivierten in ihrem Herr-
schaftsbezirk den Agrarsektor und den Gewerbesektor gleichzeitig und nebeneinander; dabei war die Organisationsform der Nutzung der Herrschaftsrechte in beiden Sektoren sowohl "eigenwirtschaftlich" als auch
"delegiert", durch die Vergabe von grundherrlichem Boden an Bauern und
auch durch die Vergabe von Gewerberechten an Handwerker[8]. Dies führte
in der Wirtschaft der Hofmarken zu einer doppelten Mischung: zu eigenwirt-
schaftlicher und delegierter Produktion in Landwirtschaft und Gewerbe. Dadurch sicherten sich die Grundherren partiell auch gegen konjunkturelle
Schwankungen, Branchenkrisen und eventuelle landesherrliche Eingriffe ab.
Jedoch kann davon ausgegangen werden, daß delegierte Nutzung und

---

[4] Hoffmann, Wirtschaftsgeschichte (wie Anm. 3), S. 88-103 und Ders., Grundherrschaft
(wie Anm. 3), passim.

[5] Schremmer, Produktionsstruktur (wie Anm. 3), S. 213.

[6] Die Frage, ob das Bevölkerungswachstum zu einer Veränderung des Produktionsbe-
reiches oder Veränderungen in der Produktion zum Bevölkerungswachstum führten,
kann schwerlich entschieden werden. Zumindest bestanden Wechselbeziehungen.

[7] Schremmer, Agrarverfassung (wie Anm. 3), S. 28.

[8] Ebd., S. 55.

landwirtschaftliche Produktion in den oberbayerischen Wirtschaftsherrschaften eindeutig überwogen[9].

Wenn Niedersachsen in der frühen Neuzeit zu den semiperipheren Wirtschaftsräumen zählte, wenn auch hier Rentenbezug und adlige bzw. klösterliche Eigenwirtschaft nebeneinander bestanden, so ist es durchaus überlegenswert, ob auch hier die Wirtschaftsherrschaft, vielleicht auch nur partiell oder rudimentär, realisiert wurde. Traditionell werden die frühneuzeitlichen niedersächsischen Agrarverhältnisse in einem normativ zu charakterisierenden Vergleich zur ostelbischen Gutswirtschaft (-herrschaft) gesehen[10]. Dabei dient(e) die "nordwestdeutsche Grundherrschaft" mit ihrem "Meierrecht" als "positives" Pendant zur ostelbischen Gutsherrschaft mit ihrer Gutswirtschaft. Die Existenz von teilweise durchaus ansehnlichen Gutswirtschaften und gutsherrschaftlichen Tendenzen im frühneuzeitlichen Niedersachsen leugnet die Forschung zwar nicht[11]. Doch der Forscherblick, der immer die ostelbische Entwicklung im Augenwinkel hat, vermag die niedersächsische Gutswirtschaft nicht angemessen zu würdigen. Ein Ansatz, der nicht nur auf Ostelbien sieht, sondern auch auf Bayern, Österreich, Böhmen usw. schaut, könnte durchaus fruchtbare Erkenntnisse liefern[12].

---

[9] Ebd., S. 55 f.

[10] Vgl. Werner Wittich, Ländliche Verfassung Niedersachsens und Organisation des Amts im 18. Jahrhundert, Darmstadt 1891, S. 101-107. - Ders., Die Grundherrschaft in Nordwestdeutschland, Leipzig 1896, bes. S. 1-18. - Georg Friedrich Knapp, Die Grundherrschaft in Nordwestdeutschland. In: Historische Zeitschrift 78 [NF 42] (1897), S. 39-59 [Besprechung Wittichs].

[11] Zur niedersächsischen Gutswirtschaft siehe: Gustav Oehr, Ländliche Verhältnisse im Herzogtum Braunschweig-Wolfenbüttel im 16. Jahrhundert (= Quellen und Darstellungen zur Geschichte Niedersachsens, Bd. XII), Hannover und Leipzig 1903, bes. S. 19-44, 109. - Heinrich Pröve, Dorf und Gut im alten Herzogtum Lüneburg (= Studien und Vorarbeiten zum Historischen Atlas von Niedersachsen, H. 11), Göttingen 1929. - Irmintraut Richarz, Herrschaftliche Haushalte in vorindustrieller Zeit im Weserraum (= Beiträge zur Ökonomie von Haushalt und Verbrauch, H. 6), Berlin 1971. - Diedrich Saalfeld, Bauernwirtschaft und Gutsbetrieb in der vorindustriellen Zeit (= Quellen und Forschungen zur Agrargeschichte, Bd. VI), Stuttgart 1960. - Hans Wiswe, Grangien niedersächsischer Zisterzienserklöster. Entstehung und Bewirtschaftung spätmittelalterlich-frühneuzeitlicher landwirtschaftlicher Großbetriebe. In: Braunschweigisches Jahrbuch 34 (1953). - Wittich, Ländliche Verfassung (wie Anm. 10), S. 75-126, bes. S. 104-114. - Wittich, Grundherrschaft (wie Anm. 10), S. 185-219.

[12] Ein neuerer verdienstvoller Ansatz ist der von v. Bötticher, der die nordwestdeutsche Agrarentwicklung zwischen Frühkapitalismus, den Weg in (die Grundherrschaft zerstörende oder überlagernde) Pachtstrukturen, und Refeudalisierung, den Weg in die Gutswirtschaft (-herrschaft), einordnet. Vgl. Manfred von Bötticher, "Nordwestdeutsche

Entwicklungen, die zumindest Affinitäten zur Wirtschaftsherrschaft aufwiesen, wurden für Niedersachsen bereits von Wallerstein und Lütge ausgemacht. Wallerstein unterscheidet die (deutsche) Grundherrschaft in "Renten-Grundherrschaft" und "Wirtschaftsgrundherrschaft", wobei letztere in den "mehr semiperipheren Gebieten Zentraleuropas" vorkam[13]. In Niedersachsen sieht er nun "gemischte Formen" von Grundherrschaft und Gutswirtschaft als vorherrschend an, eben die Wirtschaftsherrschaft[14]. Lütge erkennt im südniedersächsischen Raum wirtschaftsherrschaftliche Entwicklungen, nimmt dann jedoch aufgrund der defizitären Forschungslage Abstand von diesem Modell[15]. Da die Wirtschaftsherrschaft in erster Linie in Regionen lokalisiert wird, in denen im übrigen ein Vorherrschen der Betriebs-Grundherrschaft (wie z.B. Bayern[16]) oder der nicht voll entwickelten Gutswirtschaft (-herrschaft) (wie z.B. Böhmen[17]) angenommen wird, also in Gegenden, die "zwischen der reinen Grundherrschaft und der Gutsherrschaft"[18] standen, erscheint es mir um so wichtiger, dieses Modell auch an einem konkreten niedersächsischen Beispiel zu überprüfen.

Als Untersuchungsobjekt bot sich die "Grundherrschaft" des etwa 40 km nordwestlich von Hannover gelegenen Klosters Loccum an, dessen Wirtschaftsbetrieb sich in zwei Betriebsstätten gliederte: das Klostergut in Loccum und den Loccumer Hof in Hannover. Das Kloster unterstand nicht der Verwaltung der Klosterkammer[19] und konnte somit unabhängig von staatli-

---

Grundherrschaft" zwischen Frühkapitalismus und Refeudalisierung. In: Blätter für deutsche Landesgeschichte 122 (1986), S. 207-228.

[13] Wallerstein, Mercantilism (wie Anm. 1), S. 201 (bes. Anm. 163) u. 225 f. (bes. Anm. 299).

[14] "One must bear in mind that herrschaft refers to political-legal structures, and wirtschaft to the social relations of production, and that it was possible to have 'mixed' forms such as in Lower Saxony where Grundherrschaft and Gutswirtschaft prevailed." Ebd., S. 226.

[15] Friedrich Lütge, Geschichte der deutschen Agrarverfassung vom frühen Mittelalter bis zum 19. Jahrhundert (= Deutsche Agrargeschichte, Bd. III), Stuttgart ²1967, S. 170 f.

[16] Vgl. Friedrich Lütge, Die Bayerische Grundherrschaft. Untersuchungen über die Agrarverfassung Altbayerns im 16.-18. Jahrhundert, Stuttgart 1949. - Josef Kulischer, Allgemeine Wirtschaftsgeschichte des Mittelalters und der Neuzeit, Bd. II: Die Neuzeit, München und Berlin 1929 (RP ⁶1988), S. 90 f.

[17] Vgl. u.a. Stark (wie Anm. 3), bes. S. 270-292. - Spiesz (wie Anm. 3), S. 222-224.

[18] Lütge (wie Anm. 15), S. 171.

[19] Vgl. Erhard Stiller, Die Unabhängigkeit des Klosters Loccum von Staat und Kirche nach der Reformation (= Studien zur Kirchengeschichte Niedersachsens, 15), Göttingen 1966.

chen Direktiven von Abt und Konvent verwaltet und bewirtschaftet werden. Zudem bildete das Stiftsgebiet ein "(Adliges) Geschlossenes Obergericht"[20]. Mit den niedersächsischen adligen Gerichten vergleichbare Rechtsbezirke bildeten auch die Basis der Wirtschaftsherrschaften in Oberbayern und Oberösterreich. Die frühneuzeitliche Wirtschaftsgeschichte des Klosters Loccum wurde bisher noch nicht untersucht[21]. Als Quellen dienten mir vor allem die sich im Archiv des Klosters Loccum befindenden und um 1660 einsetzenden registerförmigen Wirtschaftsakten (Geld- und Kornregister-Extrakte)[22], die jedoch noch nicht verzeichnet und erst provisorisch geordnet sind. Diese Register wurden um die Mitte des 17. Jahrhunderts teilweise noch für die "Gesamtunternehmung" geführt, seit dem Ende des 17. Jahrhunderts getrennt nach den "Betriebsstätten" Loccum (Kloster) und Hannover (Loccumer Hof). Die Registerführung erfolgte nach den Prinzipien des kameralistischen Rechnungswesens. Die Hauptregisterreihen für Geld und Korn wurden nebeneinander geführt[23], wobei im ersten Teil der Register die Einnahmen, im zweiten die Ausgaben verzeichnet wurden. Aus der Differenz beider Summen ergab sich der Vorrat (Überschuß, Rest). Eine Umrechnung der Naturaleinnahmen und -ausgaben in Geldwerte fand nicht statt.

---

[20] Vgl. zu den Adligen Obergerichten: Erich Daniel Liebhaber, Einleitung in das Herzoglich Braunschweig-Lüneburgische Land-Recht, Braunschweig 1791, 1. Teil, S. 93-190. - Ders., Beiträge zur Erörterung der Staatsverfassung der Braunschweig-Lüneburgischen Chur-Lande, Gotha 1794, S. 185-228. - Ernst von Meier, Hannoversche Verfassungs- und Verwaltungsgeschichte 1680-1866, 2. Bd.: Die Verwaltungsgeschichte, Leipzig 1899, S. 376-389. - Herbert Mundhenke, Das Patrimonialgericht Adelebsen. Ein Beitrag zur historischen Geographie des Fürstentums Göttingen (= Studien und Vorarbeiten zum Historischen Atlas Niedersachsens, H. 18), Göttingen 1941. - Genaugenommen bestand das Stiftsgebiet aus zwei Geschlossenen Obergerichten (Loccum mit Münchehagen und Wiedensahl); an diesen schloß sich noch ein Geschlossenes Untergericht (Winzlar) an. Letzteres gehörte aber nicht mehr zum engeren Stiftsgebiet, sondern zum Amt Rehburg.

[21] Bisher wurde nur die mittelalterliche Wirtschaftsgeschichte dieses Klosters aufgearbeitet in Wilhelm Steinmann, Der Besitz des Klosters Loccum bis zur Mitte des 15. Jahrhunderts. Eine Studie zur Wirtschaftsgeschichte der Zisterzienser, phil. Diss. Göttingen 1951 (masch. MS). - Zur Relativierung siehe jedoch Wiswe (wie Anm. 11), passim.

[22] Soweit nicht anders vermerkt, beziehen sich alle Angaben in diesem Artikel auf die Auswertung folgender Register des Loccumer Klosterarchivs (AKL): KR Loc. 1660/61 bis 1664/65, 1698/99 bis 1702/03, 1740/41 bis 1744/45; KR Han. 1661/62, 1663/64, 1664/65, 1698/99, 1700/01 bis 1702/03, 1740/41 bis 1744/45; GR Loc. 1660/61 bis 1664/65, 1698/99 bis 1701/02, 1740/41 bis 1744/45; GR Han. 1704/05 bis 1708/09, 1740/41 bis 1743/44. Auf der Auswertung dieser Archivalien beruhen auch die sechs Tabellen im Anhang.

[23] Daneben sind noch weitere Register rudimentär überliefert, von denen die meisten jedoch nur Vorstufen der Register-Extrakte sind.

Seit dem Ende des Dreißigjährigen Krieges bzw. seit der Wiedereinsetzung des evangelischen Konvents 1634 "bürokratisierte" sich die Klosterverwaltung zusehends. Mit Abt, Provisor, Bursarius und Granarius waren bis zu vier Konventsmitglieder in der Verwaltung der Klosterwirtschaft tätig. Zusätzlich unterstützt wurden diese durch Geld-, Korn- und Küchenschreiber in Loccum, sowie Geld- und zeitweise auch noch einen Kornschreiber in Hannover. In der zweiten Hälfte des 17. Jahrhunderts und im 18. Jahrhundert gehörte das Gros der Konventsmitglieder den Familien an, die im 18. Jahrhundert das "hannoversche Staatspatriziat"[24] bildeten. Besondere Statuten regelten die Verwaltung des Klosters und das Verhältnis der Konventualen untereinander. Leider ist hier nicht der Raum, dieses komplexe Geflecht zwischen Bürokratisierung, sozialer Zusammensetzung des Konvents und der Ausbreitung bürgerlicher Verhaltensweisen und Wertvorstellungen im Konvent, die einen bestimmenden Einfluß auf die Gestaltung der klösterlichen Wirtschaft hatten, weiter auszuführen.

Rentenwirtschaft

Dem Kloster Loccum standen Berechtigungen an mehreren Tausend Morgen[25] teilkorn-, grundzins- bzw. meierzins- und zehntpflichtigen Landes zu. Eine exakte flächenmäßige Erfassung dieser Berechtigungen war mir nicht möglich, da kein Lagerbuch existiert, das alle klösterlichen Besitzungen verzeichnet[26]. Doch allein im Süden Hannovers verfügte das Kloster um 1750 über mehr als 5.000 Mg. Zehntberechtigungen[27]. Zu den Berechtigungen in

---

[24] Siehe vor allem Joachim Lampe, Aristokratie, Hofadel und Staatspatriziat in Kurhannover. Die Lebenskreise der höheren Beamten an den kurhannoverschen Zentral- und Hofbehörden 1714-1760 (= Untersuchungen zur Ständegeschichte Niedersachsens 2), Bd. 1: Darstellung; Bd. 2: Beamtenlisten und Ahnentafeln, Göttingen 1963. - Zudem noch Hermann Mitgau, Geschlossene Heiratskreise sozialer Inzucht. In: Deutsches Patriziat 1430-1750. Büdinger Vorträge 1965, hrsg v Hellmuth Rössler (= Schriften zur Problematik der deutschen Führungsschichten in der Neuzeit, Bd. 3 der Gesamtreihe), Limburg/Lahn 1968, S. 1-25.

[25] Bei dem Flächenmaß Morgen (Mg.) handelt es sich um den alten hannoverschen Mg. zu 2.608 m². Als Getreidemaß findet hier der Braunschweiger Malter (Ma.) zu 6 Himten (Hm.) Verwendung. Alle Geldwerte wurden umgerechnet auf den Reichstaler (Rtlr.) zu 36 Mgr. bzw. 288 Pfg.

[26] Um aus Meierbriefen, Protokollbüchern, Ablösungsverträgen usw. auch nur den annähernden Besitzstand des Klosters zu ermitteln, fehlte die Zeit.

[27] AKL: GR Hann. 1744/45.

Calenberg kamen noch solche in Minden, in Hoya, in den beiden Schaumburger Grafschaften und im Hochstift Hildesheim[28].

Die direkten Geldeinnahmen des Klosters aus der Grund- und Zehntherrschaft und anderen Rechten an "Land und Leuten" waren relativ gering. Um 1660 nahm das Kloster nur 361 Rtlr. an bäuerlichen Geld- und Kornzinsen ein[29]. Bis etwa 1700 konnten diese Einnahmen in Loccum auf 297 Rtlr. und in Hannover auf 296 Rtlr., also zusammen 593 Rtlr. gesteigert werden. Um 1745 flossen in Loccum nur noch 257 und in Hannover 286 Rtlr. aus diesem Bereich in die klösterlichen Kassen. Damit trugen die bäuerlichen Geldabgaben um 1660 mit 7% zu den laufenden Klostereinnahmen bei. Um 1700 betrug dieser Wert in Loccum 4,3% und um 1745 2,7%. In Hannover machten diese Einnahmen immerhin 14,6% bzw. 9,6% der laufenden Einnahmen aus. Sowohl für die bäuerliche Feudalbelastung wie auch für die feudalherrlichen Einnahmen waren Geldabgaben von untergeordneter Bedeutung.

Weitaus höher waren die Einnahmen aus der Verpachtung von Zehnten. Auf einen bestimmten Zeitraum, in der Regel drei bis fünf Jahre, wurden die naturalen Zehnten an die pflichtigen Gemeinden oder Bauern, häufiger jedoch an Bürgerliche oder Adlige verpachtet. Der Pachtzins wurde normalerweise pro Pachtjahr zu zwei Terminen (Michaelis und Trinitatis) gefordert. Es gab jedoch auch Pächter, die in der Lage waren, den Pachtzins für mehrere Jahre im voraus zu bezahlen. So legte z.B. ein Adliger 1745 für die fünfjährige Pacht des Gestorfer Zehnts 2.000 Rtlr. auf den Tisch. Bei solchen Angeboten konnten die Gemeinden und Bauern nicht mithalten. Für die Bauern, sofern sie nicht selbst als Pächter auftraten, änderte eine Zehntverpachtung nichts, da sie weiter ihren naturalen Zehnt zu entrichten hatten. Das Kloster erhielt jedoch statt der Naturalien Geld, ohne sich mit der Ziehung und Vermarktung abmühen zu müssen. Nach Ablauf der Pachtzeit konnte das Kloster einen verpachteten Zehnt wieder natural fordern oder neu verpachten,

---

[28] So bezog z.B. das Kloster Hof-, Wiesen-, Land- und Gartenzins aus dem Stift Loccum, der Stadt Münder und den Ämtern Wölpe, Blumenau, Calenberg, Lauenau, Rodenberg, Stadthagen, Hagenburg, Sachsenhagen, Petershagen, Schlüsselburg, Stolzenau, Hausberge und Schaumburg. - AKL: GR. Loc. 1744/45.

[29] Unter Kornzinsen sind Korngeldrenten zu verstehen. Unter Geldzinsen wurden hier auch Meierbriefe, Hof-, Wiesen-, Gartenzins usw. zusammengefaßt. Einnahmen aus dem Weinkauf wurden hier jedoch nicht aufgenommen, da sie als Eigenbehörigen-Abgaben zu den Abteilichen Akzidenzien zählten. Weinkäufe von nicht eigenbehörigen Bauern waren praktisch bedeutungslos. Am höchsten waren die Einnahmen aus dem Weinkauf der Vorwerks- und Zehntpächter. Hier stellte der Weinkauf eine Art Vertragsabschlußgebühr dar. Diese Gelder finden sich unter den übrigen Posten der Tabelle 1 im Anhang zu den klösterlichen Geldeinnahmen.

wobei eine Anpassung des Pachtpreises an die Marktverhältnisse möglich war.

Da die klösterlichen Vorwerke[30] häufig zusammen mit Zehnten verpachtet wurden, ist eine klare Trennung zwischen diesen beiden Einnahmenarten nicht möglich. Die verpachteten Zehnten und Außenhöfe brachten um 1660 zusammen 1.015 Rtlr. in die Kassen, was knapp 20% der laufenden Gesamteinnahmen entsprach. Um 1700 beliefen sich diese Einnahmen auf 1.350 Rtlr. Bis 1745 stiegen die Pachteinnahmen auf 3.870 Rtlr., trugen somit in Loccum mit 16% und in Hannover mit gar 80% zu den Einnahmen bei und waren somit zum wichtigsten Einnahmeposten geworden. Dies ist weniger auf einen Anstieg der Pachtpreise zurückzuführen als vielmehr auf die konsequente Handhabung des Pachtinstrumentes. Immer mehr Zehnte wurden verpachtet, wodurch sich das Kloster Ziehung und Vermarktung ersparte. Im Bereich der Zehnt-Bewirtschaftung verzichtete das Kloster auf maximale zugunsten konstanter Einnahmen. Entsprechend nahm die Bedeutung des Getreideverkaufes ab[31].

Nicht alle bedagten (geforderten) bäuerlichen Naturalzinsen flossen tatsächlich in die klösterlichen Scheunen, da den Bauern bei Mißwuchs usw. Remission (Zinserlaß) zustand[32]; häufiger als die Remission war jedoch die Restierung (Stundung). Insgesamt kann davon ausgegangen werden, daß im Bereich des Naturalzinses im Schnitt, je nach Jahr und Frucht, etwa 92 bis 96% der bedagten Forderungen tatsächlich geleistet werden mußten. In Jahren mit extremen Mißernten konnte dieser Wert jedoch weitaus höher liegen, wie im Wirtschaftsjahr 1698/99, als z.B. die Remissionsrate bei Gerste knapp 30% erreichte[33]. Die Restierungsrate läßt sich nicht bestimmen, da die klösterlichen Kornregister alle Restierungen aus den vergangenen und

---

[30] Siehe unten bei Anm. 53.

[31] Neben der Verpachtung nutzte das Kloster auch die Verdingung von Zehnten. Bei der Verdingung wurde statt der relativen Beteiligung am bäuerlichen Produkt eine festgesetzte Menge an Getreide als Zehnt gefordert. Während bei der Verpachtung die Bauern oft leer ausgingen, da sie mit den bürgerlichen und adligen Geboten nicht mithalten konnten, stellte die Verdingung eine Möglichkeit dar, den Zwängen der Zehntherrschaft partiell zu entkommen. Das Kloster hingegen hatte den Vorteil, daß es statt des Feldzehnts, der gezogen und gedroschen werden mußte, einen Sackzehnt geliefert bekam.

[32] Bei Zehnt- und Teilkornforderungen, wie auch bei Verpachtungen und Verdingungen, war das Kloster jedoch nur selten bereit, den Bauern bzw. Pächtern Remission zu gewähren. Es vertrat hier den Standpunkt, daß ein Pächter das Risiko selbst zu tragen hätte, während Teil und Zehnt eine relative Beteiligung des Klosters am bäuerlichen Produkt wären, und das Kloster daher von einer schlechten Ernte nicht weniger betroffen wäre als die pflichtigen Bauern.

[33] AKL: KR Loc. 1698/99.

den laufenden Wirtschaftsjahren als Einnahmen, die nicht beglichenen Forderungen von den Restanten dann wieder als Ausgabe verbuchten. Dadurch wurden die ausstehenden Forderungen wie ein ständig wachsendes Polster durch die Register geschoben. Offenbar waren die Bauern nicht in der Lage, restierte Forderungen zu begleichen, oder das Kloster hatte keine Handhabe, die ausstehenden Leistungen einzutreiben, da die Höhe der Forderungen des Klosters an die Restanten um 1740 bereits dem Wert der laufenden (tatsächlichen) Einnahmen entsprach oder ihn gar übertraf[34].

Auch im monetären Bereich gab es Remissionen und Restierungen, die jedoch nach einem etwas anderen Modus verbucht wurden und die unterschiedlichsten Einnahmeposten betrafen[35]. Daher lassen sich für diesen Bereich nur pauschale Angaben machen, die sich nicht auf bäuerliche Zinsen und Pachten beschränken. Nach den Registern erhöhten sich die laufenden Geldeinnahmen um 4.246 Rtlr. (+82%) von 5.165 Rtlr. für die Zeit um 1660[36] auf 9.411 Rtlr. um 1740 (ohne die hannoverschen Einnahmen). Berücksichtigt man jedoch die Restierungen und Remissionen, so zeigt sich, daß die laufenden Einnahmen nur um 982 Rtlr. (+20%) von 4.896 Rtlr. auf 5.878 Rtlr. gestiegen waren[37]. Auch im monetären Bereich waren die Remissionen von eher geringer Bedeutung, während die Restierungen ein Polster bildeten, das von 264 Rtlr. um 1660 auf 1.403 Rtlr. um 1700 und gar 3.423 Rtlr. um 1740 wuchs. Um 1740 mußten somit schon über 36% der laufenden Geldeinnahmen als Restierungen wieder bei den Ausgaben verbucht werden. Zusammen mit den restierten Kornforderungen hatte das Kloster in Loccum somit Außenstände im Wert von etwa 8.300 Rtlr. Am Loccumer Hof in Hannover war die absolute und relative Bedeutung der Restierungen weitaus geringer[38].

---

[34] So kamen in Loccum um 1740 beim Roggen auf 635 Malter (Ma.) Braunschweigischen Maßes an laufenden Einnahmen (davon 363 Ma. Kornzinsen und Pachten) 613 Ma. ausstehende Kornzinsen und Pachten. Beim Hafer standen gar 701 Ma. laufende Einnahmen 1.288 Ma. Restanten-Forderungen gegenüber. Siehe auch Tabelle 3.

[35] Forderungen an Restanten bestanden um 1740 für bäuerliche Geldzinsen, in Geld zu entrichtendes Teil-, Zehnt- und Zinskorn aus verschiedenen Ämtern, Abteiliche Akzidenzien, Brüche, Blasenzins u.ä., verpachtete Musik, Vorwerke, Mühlen, Dach- und Mauersteine, vermietete Häuser und Gärten, Erb- und Zinsgüter, verdingte Zehnte und Ländereien, verborgtes Korn und Kapitalzinsen (GR Loc. 1740/41 bis 1744/45).

[36] Mit den hannoverschen Geldeinnahmen.

[37] Unter Berücksichtigung der hannoverschen Einnahmen ergibt sich trotzdem eine Steigerung der Geldeinnahmen von etwa 80 Prozent.

[38] Siehe Tabelle 1 und 5.

Arbeitswirtschaft

Aufgrund der geringen technischen Entwicklung war menschliche Arbeitskraft und tierische Zugkraft in der frühneuzeitlichen Wirtschaft weiterhin
von zentraler Bedeutung. Jede Gutswirtschaft war auf ein großes Reservoir
an Arbeitskräften angewiesen, sei es auf dienstpflichtige Bauern, auf Gesinde oder Tagelöhner. Die Bauern hingegen vermochten in der Regel ihre
Höfe mit familieneigenen und nur wenigen Fremdarbeitskräften zu bewirt-
schaften. Eine Kombination aus ständigen Arbeitern (überwiegend Deputatarbeiter), unständigen Arbeitern (Tagelöhner/Drescher) und bäuerlichen
Diensten sorgte für die Erledigung der in der Klosterwirtschaft anfallenden
Arbeiten. Da in Loccum jedoch noch nicht die Trennung zwischen klösterli-
chem Haushalt und Betrieb vollzogen war, wurden sowohl Löhne für Menschen, die im Wirtschaftsbetrieb, als auch von solchen, die im Haushalt tätig
waren, gemeinsam verbucht. Hinzu kamen noch die Ausgaben für die im
kirchlichen und obrigkeitlichen Bereich tätigen Personen. Eine Aufschlüsselung der in den einzelnen Bereichen anfallenden Lohnausgaben wäre
zwar wünschenswert, erwies sich jedoch als nicht durchführbar.

Eine klare soziale Trennung zwischen den Deputatarbeitern, Tagelöhnern
und dienstpflichtigen Bauern ist in Loccum nicht möglich, da Klein- und
Kleinststelleninhaber sich auch als Tagelöhner verdingten und selbst spann-
pflichtige Bauern als ständige Klosterarbeiter fungierten[39]. Die durch Klein-
besitz geprägte dörfliche Sozialstruktur im Stift und die hohen Abgaben
verlangten praktisch von jedem, war er Häusling oder Vollspänner, sich
nach zusätzlichen Einkommensquellen umzusehen.

Die ständigen Arbeiter erhielten einen Mischlohn, der aus einem geringen
Barlohn, Schuh- und Akzisegeld und diversen naturalen Leistungen bestand.
Im Verhältnis zum Tagelohn war der Geldlohn jedoch gering. So erhielten
von 47 Klosterbediensteten im Jahr 1759 acht gar keinen Bargeldlohn, die
Ackerknechte und Ochsenstreiber acht Rtlr., die Mägde nur drei bis vier
Rtlr. Während der Hofmeister 16 Rtlr. Lohn erhielt, mußte sich die Meyersche mit acht Rtlr. zufriedengeben. Die Frauen wurden durchweg schlechter
entlohnt als die Männer, wenn auch die Meyersche soviel Lohn wie ein
Knecht erhielt. Weitaus besser waren die Schreiber und der Syndicus gestellt, die 30 bis 55 Rtlr. Lohn erhielten. Zu den relativ gut entlohnten Arbeitern sind auch noch der Braumeister und der Gärtner zu zählen, die 24 bzw.
30 Rtlr. erhielten. Die übrigen Arbeiter mußten mit weniger als acht Rtlr.
Lohn auskommen. Zu diesen Löhnen kamen noch je nach Arbeiter zusätzli-

---

[39] NHStA Hannover: Dep. 7 C 673.

che Geldleistungen von 0 bis 6,4 Rtlr. für Schuhe, Kleidung und Akzise; der Standardsatz lag bei zwei Rtlr. pro Person[40].

Gegebenenfalls wurde den Arbeitern auch Wohnraum, Feuerung sowie ein Garten zugewiesen und ihnen eine kleine Fläche mit Lein bestellt[41]. Da eine Verpflegung der ständigen Arbeiterschaft durch die klösterliche Küche nicht stattfand, bildeten Deputate, besonders Getreidedeputate, den Hauptbestandteil der Entlohnung. Der Bestallungskontrakt des relativ gut entlohnten Hofmeisters von 1677 veranschaulicht deutlich die Zusammensetzung des Lohnes. Dieser erhielt im Jahr:

Einen Bargeldlohn von 12 Tlr.; Geld für 2 Paar Schuhe zu je 24 Gr.; 3 Malter Roggen; pro Woche ein Pfund Speck oder Käse, wenn dieses nicht vorhanden, Käse oder 40 Eier; jährlich 1 Schock Heringe, oder wenn diese nicht vorhanden, 1 Rtlr. 9 Gr.; alltags 2 Kannen Speisebier und sonntags 1 Stübchen Broyhan; zusätzlich täglich im Winter ein halbes Stübchen und im Sommer 3 Quartier Broyhan; 4 Pfund Öl für Licht; Holz; die Borke oder Rinde der im Sündern gefällten Eichen; zudem wurden ihm zwei Metzen Lein gesät[42].

Insgesamt wandte das Kloster in Loccum um 1660 250 Malter, um 1700 sogar 400 Ma. und um 1745 315 Ma. Getreide und Leguminosen für Deputate auf. Um 1660 gingen 24%, um 1700 37% und um 1745 38% der Roggenausgaben allein auf das Konto der Löhne und Deputate. Bei den anderen Fruchtarten war der Anteil der Deputate an den Ausgaben aber weitaus geringer[43]. Die Deputate setzten sich im Durchschnitt um 1660 zu 60% aus Roggen, zu 14% aus Gerste und zu 25% aus Hafer zusammen. Um 1745 hatte der Roggen einen Anteil von 75% am durchschnittlichen Deputat, die Gerste immerhin von 15% und der Hafer von 9%. Der bescheidene Rest entfiel auf die anderen Fruchtarten. Der Roggen vermochte seine ohnehin starke Position noch auszubauen.

Setzt man für die Korn-Deputate die vom Kloster erzielten Getreide-Verkaufspreise an, so ergeben sich für die Jahre um 1660 Ausgaben von über

---

[40] AKL: GR Loc. 1759/60. - Der Schweinemeister erhielt zu seinen 4 Rtlr. Lohn noch 15 Rtlr. extra und war damit der am besten entlohnte subalterne Arbeiter. Seinen relativ hohen Lohn verdankte der Schweinemeister jedoch nicht seiner eigentlichen Funktion in der Viehwirtschaft, sondern seiner Tätigkeit im Haushalt. Er war für das Sammeln und Ausbringen der Asche aus den Kaminen zuständig, eine Tätigkeit, die sich am Rande der Unehrlichkeit bewegte.

[41] AKL: V B4 6 und V B4 7.

[42] AKL: V B4 6.

[43] Siehe Tabelle 4.

650 Rtlr., für die Jahre um 1700 von mehr als 1.400 Rtlr. und für die Zeit um 1740 von mehr als 750 Rtlr. Der hohe Wert für die Jahre um 1700 wurde im wesentlichen durch die Teuerungen 1698/99 und 1699/1700 verursacht. Da in Jahren mit Teuerungen in der Regel die eigene Ernte schlecht ausfiel und die bäuerlichen Renten spärlicher einkamen, stellten die hohen Deputate für die Klosterwirtschaft potentielle Verluste dar, da die festgesetzten Deputate kaum zu senken waren und das dann teure Getreide nicht gewinnbringend vermarktet werden konnte. Für die Arbeiter bedeutete dies aber, daß unabhängig vom Marktpreis des Kornes ihre Grundernährung gesichert war [44]. Ein Deputatarbeiter erhielt zwar im Verhältnis zu einem gesunden männlichen Tagelöhner wenig Bargeld, doch selbst in Jahren mit extremer Teuerung brauchte er sich um seine Ernährung keine Gedanken machen, während dem Tagelöhner Mangelernährung oder gar Hungertod drohten.

Um 1660 entfielen 425 Rtlr. oder 14% der Geldausgaben auf Löhne. Um 1700 mußten 711 Rtlr. und um 1740 642 Rtlr. für Geldlöhne aufgewandt werden, was 15% bzw. 11% der Ausgaben entsprach[45]. Damit blieben die Geldlöhne weit hinter dem Wert der verschiedenen dinglichen Löhne zurück. Ein Großteil dieser Löhne entfiel auf Verwaltungs- und Kirchenpersonal, nur eine relativ geringe Summe auf die subalternen ständigen Arbeiter im Wirtschaftsbetrieb. Hier ist auch der Tagelohn miteingerechnet. Tagelohnarbeit hatte in der Klosterökonomie jedoch eine eher untergeordnete Rolle und war in der Regel auf die Erledigung spezieller Arbeiten wie Lohnwerk von Handwerkern, das Abfischen und Säubern der Teiche usw. beschränkt.

Dem Kloster standen zudem noch bäuerliche Dienste zu. Die Einwohner der Stiftsdörfer Loccum und Münchehagen waren als Eigenbehörige (Leibeigene) dem Kloster gegenüber zu Herren- und anderen Diensten verpflichtet[46]. In der Regel mußten die Bauern ihre Spanndienste mit dem vollen Spann (vier Pferde und zwei Personen) oder "zwey bey zwey" leisten. Das Kloster erhielt von drei sogenannten Konventsmeiern je einen Spanntag die Woche,

---

[44] Wenn auch die Höhe und Zusammensetzung des Deputats jeweils individuell in Bestallungskontrakten festgelegt wurde, so belief sich doch das minimale Deputat für "normale" Klosterdiener auf 20 Hm. Roggen, 2 Hm. Gerste und 52 Pf. Butter im Jahr (hannoversche Maße).

[45] Siehe Tabelle 2.

[46] Die Dienstpflicht wurde aus der Eigenbehörigkeit (Leibeigenschaft) der Klosteruntertanen abgeleitet, die jedoch keine auf den Stellen liegende dingliche Last, sondern eine wirkliche persönliche Unfreiheit war. - Vgl. [C. E. Weidemann:] Versuch einer kurzen Darstellung der gemeinen Rechte und Landesverordnungen, Hannover [2]1803, Vorbericht u. S. 41-47.

was 156 ordentlichen Spanntagen im Jahr entsprach. Zusätzlich leisteten die anderen Spänner 4,25 Tage zur Sommersaat im Frühjahr, 79,75 Tage nach Michaelis zur Wintersaat und 30,75 Tage zum Düngen[47]. Somit standen dem Kloster insgesamt 297 volle Spanntage zu vier Pferden und zwei Personen pro Jahr zur Verfügung. Zu diesen Spanndiensten kamen noch die Reisedienste. Veranschlagt man die lange Reise auf 4 Meilen und die lange Kornreise nach Wunstorf auf jeweils zwei Tage und die kurze Reise auf 1 Meile auf einen Tag, so erhielt das Kloster zusätzlich 203 volle Spanntage an Reisediensten.

An ordinären Handtagen standen dem Kloster 2.184 Tage im Jahr oder 42 Handtage in der Woche zu. Während der Erntezeit mähten die Untertanen zusätzlich 164 Tage Gras oder Korn, banden 115 Tage Korn und mähten oder banden weitere 30 Tage Korn. Außerdem mußten die Häuslinge während der Heuernte einen Tag die Woche heuen und während der Kornernte einen Tag die Woche kornbinden. Hierbei fielen etwa weitere 300 Handtage an, so daß das Kloster über mindestens 2.800 Handtage in der Landwirtschaft verfügte. Hinzu kamen noch die Handdienste für die Gärten, die etwa 500 bis 600 Tage ausmachten und in erster Linie in den Hopfengärten verwertet wurden, sowie das "Briefetragen" und "Kirchefegen". An dinglich gemessenen Diensten mußten die Dienstpflichtigen zudem noch 90 Fuder Brennholz schlagen und in das Kloster bringen, den Schlüsselburger Zehnt auf der östlichen Weserseite nach Loccum fahren und das Heu auf den Schafwiesen bereiten[48]. Als Gegenleistung für die Dienste mußte das Kloster den Pflichtigen Pröven reichen. Auch wenn eine genaue Bewertung dieser Pröven kaum möglich ist, so scheinen sie doch reichlich bemessen und im Verhältnis zu den Löhnen eine durchaus annehmbare Entschädigung für den Einsatz gewesen zu sein[49].

Auf dem Loccumer Hof in Hannover spielten die monetären Lohnausgaben hingegen nur eine untergeordnete Rolle. Um 1700 wurden 256 Rtlr. und um

---

[47] AKL: XXXIX B1 a 16, undatiert (wohl zwischen 1689 und 1732). - Jeweils umgerechnet auf den vollen Spann.

[48] Ebd.

[49] So bekam z.B. ein Herrendienstpflichtiger zwischen Ostern und Michaelis außerhalb der Erntezeit an Pröven gereicht: morgens 1¼ Pf. Brot aus grobem Roggenmehl und etwa 31 Gramm Butter, mittags dasselbe an Brot und Butter sowie ein Quartier (knapp ein Liter) Gersten- oder Erbsenmus. Das Abendessen entsprach dem des Mittags. Statt der Butter konnte es auch zwei kleine Käse oder einen Hering geben. Im Winter fiel das Morgenbrot weg, während der Heu- und Getreideernte waren die Pröven reichlicher (AKL: XXXIX B1 a 16).

1740 durchschnittlich 135 Rtlr. für Bedienstete[50], für Tage- und Botenlohn ausgegeben, was zusammen einem Anteil an den hannoverschen Geldausgaben von 13,5% bzw. 5% entsprach[51]. Hier wurden auch nicht geringe Getreideausgaben für Lohn und Deputat verbucht. So entfielen um 1660 24%, um 1700 gar 43% und um 1745 28% der Roggenausgaben auf Löhne und Deputat[52]. Wie ist das zu erklären? Eine genauere Aufschlüsselung zeigt, daß die Naturallöhne nur selten in einem Zusammenhang zum hannoverschen Betrieb oder Haushalt standen, und in erster Linie Zuwendungen an Konsistorialbeamte, Pastoren, Kirchendiener usw. in Hannover und Umgebung waren. Nur wenige Ausgaben entfielen hier auf Personen, die mit der Klosterwirtschaft zu tun hatten.

Klösterliche Landwirtschaft

Die klösterliche Landwirtschaft des 17. und 18. Jahrhunderts hatte nicht mehr die Ausdehnung und Bedeutung der mittelalterlichen Grangienwirtschaft[53]. An agrarischen Eigenwirtschaften verfügte es noch über das Klostergut Loccum, das im Stift gelegene Vorwerk Büchenberg, das Klostergut Hamelspringe (bei Münder) und den Mönchehof in Kolenfeld (bei Wunstorf). Die Ackerausstattung (Saatländereien) dieser Eigenwirtschaften war bescheiden: Loccum 278 Mg. (1796)[54], Büchenberg 121 Mg. (1723)[55], Kolenfeld 132 Mg. (1777)[56] und Hamelspringe 151 Mg. (1765)[57]. Im ausgehenden 18. Jahrhundert errichtete das Kloster zudem in unmittelbarer Nähe zum Büchenberg einen neuen Betrieb, das Vorwerk Wagenrode-Kreuzhorst[58]. Nur das Klostergut Loccum wirtschaftete in eigener Regie,

---

[50] Die hannoverschen Geldausgaben für Bedienstete entfielen 1740/41 ausschließlich auf den dortigen Kornschreiber, der z.B. 20 Rtlr. Bargeldlohn, 6 Rtlr. für Licent, 24 Rtlr. Meßgeld (für das Aufmessen des Kornes) und 40 Rtlr. statt der Deputate erhielt (AKL: GR Han. 1740/41). Auch hier wird wieder die Bedeutung der Deputate sichtbar. Die reinen Lohnkosten um 1700 waren nicht höher als die um 1740, doch sind die Kosten für "Liberey" (jährlich 125 Rtlr.!) hier mitaufgenommen.

[51] Siehe Tabelle 2.

[52] Bei Gerste waren es 3,4, 8,9 und 5%, bei Hafer 2,1, 13,2 und 4,3% der Ausgaben. - Vgl. Tabelle 6.

[53] Vgl. Steinmann (wie Anm. 21). - Wiswe (wie Anm. 11).

[54] AKL: XXXIX B 1 ba 1, 12.

[55] AKL: XXIX A 1.

[56] AKL: XXX E 5.

[57] AKL: XXXI E 3.

[58] AKL: XXVII E 4.

die anderen Güter wurden von Pächtern betrieben[59]. Da es schwierig war, für diese relativ kleinen Gutswirtschaften geeignete Pächter zu finden, mußten in der Regel Zehnte, Dienste, Schäfereien usw. mitverpachtet werden[60]. Das Kloster hatte in Loccum relativ große, jedoch in kleine Stücke von ein bis zwei Mg. aufgeteilte Schläge, die nur bedingt mit den bäuerlichen Flächen im Gemenge lagen. Da es in Loccum kein Feldsystem und keinen Flurzwang gab[61], stand es dem Kloster frei, seine Felder nach Gutdünken zu bestellen. Die durchschnittlich bestellte Ackerfläche betrug auf dem Klostergut um 1660 234 Mg., um 1700 241 Mg. und um 1740 337 Mg. Die Ausdehnung der Anbaufläche scheint dabei weniger auf einen Landesausbau, sondern auf eine Verringerung der Brachflächen zurückzuführen zu sein. Im Vergleich zu den ostdeutschen Gütern war die Größe der klösterlichen Saatländereien gering, aber riesig im Vergleich zu den bäuerlichen Stellen im Stift, von denen selbst die größten kaum mehr als 30 Mg. Betriebsfläche hatten. Im Rahmen der lokalen Verhältnisse war das Klostergut, das ja nicht nur agrarisch, sondern auch gewerblich produzierte[62], ein Großbetrieb, mit dem die bäuerlichen Wirtschaften nicht annähernd zu konkurrieren vermochten.

Die klösterlichen Hauptanbaufrüchte waren, wie auch auf dem Bauernland im Stift[63], Roggen, Hafer und Buchweizen. Roggen stand um 1660 auf 52%, um 1700 auf 59% und um 1740 auf 53% der bestellten Fläche. Hafer auf 35%, 29% bzw. 40% und Buchweizen auf 10%, 7% bzw. 6% der bestellten Fläche. Entsprechend unerheblich war der Anbau von Weizen, Gerste, Rübsamen, Bohnen, Erbsen und Wicken. Die stark schwankenden Ertragsziffern[64] (Verhältnis der Aussaat zur Ernte) lagen bei Roggen bzw. Hafer um 1660 bei durchschnittlich 3,4 bzw. 2,9, um 1700 bei 3,5 bzw. 2,7 und um 1740 bei 2,85 bzw. 3. Sowohl im Vorherrschen von Roggen und Hafer wie auch in den geringen Ertragsziffern spiegeln sich die leichten Böden des Geeststandortes wider. Zwar ließ sich die Anbaufläche der Leguminosen und des Rübsamens nicht genau ermitteln, doch ist ein tendenzieller Rückgang des Anbaus dieser Früchte sicher. So gelangten z.B. um 1700 und 1740 Wicken überhaupt nicht mehr zur Aussaat. Von agrarischem Fortschritt, wie

---

[59] Wie Anm. 22.

[60] Wie Anm. 51 u. 52.

[61] AKL: XVIII A 13, Vol. II, 1. Teil.

[62] Siehe unten.

[63] AKL: XVIII A 13, Vol. II, 1. Teil.

[64] Zum Beispiel lagen die Ertragsziffern von Roggen 1661/62 bei 1,8 und 1663/64 bei 5,1.

immer dieser auch ausgesehen haben mag, ist im Bereich der klösterlichen Landwirtschaft bis mindestens 1750 nichts zu spüren. Vielmehr sprechen verschiedene Anzeichen gar für eine Regression, wie z.b. die geringen stagnierenden oder gar rückläufigen Ernteerträge.

Der Eigenbau von Weizen und Gerste trug nur wenig zu den klösterlichen Korneinnahmen bei. Anders sah es bei den Hauptfrüchten Roggen und Hafer aus: beim Roggen stieg der Anteil des Roggens an den laufenden Korneinnahmen in Loccum von 19% um 1660 auf knapp 27% um 1740, beim Hafer stieg dieser Anteil von 18,5% gar auf 38%[65]. Diese Entwicklung ist auf die Ausdehnung der Anbaufläche, aber auch auf die vermehrte Verpachtung und Verdingung von Zehnten zurückzuführen.

Bei den Getreideeinnahmen überwogen daher die bäuerlichen Kornzinsen und Pachten (Verdingungen). Die klösterliche Buchführung zeigte wenig Interesse am konkreten Rechtsgrund der Abgaben - sie gliederte die Zinseinnahmen in erster Linie nach den Herkunftsorten -, so daß hier allein pauschale Angaben zu den vor allem aus Zehnt- und Teilkorn sowie Meierzins sich zusammensetzenden Kornzinsen möglich sind[66].

In der Tabelle 4 im Anhang ist die Verwendung des in Loccum eingenommenen Getreides aufgeführt. Danach wurde der Roggen vorwiegend für naturale Löhne ausgegeben, vermarktet oder im Haushalt verbraucht. Die Gerste diente zur Bierherstellung oder wurde verkauft bzw. verborgt[67]. Zwar wurde auch viel Hafer vermarktet, doch diente dieser mehrenteils als Pferdefutter. Selbst eine große Wirtschaft wie die des Klosters Loccum mit ihren umfangreichen Renten und mit ihrem im Verhältnis zu den Bauern ausgedehnten Getreidebau vermochte nur einen relativ geringen Teil ihrer Korneinnahmen zu vermarkten. Selbst in Hannover, wo der Haushalt weitgehend vom Betrieb getrennt war, wurde nur relativ wenig Getreide auf den Markt gebracht. Die Klosterökonomie war weit weniger und mit abnehmender Tendenz auf den direkten Getreideverkauf ausgerichtet, wie man es ursprünglich hätte vermuten können. Es darf aber nicht übersehen werden, daß das Pachtinstrument zunehmend die klösterliche Getreidevermarktung ersetzte und der potentielle Zugang zum Markt erhalten blieb.

---

[65] Siehe Tabelle 3.

[66] Siehe Tabelle 3 und 5.

[67] Bei der Borge gegen Geld erfolgte die Bezahlung des Getreides zu einem späteren Termin, bei Borge gegen Aufmaß erstattete der Schuldner das geborgte Korn zuzüglich eines naturalen Zinses zurück. Faktisch war die Borge gegen Aufmaß häufig ein Mittel, um den Bauern das nötige Saatgetreide zur Verfügung zu stellen ("Borge vor Saat-Korn") und wurde anschließend nicht selten restiert bzw. remittiert.

Bei der Vermarktung ergibt sich das Bild, daß in Loccum das Korn gegen Geld verkauft sowie gegen Geld oder "Aufmaß" verborgt, in Hannover aber ausschließlich gegen Geld verkauft wurde. In der Regel lagen die in Loccum erzielten Preise, außer beim Hafer, leicht über den in Hannover erzielten Preisen. Letztere bewegten sich wiederum unter den hannoverschen Taxen. Die Differenz zwischen den in Loccum und den in Hannover realisierten Preisen ist zumindest teilweise auf die Vermarktungspraxis zurückzuführen. In Loccum erfolgte die Vermarktung fast ausschließlich in Kleinmengen, während in Hannover der Verkauf en gros an nur wenige Personen vorherrschte[68]. Offensichtlich lag das Preisniveau im ländlichen Loccum tatsächlich etwas über dem hannoverschen, was auch erklären würde, daß tendenziell mehr Getreide vom Loccumer Hof nach dem Klostergut transferiert wurde als umgekehrt.

In Loccum versuchte das Kloster in Jahren mit extremer Teuerung keine maximalen Erlöse zu erzielen. So schickte es im Wirtschaftsjahr 1740/41, als die Preise in Hannover sehr hoch lagen (1740 6,14 Rtlr. für den Malter Roggen)[69], einen beträchtlichen Teil seines hannoverschen Kornes nach Loccum und verkaufte dort den Roggen für durchschnittlich 2,57 Rtlr./Ma., während es in Hannover 4,45 Rtlr./Ma. zu erzielen vermochte. Zudem kaufte es in Bremen Roggen auf, um diesen im Stift zu vermarkten. Dieser Zwischenhandel brachte immerhin einen Gewinn von 487 Rtlr. und glich somit weitgehend die Verluste bei der Vermarktung des Klosterkorns aus[70]. Nicht die Erlangung eines möglichst hohen Gewinnes, sondern die Schaffung eines großen Angebotes an Brotgetreide zu erschwinglichen Preisen stand im Mittelpunkt des klösterlichen Interesses. Statt auf kurzfristige Ge-

---

[68] In dem fünfjährigen Zeitraum von 1740/41 bis 1744/45 traten als Käufer in Hannover lediglich auf: Dr. Ebell (Verwandter des Abtes), Frau Dr. Ebell (dito), Secret. Weydemann, Schloßhauptmann von Wangenheim, Herr Hansen, Herr von Ramdohr, ein englischer Mylord, einige "Censiten", ein Kornhändler aus Hildesheim und einer aus Hannover, ein Bürger Unverzagt, das Kloster Mechmershausen und der "hiesige Proviantboden". Für die anderen beiden Zeitreihen liegen leider keine derart detaillierten Informationen vor, doch erfolgte der Kornverkauf um 1700 auch in Großmengen.

[69] Berechnet nach J. F. Unger, Von der Ordnung der Fruchtpreise, Göttingen 1752, S. 314. In: Reinhard Oberschelp (Hrsg.), Beiträge zur niedersächsischen Preisgeschichte des 16. bis 19. Jahrhunderts (= Veröffentlichungen der Niedersächsischen Landesbibliothek Hannover), Hildesheim 1986, S. 47.

[70] AKL: GR Loc. 1740/41. - Die Einnahmen aus dem Verkauf von Klosterkorn betrugen in diesem Jahr nur 389 Rtlr. plus 365 Rtlr. aus der Kornborge, wovon jedoch ein großer Teil restiert wurde (ca. 290 Rtlr.) (AKL: GR Loc. 1741/42). - Die Vorfinanzierung des Ankaufes des Bremer Roggens übernahm der Provisor; somit handelt es sich bei den besagten 487 Rtlr. um einen echten Gewinn.

winne, gleichbedeutend mit einer zusätzlichen Bedrückung der dörflichen
Bevölkerung, setzte es langfristig auf den Erhalt der bäuerlichen Zinsfä-
higkeit.

Über die klösterliche Viehwirtschaft liegen kaum archivalische Aufzeich-
nungen vor. Mit Sicherheit läßt sich nur sagen, daß animalische Abgaben
der Bauern ohne Bedeutung waren und die klösterliche Viehwirtschaft bei
weitem nicht den Bedarf des Haushalts zu decken vermochte. Während das
Kloster kaum heimische pflanzliche Produkte kaufte, gab es große Summen
für tierische Produkte aus. Um 1660 wurde vom Kloster noch für 1.800 Rtlr.
Getreide verkauft und 890 Rtlr. für den Haushalt, u.a. für tierische Produkte
ausgegeben. Um 1740 brachte der Kornverkauf in Loccum nur noch 640
Rtlr., indessen 970 Rtlr. für den Zukauf von Fleisch, Wurst, Butter usw. aufgewandt werden mußten[71].

Von Bedeutung waren noch der klösterliche Gartenbau und die Forstwirtschaft. Da die hier erzeugten Produkte bzw. anfallenden Leistungen kaum
vermarktet wurden und eine nur mäßige Überlieferung existiert, ist eine Bewertung dieser Betriebszweige äußerst schwer. Die Leistungen des Waldes
erschöpften sich jedoch keineswegs in den geringen direkten Geldeinnahmen[72]. 1796 umfaßte das klösterliche Gartenland etwa 30 Mg. und hatte
damit die Größe eines durchschnittlichen Meierhofes im Stift. Ein flächenmäßig nicht genau zu erfassender Teil wurde den klösterlichen Arbeitern zur
Verfügung gestellt. Ein weiterer Teil diente dem Hopfenanbau. Während das
Kloster nur wenig Gerste für Futterzwecke anbaute, bei der Malzherstellung
also auf die bäuerlichen Abgaben angewiesen war, konnte es sich mit Hopfen selbst versorgen. Auf den übrigen Flächen wurde Obst und Gemüse erzeugt.

Gewerbe

Die Klosterwirtschaft verfügte über verschiedene gewerbliche Betriebszweige: Mühlen, Brauerei, Brennerei, Ziegelei, Steinbruch und Kohlenbergwerk. Die Bewirtschaftung dieser Betriebszweige erfolgte teils in eigener Regie, teils in delegierter Form. Steinbruch und Kohlenbergwerk müssen
hier vernachlässigt werden, da sie ihren Betrieb erst nach 1745 aufnahmen.

Das Kloster Loccum besaß eigentümlich an Mühlen die Lahder Wasser-
mühle im preußischen Minden, die Windmühle in Wiedensahl und eine
Wind- und Wassermühle in Loccum, die durchweg verpachtet waren. Die
Einnahmen aus der Mühlenpacht konnten von 115 Rtlr. um 1660 auf 300

---

[71] Siehe Tabelle 1 und 2.

[72] Siehe Tabelle 1 und weiter unten.

Rtlr. um 1740 gesteigert werden. In der zweiten Hälfte des 18. Jahrhunderts wurden sie jedoch in Erbzinsmühlen umgewandelt, da anscheinend die Unterhaltskosten in keinem Verhältnis zu den Pachteinnahmen standen.

Aus bäuerlicher Zinsgerste, Hopfen aus den eigenen Gärten und dem aus den privativen Wäldern stammenden Brennholz als Energieträger braute das Kloster Bier. Trotz der großen Bedeutung des Bieres als monetäre Einnahmequelle wurde doch nur ein Teil des Bieres vermarktet, wesentliche Mengen im Haushalt konsumiert oder für Deputate und Pröven ausgegeben. Besonders bei der Bier- und Branntweinherstellung zeigt sich das Prinzip der klösterlichen Verbundwirtschaft. Das Malz stammte aus bäuerlicher Zinsgerste, der Hopfen wurde mit Diensten der Eigenbehörigen erzeugt, mit Bier und dem anfallenden Kovent wurden wieder die Arbeiter und Dienstleistenden versorgt, der Treber diente als Viehfutter, während das Vieh wieder Dünger für den Hopfen lieferte usw. Eine Reduzierung des klösterlichen Brauwesens auf die Gelderlöse würde der wirtschaftlichen Bedeutung dieses Betriebszweiges nicht gerecht werden. Weder stellen die Gelderlöse aus dem Bierverkauf Gewinne dar, da die Kosten nicht erfaßbar sind, noch kann die Leistung der Brauerei auf diese Gelderlöse reduziert werden, da sie auch nicht monetär zu erfassende Leistungen produzierte. Zu sehr sind die einzelnen Bereiche der klösterlichen Wirtschaft miteinander verknüpft, als daß eine auf das Geld fixierte oder eine isolierte Betrachtung befriedigende Ergebnisse liefern könnte.

Am Ende des 18. Jahrhunderts nahm das Kloster zusätzlich die Branntweinproduktion für den Markt auf. Bereits bevor der Einbruch im klösterlichen Brauwesen aufgrund der sich verändernden Konsumgewohnheiten einsetzte, hatte das Kloster den neuen Markt erobert. 1751/52 mußte das Kloster aber die lukrative Branntweinproduktion für den Markt einstellen. Das Ende des Brennens ist wahrscheinlich auf den Widerstand des Fleckens Wiedensahl zurückzuführen[73], dessen Bewohner vom Kloster Brau- und Brennkonzessionen erhalten hatten[74] und nun wohl die klösterliche Produktion als unerwünschte Konkurrenz betrachteten. Die Gerichtsherrschaft

---

[73] In AKL: XVI 18 finden sich nur Akten in Sachen Gemeinde Wiedensahl gegen das Kloster Loccum wegen Branntweinverkaufes von 1769, 1779 und 1834. Akten über einen früheren Vorgang konnten nicht gefunden werden.

[74] 1800 besaßen 24 Wiedensähler Höfe die Braugerechtigkeit, übten diese reihenweise aus und beschäftigten einen Braumeister. Zudem besaß ein "begüterter Höfner" das Braurecht, beschäftigte einen Braumeister und braute "auf eigene Rechnung, nach einer alten Berechtigung". Außerdem arbeiteten drei Personen im Ort als Branntweinbrenner. Vgl. Nöldeke, Ueber den Wiedensähler Handwerksbetrieb. In: Neues Hannöverisches Magazin, 59. Stück, 24. Juli 1801, Sp. 945-956, hier Sp. 950 f.

war zwar für die eigenwirtschaftliche Marktproduktion und die Gewerbekonzessionierung die maßgebliche Voraussetzung, im Konfliktfall konnten die von den Bauern angerufenen landesherrlichen Gerichte aber auch den wirtschaftlichen Interessen der Gerichtsherren entgegenwirken.

Die klösterliche Ziegelei nahm im Wirtschaftsjahr 1692/93 mit der Fertigung von Mauersteinen ihren Betrieb auf[75]. Ab 1694/95 wurden auch Dachziegel fabriziert[76]. Wenn Investitionskosten für die Ziegeleierrichtung auch nicht ausgewiesen sind[77], so handelte es sich bei diesem Betrieb doch eindeutig um eine Eigenwirtschaft des Klosters[78]. Als Grund- und Gerichtsherr benötigte das Kloster zum Abbau von Erden (Ton) zudem keine besondere Konzession. Augenscheinlich war bei dieser Betriebsgründung die Verfügungsgewalt über Rechte und standortspezifische Rohstoffe wichtiger als das (Start-) Kapital. Dies trifft, vielleicht mit Ausnahme der technisch anspruchsvolleren Mühlen, im wesentlichen auch auf die anderen Gewerbebetriebe des Klosters zu.

Die Ziegelfertigung geschah in einer besonderen Art der delegierten Produktion. Der Ziegelmeister erhielt keinen festen Lohn wie die anderen Klosterarbeiter, sondern einen produktionsabhängigen "Arbeitslohn". Er wurde nach der Anzahl der gefertigten Ziegel bezahlt, mußte dafür aber die laufenden Produktionskosten, wie z.B. die Löhne für seine Gehilfen, tragen[79]. Die Vermarktung der Ziegel übernahm das Kloster, wobei die Produktionskosten (d.i. der Arbeitslohn für den Ziegelmeister) nur bei ca. 50% des Verkaufserlöses lagen[80]. Diese Konstruktion wies gewisse Affinitäten zum Verlagssystem auf, wobei das Kloster als Verleger, der Ziegelmeister als Verlegter auftraten.

Um 1660 trugen die Gewerbebetriebe erst mit 344 Rtlr. oder 6,7% zu den klösterlichen Geldeinnahmen bei. Bis 1700 konnten die Einnahmen aus diesem Bereich in Loccum auf 1.802 Rtlr. oder 26% gesteigert werden. In dieser Zeit konnten die Einnahmen aus der Brauerei verdreifacht sowie die aus

---

[75] AKL: GR Loc. 1690/91 u. 1692/93.

[76] AKL: GR Loc. 1693/94 u. 1694/95.

[77] Kosten für die Errichtung der Ziegelei sind nirgends verzeichnet. Wahrscheinlich konnten die notwendigen Investitionen mit den Überschüssen des Jahres 1691/92 finanziert werden. Ein Register für dieses Jahr liegt jedoch nicht vor.

[78] Vgl. AKL: XXVI 3. - NHStA Hannover: Dep. 7 C Nr. 673, pag. 34.

[79] Nicht geklärt werden konnte, ob der Ziegelmeister auch für das Holz für die Trockenöfen aufkommen mußte, ob er dieses aus den Klosterwäldern entnehmen durfte oder gar von den klösterlichen Forstbediensteten geliefert bekam.

[80] Berechnet für die Jahre um 1700.

den Mühlen mehr als verdoppelt werden, und erst jetzt produzierten die Brennerei und die Ziegelei für den Markt. Um 1740 kamen nur noch gewerbliche Geldeinnahmen von 1.463 Rtlr., was 15,5% der Einnahmen entsprach, in die Loccumer Kasse[81]. Zwar konnten die Einnahmen aus den Mühlen und der Brennerei noch einmal gesteigert, die Einbrüche in der Bier- und Ziegelproduktion damit aber nicht aufgefangen werden[82]. In Hannover fielen keinerlei Einnahmen aus der gewerblichen Produktion an.

Im Zusammenhang mit der gewerblichen Durchdringung der grundherrschaftlichen Wirtschaft spricht Hoffmann von einer "Kapitalisierung der Grundherrschaften"[83]. Im Falle des Klosters Loccum schlug sich die Errichtung und der Unterhalt der gewerblichen Betriebe nicht sonderlich in den Ausgaben nieder, und auch die Betriebskosten stellten keine besondere Belastung dar. Wenn z.B. auch die Errichtung einer Mühle oder Ziegelei hohe einmalige Investitionen erfordern mochten, so belasteten diese die Klosterwirtschaft nicht langfristig. Daher sollte man hier besser von einer Intensivierung der "ökonomischen Nutzung aller Rechtstitel"[84] sprechen, da Produktion und Vermarktung gewerblicher Erzeugnisse, wenn ein aufnahmefähiger Markt bestand, in erster Linie eine Frage des Rechtes war. Die Kombination aus geschlossener Grund- und Gerichtsherrschaft des Klosters im Stiftsbezirk ermöglichte die gewerbliche Marktproduktion. Die Mühle im preußischen Lahde zeigt aber, daß es auch außerhalb des klösterlichen "Machtzentrums" möglich war, wirtschaftliche Aktivitäten zu entfalten, die über den rein passiven Rentenbezug hinausgingen.

---

[81] Siehe Tabelle 1.

[82] Bestünde die Möglichkeit, die Restierungen eindeutig den einzelnen Einnahmeposten zuzuschreiben, - ein zeitaufwendiges und aufgrund der Registerstruktur nicht immer ausführbares Unterfangen, - so würde der Anteil der gewerblichen Eigenbetriebe an den tatsächlichen Geldeinnahmen um 1700 und besonders um 1740 entschieden höher ausfallen.

[83] Hoffmann, Wirtschaftsgeschichte (wie Anm. 3), S. 88-93. - Ders., Grundherrschaft (wie Anm. 3), S. 124.

[84] Winfried Schulze, Bürokratischer Kapitalismus? Zur bäuerlichen Sozialgeschichte Oberösterreichs im 16. und 17. Jahrhundert. In: Zeitschrift für Historische Forschung 13 (1986), S. 315-320, hier S. 318. - Hier kann man auch Stutzer zustimmen, daß die grundherrschaftlichen Rechte, die Meierhöfe (etwa identisch mit den norddeutschen Gütern und Vorwerken) und die Forsten die Kapitaldecke für die kapitalarmen Gewerbebetriebe bildeten. Die These, daß diese Kapitaldecke notwendig war, um das Risiko der Gewerbeproduktion zu decken, kann ich jedoch nicht anerkennen. Wo soll das Risiko gelegen haben? Vgl. hierzu Dietmar Stutzer, Klöster als Arbeitgeber um 1800. Die bayerischen Klöster als Unternehmenseinheiten und ihre Sozialsysteme zur Zeit der Säkularisation 1803 (= Schriftenreihe der Historischen Kommission bei der Bayerischen Akademie der Wissenschaften, Bd. 28), Göttingen 1986, S. 129 f.

Auch darf nicht übersehen werden, daß es sich bei der klösterlichen Gewerbeproduktion um eine wirtschaftlichere Nutzung des Waldbesitzes handelte. Mit Ausnahme der Mühlen, die die natürliche Kraft des Windes und
Wassers nutzten, waren alle klösterlichen Gewerbebetriebe energieintensiv.
Diese Energie stellte der Wald in Form von Brennholz zur Verfügung. Daher
täuschen die geringen direkten Geldeinnahmen aus der Wald-
bewirtschaftung, die in erster Linie aus Mastgeldern bestanden, über die
wahre Bedeutung des Waldes hinweg, der seine Einnahmen als nicht aus-
gewiesene Kosten in den gewerblichen Erzeugnissen versteckt. Dies zeigt
aber auch, daß die klösterliche Registerüberlieferung allein keine ausreichende Quellenbasis liefert, um die gesamte Struktur der klösterlichen Wirtschaft angemessen zu erfassen.

Folgerungen für die Beurteilung der klösterlichen "Grundherrschaft"

Die Wirtschaft des Klosters Loccum war im wesentlichen auf die Deckung
des Haushaltsbedarfes ausgerichtet. Um an die notwendigen Geldmittel zu
gelangen, beschickte es den lokalen und regionalen - jedoch nicht den entfernteren Markt - mit den Produkten aus Rentenherrschaft und Eigenwirtschaft, mit agrarischen und gewerblichen Erzeugnissen. Zwar war eine
Trennung von Haushalt und Betrieb in Hannover großenteils schon vollzogen[85], doch war der hannoversche Betrieb (z.B. durch Güter- und Geld-
transfers) zu eng mit dem vom Haushalt dominierten Loccumer Betrieb verknüpft, als daß das moderne Element wirklich zum Tragen hätte kommen
können.

Der für die Wirtschaftsherrschaften so wichtige "innere Markt der Monar-
chie"[86], der lokale und regionale Markt, bildete auch den Absatzmarkt für
das Kloster. Die Produktion war auf die Binnennachfrage, die Nachfrage der
dörflichen Bevölkerung ausgerichtet, während der nahen Weser nach den
ausgewerteten Quellen als "Exportweg" keine Bedeutung zukam; allenfalls
wurde in Krisenzeiten Getreide in Bremen aufgekauft. Das Kloster trat auf
diesem Markt jedoch nicht nur als Anbieter, sondern auch als Nachfrager
auf. Neben Sachgegenständen, Dienstleistungen und Kapital fragte es vor
allem Lebens- und Genußmittel nach. So ergab sich die Situation, daß das
Kloster Getreide und Gewerbeprodukte vermarktete, um mit dem durch den
Verkauf erworbenen Geld wieder Agrarprodukte zu kaufen. Im Bereich der

---

[85] Siehe Tabelle 2 und 6.

[86] Salz (wie Anm. 3), S. 284 f.

Nachfrage verließ das Kloster jedoch den lokalen und regionalen und betrat den europäischen[87] und internationalen[88] Markt.

Aufgrund seiner Einnahmestruktur ist der Loccumer Hof in Hannover als eine charakteristische Renten-Grundherrschaft einzustufen. Die Einnahmen dieser "Betriebsstätte" bestanden überwiegend aus bäuerlichen Naturalabgaben, während die direkten monetären Abgaben zurücktraten und Arbeitsrenten nicht anfielen. Die naturalen Renten flossen aber nur zum Teil tatsächlich in natura in die hannoversche Kasse, da wesentliche Naturalforderungen verpachtet waren. Die Verpachtung bzw. Verdingung der Naturalrenten bewahrte diese vor einer Entwertung, was bei einer beständigen Umwandlung der naturalen Renten in monetäre Renten möglich gewesen wäre[89]. Die Funktion eines mittelalterlichen Klosterhofes nahm der Loccumer Hof nur noch bedingt wahr. Hier wurden nicht mehr primär die Überschüsse der agrarischen Eigenwirtschaften vermarktet, sondern Renten gesammelt, vermarktet oder nach Loccum transferiert.

Ganz anders sah die Betriebs- und Einnahmestruktur in Loccum aus. Hier flossen neben den Einnahmen aus der Rentenherrschaft noch die aus den verschiedenen Betriebszweigen der Eigenwirtschaft in die Kassen; hier fielen neben den vorherrschenden naturalen und monetären Renten auch Arbeitsrenten an. Während Grund- und Zehntherrschaft weitgehend zu reinen Renten-Bezugs-Rechten degenerierten[90], konnte die Gerichtsherrschaft, besonders die obere und mit der Polizeigewalt verknüpfte, dazu dienen, in den Grundherrschaften umfangreiche wirtschaftliche Aktivitäten zu entwickeln.

Nur im engeren Stiftsbereich, dort wo das Kloster Grund-, Zehnt- und Gerichtsherrschaft sowie die Polizeigewalt innehatte, dort wo es unabhängig von konkurrierenden Feudalherren und frühmodernem Staat agieren konnte, vermochte es daher eine wirtschaftliche Organisation aufzubauen, die als Wirtschaftsherrschaft angesprochen werden kann. Das bedeutet aber auch,

---

[87] So z.B. bei Rhein- und französischem Wein, französischem Branntwein, "Bremer Roggen" usw.

[88] So z.B. bei Zucker, Gewürzen, Südfrüchten usw.

[89] Siehe zur Entwertung von Geldrenten Rudolf Endres, Die wirtschaftlichen Grundlagen des niederen Adels. In: Jahrbuch für fränkische Landesforschung 36 (1976), S. 215-237, hier S. 219-221. - Wilhelm Röpke, Beiträge zur Siedlungs-, Rechts- und Wirtschaftsgeschichte der bäuerlichen Bevölkerung in der ehemaligen Grafschaft Hoya. In: Niedersächsisches Jahrbuch für Landesgeschichte 1 (1924), S. 1-96, hier S. 24, 27, 49.

[90] Es gilt hier jedoch zu bedenken, daß durch die Zehnt- und Meierordnung sowie die individuellen Meierbriefe (Festsetzung der Abgaben) die Grund- und Zehntherren noch immer weitgehend die Ausrichtung der bäuerlichen Wirtschaft im ackerbaulichen Bereich zu bestimmen vermochten.

daß für eine großräumige Entwicklung zur Wirtschaftsherrschaft im frühneuzeitlichen Niedersachsen die notwendigen Voraussetzungen[91] nur selten gegeben waren. Die im frühneuzeitlichen Niedersachsen so häufig anzutreffen-
de Gemenge- und verstreute Lage der Herrschaftsrechte, die auch im wesentlichen zur Verhinderung der Gutsherrschaft beitrug[92], unterband auch
die Bildung von Wirtschaftsherrschaften. Für einzelne Grund- und Gerichtsherren, zu denken wäre z.b. auch an die Knigges im Gericht Bredenbeck
oder das Gericht Linden, bestand aber durchaus die Chance, relativ geschlossene Grund- und Gerichtsherrschaften zu Gebilden auszubauen, die
zumindest eine starke Affinität zu den Wirtschaftsherrschaften aufwiesen.

Betrachtet man die "Gesamtunternehmung Kloster Loccum", also die Betriebsstätten Loccum und Hannover zusammen, so blieb die Grund- und
Zehntherrschaft mit den für Niedersachsen typischen hohen Naturalrenten
letztendlich auch das Rückgrat der Loccumer Klosterwirtschaft, wobei die
eigenwirtschaftlichen Betriebszweige für die Geldeinnahmen durchaus ihre
nicht zu leugnende Bedeutung hatten. Wie schon Lütge feststellte, sind eben
"die Übergänge zwischen Rentengrundherrschaft und Wirtschaftsherrschaft
allzu fließend"[93].

Die bisherigen Aussagen müßten durch eine vertiefte Untersuchung des
komplexen wirtschaftlichen Gefüges der Klosterwirtschaft über einen län-
geren Zeitraum hinweg und anhand breiteren Quellenmaterials ergänzt werden. Dennoch können bereits jetzt einige grundsätzliche, in erster Linie sich
aus dem frühneuzeitlichen Rechnungswesen ergebende methodische Probleme angerissen werden. Dazu gehören u.a.:

– die parallele Führung von Geld- und Kornregistern und die zweifache
  Buchführung (Loccum und Hannover), die häufig zu nicht immer einfach
  zu erkennenden Doppelbuchungen führte,

– das Fehlen von Registern, die auch die nichtzerealen naturalen Einnahmen
  und Ausgaben, z.B. der Vieh-, Garten- und Forstwirtschaft verzeichnen,
  um diese Betriebszweige gerecht beurteilen zu können,

---

[91] Nach Achilles lebten in den acht geschlossenen und dreizehn nichtgeschlossenen
Adelsgerichten Calenbergs nur ca. 6,5% der Landbewohner. Im Fürstentum Göttingen
waren die Adligen Gerichte von ähnlich sekundärer Bedeutung. Walter Achilles, Die
Lage der hannoverschen Landbevölkerung im späten 18. Jahrhundert (= Quellen und
Untersuchungen zur Wirtschafts- und Sozialgeschichte Niedersachsens in der Neuzeit,
Bd. 6), Hildesheim 1982, S. 5.

[92] Vgl. Wittich, Ländliche Verfassung (wie Anm. 10), S. 105-109.

[93] Lütge (wie Anm. 15), S. 171.

- die aufgrund der einfachen Einnahmen-Ausgaben-Rechnung nicht mögliche Kostenzuordnung, so daß die Wirtschaftlichkeit einzelner Betriebszweige nicht zu ermitteln ist,

- die fast unüberschaubare Verbuchungstechnik von Restierungen und Restantenleistungen usw.

Man kann aus den Registern eine große Anzahl konkreter Informationen herausarbeiten und doch die sich stellenden Fragen nicht befriedigend beantworten. Das zentrale Problem besteht in der Konfrontation eines sich gegenüber vielen heutigen Fragestellungen sperrenden frühneuzeitlichen Rechnungswesens mit agrarhistorischen Analysemethoden, die aus der modernen Buchführungspraxis bzw. der Betriebswirtschaftslehre abgeleitet sind, und die wiederum geschichtliche wirtschaftliche Strukturen und Prozesse nur unzureichend zu erfassen vermögen. Eine vertiefte Beschäftigung mit der frühneuzeitlichen Klosterwirtschaft[94] ist daher auf die Erarbeitung einer Methodologie angewiesen, die die spezifische Struktur der klösterlichen Wirtschaft als Basis ihrer Analyse und Interpretation ernst nimmt, ohne daß dabei die Erkenntnisinteressen der modernen Agrar- und Wirtschaftsgeschichte in den Hintergrund treten.

---

[94] Diese soll im Rahmen einer Dissertation erfolgen.

Tab. 1

Die klösterlichen Geldeinnahmen

Betrieb	Loccum u. Hann.		Loccum		Loccum		Hannover		Hannover	
Zeitraum	1660/61–1664/65		1698/99–1701/02		1740/41–1744/45		1704/05–1708/09		1740/41–1744/45	
Art der Einnahme	abs.	rel.	abs.	rel.	abs.	rel.	abs.	rel.	abs.	rel.
Restanten	188,36	3,65	1066,55	15,39	3423,15	36,37	1139,2	56,08	2,81	0,09
Verdingte Höfe und Zehnte	1015,11	19,65			155,19	1,65			2393,92	80,48
Verpachtete Vorwerke			210,00	3,03	1324,00	14,07				
Verpachtete Mühlen	114,50	2,22	254,38	3,67	300,00	3,19				
Verkauftes Klosterbier	229,34	4,44	719,82	10,39	501,18	5,32				
Verkaufter Klosterbranntwein			311,84	4,50	375,49	3,99				
Verkaufte Ziegel und Dachsteine			516,40	7,45	286,48	3,04				
Verkauftes Getreide	1822,76	35,29	1171,85	16,91	637,13	6,77	595,78	29,33	265,29	8,92
Verborgtes Getreide	222,02	4,30	591,10	8,53	84,87	0,90				
Aus der Hannoverschen Kasse					472,00	5,01	296,25	14,58	286,49	9,63
Bäuerliche Geldzinsen	196,63	3,81	144,37	2,08	94,58	1,00				
Bäuerliche Kornzinsen	164,33	3,18	152,99	2,21	162,43	1,73				
Gerichtsausübung	144,56	2,80	205,57	2,97	134,14	1,43				
Abteiliche Akzidenzien			202,49	2,92	201,10	2,14				
Verkaufter Wein					191,37	2,03				
Verkauftes Vieh und Abnutzung	121,30	2,35								
Verkauftes Holz und Mastung	298,65	5,78	501,25	7,23						
Erborgte Kapitalien	320,00	6,19								
Extraordinaire Einnahmen	196,85	3,81			48,78	0,52				
Übrige Posten	131,11	2,54	879,87	12,70	1020,01	10,84			26,00	0,87
Summe I	**5165,52**	**100,00**	**6928,48**	**100,00**	**9411,90**	**100,00**	**2031,23**	**100,00**	**2974,51**	**100,00**
Remissionen	-4,28	-0,08	-7,54	-0,11	-110,15	-1,17			-1,83	
Restierungen	-264,99	-5,13	-1403,25	-20,25	-3423,35	-36,37			-10,21	
Summe II	**4896,25**	**94,79**	**5517,69**	**79,64**	**5878,40**	**62,46**	**2031,23**	**100,00**	**2962,47**	
Zuzüglich Vorrat	834,95		1354,87		1316,50		525,62		1003,08	
Summe III	**5731,20**		**6872,56**		**7194,90**		**2556,85**		**3965,55**	

Tab. 2

Die klösterlichen Geldausgaben

Betrieb / Zeitraum — Art der Ausgabe	Loccum u. Hannover 1660/61		Loccum 1700/01		Loccum 1740/41		Hannover 1704/05–1708/09		Hannover 1740/41–1743/44	
	abs.	rel.	abs.	rel.	abs.	rel.	abs.	rel.	abs.	rel.
Kirchliche Ausgaben	93,87	3,14	85,25	1,77	17,47	0,30				
Mildtätige Ausgaben			257,65	5,35	215,69	3,74				
Bibliothek			11,44	0,24	33,08	0,57				
Competenzgelder	390,00	13,03	745,00	15,47	849,00	14,74	1196,8	63,24	1418	47,99
Löhne	425,29	14,21	711,15	14,77	641,70	11,14	255,84	13,52	135,49	4,59
Zehrungskosten	62,82	2,10	47,59	0,99	38,57	0,67				
Haushalt	887,47	29,65								
Pflanzliche Küchenprodukte			28,35	0,59	28,02	0,49				
Tierische Küchenprodukte			538,25	11,18	971,03	16,86				
Fisch und Schalentiere			117,46	2,44	127,10	2,21				
Gewürze u. Genußmittel			855,53	17,76	908,52	15,77				
Diverse Öle und Lichter			35,62	0,74	53,26	0,92				
Diverse Sachgegenstände	20,54	0,69	137,58	2,86	95,99	1,67				
Baulohn und Material			119,90	2,49	987,39	17,14				
Handwerker	169,35	5,66					182,83	9,66	119,53	4,05
Schmiedekosten			31,65	0,66	99,40	1,73				
Medizin und Arzt			5,31	0,11	0,00	0,00				
Viehmedizin und Tierarzt			11,32	0,24	2,67	0,05				
„Auf die Ställe" / Kutsche	187,47	6,26	108,08	2,24	0,00	0,00	100,04	5,29	11,85	0,40
Gekaufte Pferde und Vieh	3,25	0,11	2,28	0,05	10,71	0,19				
Klostergarten	4,17	0,14	12,67	0,26	0,00	0,00				
Meliorationen			67,39	1,40						
Jägerei und Munition	21,01	0,70	21,65	0,45	156,24	2,71	12,96	0,68	3,92	0,13
Gerichtskosten			16,40	0,34	113,69	1,97	8,13	0,43	24,92	0,84
Schreiberei	7,36	0,25			9,97	0,17				
Steuer und Abgaben	199,42	6,66	390,06	8,10	266,64	4,63	80,89	4,27	79,67	2,70
Kapitaldienst	275,00	9,19	432,00	8,97	0,00	0,00				
Allgemeine Ausgaben										
Sonstiges	245,63	8,21	26,72	0,55	134,56	2,34	55,07	2,91	1161,33	39,30
Summe	2992,65	100,00	4816,30	100,00	5760,70	100,00	1892,56	100,00	2954,71	100,00
Verbleibender Überschuß	860,21		394,16		2336,59		664,35		1087,44	

Tab. 3
Die Korneinnahmen in Loccum
(in Malter Braunschweigischen Maßes)

Zeitraum	1661/62–1664/65		1698/99–1702/03		1740/41–1744/45	
	abs.	rel.	abs.	rel.	abs.	rel.
Weizen						
Aus Hannover gesandt	4,02	28,89	1,63	11,56	0,40	11,53
Eigenbau	1,48	10,61	0,00	0,00	0,00	0,00
Kornzinsen	8,41	60,50	12,44	88,44	3,07	88,47
Sonstiges	0,00	0,00	0,00	0,00	0,00	0,00
Summe I	**13,90**	**100,00**	**14,07**	**100,00**	**3,47**	**100,00**
Plus Vorrat und Übermaß	5,19		5,96		1,79	
Summe II	19,09		20,03		5,25	
Remittierte Einnahmen	0,00	0,00	0,00	0,00	0,07	2,23
Restierte Einnahmen	3,18		2,49		18,18	
Roggen						
Aus Hannover gesandt	87,98	13,52	22,21	2,89	94,40	14,88
Eigenbau	123,70	19,01	186,40	24,23	169,13	26,65
Kornzinsen und Pachten	439,03	67,47	551,20	71,64	363,04	57,21
Ankauf	0,00	0,00	6,47	0,84	8,00	1,26
Sonstiges	0,00	0,00	3,16	0,41	0,00	0,00
Summe I	**650,71**	**100,00**	**769,44**	**100,00**	**634,57**	**100,00**
Plus Vorrat und Übermaß	78,13		214,51		202,94	
Summe II	728,84		983,95		837,51	
Remittierte Einnahmen	25,77	5,54	45,74	7,66	22,71	5,89
Restierte Einnahmen	22,74		46,28		613,21	
Gerste						
Aus Hannover gesandt	133,47	23,30	139,97	23,65	125,60	21,48
Eigenbau	10,05	1,75	9,80	1,66	0,00	0,00
Kornzinsen und Pachten	429,26	74,94	428,73	72,43	442,37	75,65
Ankauf	0,00	0,00	2,40	0,41	16,80	2,87
Sonstiges	0,00	0,00	11,01	1,86	0,00	0,00
Summe I	**572,77**	**100,00**	**591,90**	**100,00**	**584,77**	**100,00**
Plus Vorrat und Übermaß	39,74		132,53		185,43	
Summe II	612,52		724,44		770,20	
Remittierte Einnahmen	24,96	5,49	104,36	19,58	35,70	7,47
Restierte Einnahmen	13,32		92,15		758,95	
Hafer						
Aus Hannover gesandt	0,00	0,00	2,60	0,30	13,20	1,89
Eigenbau	138,33	18,58	124,37	14,51	267,73	38,24
Kornzinsen und Pachten	606,22	81,42	705,95	82,38	418,95	59,84
Sonstiges	0,00	0,00	24,06	2,81	0,18	0,03
Summe I	**744,55**	**100,00**	**856,98**	**100,00**	**700,06**	**100,00**
Plus Vorrat und Übermaß	212,58		164,38		172,65	
Summe II	957,13		1021,36		872,71	
Remittierte Einnahmen	31,01	4,87	28,91	3,93	31,39	6,97
Restierte Einnahmen	45,04		83,27		1288,12	

Tab. 4
Die Kornausgaben in Loccum
(in Malter Braunschweigischen Maßes)

Zeitraum	1661/62–1664/65		1698/99–1702/03		1740/41–1744/45	
	abs.	**rel.**	**abs.**	**rel.**	**abs.**	**rel.**
Weizen						
Aussaat	0,48	3,67	0,00	0,00	0,00	0,00
Haushalt	3,26	25,02	9,43	77,75	2,00	61,25
Lohn und Deputat	0,39	3,00	0,66	5,47	0,11	3,37
Vieh	1,14	8,76	0,07	0,54	0,92	28,08
Verkauf und Borge	7,75	59,54	0,70	5,75	0,24	7,30
Abgaben	0,00	0,00	0,05	0,41	0,00	0,00
Sonstiges	0,00	0,00	1,22	10,07	0,00	0,00
Summe	**13,01**	**100,00**	**12,13**	**100,00**	**3,26**	**100,00**
Verbleibender Vorrat	6,08		7,92		1,98	
Roggen						
Aussaat	35,72	5,68	49,58	6,50	58,36	9.36
Haushalt	185,27	29,44	139,59	18,31	110,96	17,80
Lohn und Deputat	148,76	23,64	281,57	36,93	235,72	37,82
Vieh	0,82	0,13	13,55	1,78	12,37	1,98
Brennerei	0,00	0,00	2,65	0,35	47,13	7,56
Verkauf und Borge	236,14	37,52	241,28	31,64	94,33	15,13
Abgaben	0,00	0,00	4,68	0,61	0,00	0,00
Sonstiges	22,64	3,60	29,59	3,88	64,42	10,34
Summe	**629,35**	**100,00**	**762,49**	**100,00**	**623,29**	**100,00**
Verbleibender Vorrat	99,49		221,46		214,03	
Gerste						
Aussaat	2,65	0,46	1,31	0,22	· 1,38	0,25
Haushalt	9,90	1,71	2,70	0,45	34,16	6,15
Lohn und Deputat	35,43	6,12	80,89	13,60	47,80	8,60
Vieh	42,69	7,37	53,37	8,97	110,62	19,91
Mälze	223,53	38,58	309,51	52,03	181,16	32,61
Verkauf und Borge	239,40	41,32	119,02	20,01	136,47	24,57
Abgaben	0,26	0,04	4,59	0,77	0,21	0,04
Sonstiges	25,47	4,40	23,42	3,94	43,72	7,87
Summe	**579,32**	**100,00**	**594,80**	**100,00**	**555,52**	**100,00**
Verbleibender Vorrat	33,22		129,64		214,67	
Hafer						
Aussaat	51,35	6,58	47,50	5,54	88,90	12,73
Haushalt	7,81	1,00	4,75	0,55	4,10	0,59
Lohn und Deputat	62,58	8,02	29,77	3,47	27,82	3,98
Vieh und Pferde	338,50	43,38	372,13	43,36	355,56	50,92
Mälze und Brennerei	0,26	0,03	0,70	0,08	0,00	0,00
Verkauf und Borge	185,55	23,78	282,61	32,93	131,35	18,81
Nach Hannover gesandt	98,96	12,68	27,60	3,22	0,00	0,00
Abgaben	17,80	2,28	63,17	7,36	68,30	9,78
Sonstiges	17,56	2,25	29,91	3,49	22,28	3,19
Summe	**780,36**	**100,00**	**858,16**	**100,00**	**698,30**	**100,00**
Verbleibender Vorrat	174,90		162,94		174,61	

Tab. 5
Die Korneinnahmen in Hannover

Zeitraum	1661/62–1664/65		1698/99–1702/03		1740/41–1744/45	
	abs.	rel.	abs.	rel.	abs.	rel.
Weizen						
Kornzinsen u. Pachten	11,92	100,00	12,08	100,00	13,00	100,00
Plus Vorrat und Übermaß	5,33		9,45		8,36	
Summe	17,25		21,53		21,36	
Remittierte Einnahmen	1,08		1,32		0,50	
Restierte Einnahmen	0,99		2,55		4,77	
Roggen						
Kornzinsen und Pachten	204,95	100,00	193,39	100,00	188,18	100,00
Plus Vorrat und Übermaß	76,25		189,74		48,50	
Summe	281,20		383,13		236,68	
Remittierte Einnahmen	52,16		72,62		21,42	
Restierte Einnahmen	7,07		16,64		26,50	
Gerste						
Kornzinsen und Pachten	210,10	100,00	156,82	100,00	155,75	100,00
Plus Vorrat und Übermaß	60,37		34,65		25,13	
Summe	270,47		191,47		180,88	
Remittierte Einnahmen	56,41		57,35		6,37	
Restierte Einnahmen	8,21		13,75		13,29	
Hafer						
Aus Loccum gesandt	51,83	20,78	0,00	0,00	0,00	0,00
Kornzinsen und Pachten	197,55	79,22	152,86	100,00	170,13	100,00
Summe I	249,38	100,00	152,86	100,00	170,13	100,00
Plus Vorrat und Übermaß	58,28		125,04		126,99	
Summe II	307,66		277,90		297,12	
Remittierte Einnahmen	41,81	17,47	39,73	20,63	6,07	3,45
Restierte Einnahmen	9,96		20,94		16,65	

Tab. 6
Die Kornausgaben in Hannover

Zeitraum	1661/62–1664/65		1698/99–1702/03		1740/41–1744/45	
	abs.	rel.	abs.	rel.	abs.	rel.
Weizen						
Nach Loccum gesandt	5,47	42,06	2,05	13,10	0,39	2,99
Verkauf	7,38	56,71	13,25	84,64	11,94	91,82
Sonstiges	0,16	1,23	0,36	2,27	0,67	5,18
Summe	13,01	100,00	15,66	100,00	13,01	100,00
Verbleibender Vorrat	4,23		5,88		8,35	
Roggen						
Nach Loccum gesandt	98,64	51,19	26,46	22,85	92,03	51,06
Verkauf	37,16	19,28	28,48	24,60	29,28	16,25
Deputat und Löhne	45,46	23,59	49,77	42,99	50,50	28,02
Abgaben	0,00	0,00	4,17	3,60	0,00	0,00
Sonstiges	11,45	5,94	6,90	5,96	8,42	4,67
Summe	192,71	100,00	115,77	100,00	180,23	100,00
Verbleibender Vorrat	88,74		267,36		56,71	
Gerste						
Nach Loccum gesandt	139,07	67,25	123,79	77,52	123,44	78,40
Verkauf	55,79	26,98	18,25	11,43	18,97	12,05
Deputat und Löhne	7,00	3,38	14,18	8,88	7,83	4,97
Abgaben	0,00	0,00	0,61	0,38	0,00	0,00
Sonstiges	4,93	2,38	2,85	1,79	7,21	4,58
Summe	206,80	100,00	159,67	100,00	157,45	100,00
Verbleibender Vorrat	63,68		31,81		23,38	
Hafer						
Nach Loccum gesandt	0,00	0,00	3,13	1,78	12,97	7,20
Verkauf	265,47	88,08	75,00	42,59	64,95	36,05
Deputat und Löhne	6,39	2,12	23,35	13,26	7,83	4,34
Futter	0,00	0,00	67,66	38,42	69,99	38,85
Sonstiges	29,53	9,80	6,94	3,94	24,42	13,56
Summe	301,39	100,00	176,08	100,00	180,17	100,00
Verbleibender Vorrat	6,27		101,82		116,89	

(in Malter Braunschweigischen Maßes)

Anne-Lore Koch-Steding

Von der Mehrheit zur Minderheit
Bauern und ihre Wirtschaftsbedingungen in Klein- und Groß-Nenndorf
vom 16. bis zum 19. Jahrhundert

Unter dem Begriff Dorf versteht man für die Zeit vor den Agrarreformen im allgemeinen eine bäuerliche Siedlung. Während die Bauern dort zu Beginn der Frühen Neuzeit noch in der Überzahl waren, setzte allmählich - bedingt durch Bevölkerungswachstum und soziale Differenzierung - ein Prozeß ein, in dessen Verlauf die Bauern in den meisten Dörfern zahlenmäßig in die Minderheit gerieten. Schließlich repräsentierten sie dort nur noch den kleineren Teil der Dorfbevölkerung, blieben aber dennoch im Ort bestimmend. Der folgende Aufsatz beschreibt diese Entwicklung am Beispiel zweier benachbarter, aber dennoch ungleicher Dörfer in der ehemaligen Grafschaft Schaumburg und zeigt dort die wirtschaftlichen und sozialen Veränderungen vom Beginn der Frühen Neuzeit bis zur Durchführung der Agrarreformen seit Mitte des 19. Jahrhunderts auf. Ausgewertet wurden dazu Archivalien des Niedersächsischen Staatsarchivs in Bückeburg und des evangelischen Pfarrarchivs in Bad Nenndorf[1].

Die früheren Dörfer Klein- und Groß-Nenndorf lagen etwa 1,5 km voneinander entfernt am Fuße des Deisters und des diesem vorgelagerten Calenbergs, zwei nördlichen Ausläufern des niedersächsischen Berg- und Hügellandes. Die Orte befanden sich in einer verkehrsgünstigen Lage an der alten Heer- und Handelsstraße von Westen nach Osten, dem sog. "Heelweg vor dem Santforte", der von Minden über Santfort (bei Peetzen), Obernkirchen, Beckedorf, Algesdorf, Klein-Nenndorf und Gehrden nach Magdeburg führte. Heute folgt die Bundesstraße 65 in weiten Teilen in etwa seinem Verlauf.

Ende des 12. Jahrhunderts erwarben die Grafen von Schaumburg, die hauptsächlich an der Weser begütert waren, von den Grafen von Roden-Wunstorf ein größeres Gebiet um Rodenberg. Im Laufe des 13. Jahrhundert bauten sie ihre Herrschaft zu einem geschlossenen Territorium aus, der Grafschaft Schaumburg[2]. Klein- und Groß-Nenndorf gehörten innerhalb der Grafschaft dem Amt Rodenberg an. Groß-Nenndorf war ein Kirchdorf, wohin u.a. auch die Bewohner Klein-Nenndorfs eingepfarrt waren. Beide Dörfer wurden durch die in der Nähe vorkommenden Schwefelquellen bekannt. Im Jahre

---

[1] Da es sich mehrheitlich um Archivalien des Niedersächsischen Staatsarchivs in Bückeburg handelt, ist bei diesen in den Anmerkungen der Name des Archivs nicht gesondert genannt, sondern nur bei denen des Pfarrarchivs in Bad Nenndorf.

[2] Walter Maack, Die Grafschaft Schaumburg, Rinteln 1964, S. 25 ff.

1787 ließ der Hessische Landgraf[3] die Quellen fassen. 1929 wurden Klein-
und Groß-Nenndorf mit dem Bad zu dem neuen Ort Bad Nenndorf zusam-
mengeschlossen.

Einwohner

Für das Untersuchungsgebiet lassen die Quellen seit Anfang des 16. Jahrhundert Rückschlüsse auf die Bevölkerungsentwicklung zu. Dazu muß neben Personenregistern[4] auf Aufstellungen der Hausstellen zurückgegriffen
werden. Auch wenn die Veränderung der Stellenzahl keine Aussagen über
die absoluten Einwohnerzahlen erlaubt, so liefert sie doch oftmals die einzigen Hinweise auf deren Entwicklung.

Tabelle 1

Jahr	Hofstellen		Einwohner		Einw. pro Hausstelle	
	KN	GN	KN	GN	KN	GN
1500	9	17				
1544	11	21				
1546	12	31				
1561	14	38	50	108	3,6	2,8
1604	13	36				
1606	13	36				
1615	15	35				
1645/47	16	54				
um 1680	16	53				
1732/33	16	53				
1783	16	54	128	304	8,0	5,3[5]
1837	22	64	222	574	10,0	9,0
1858	25	86	242	665	9,7	7,7
1863	28	90	218	659	7,8	7,3

KN = Klein-Nenndorf   GN = Groß-Nenndorf

---

[3] Seit 1647 gehörte ein Teil der Grafschaft Schaumburg einschließlich des Amtes Rodenberg zu Hessen-Kassel.

[4] Das früheste Personenregister ist das Kopfsteuerregister von 1561 (Des. L1V Kb 16).

[5] Der Durchschnittswert von 5,3 ergibt sich daraus, daß neben den steuerpflichtigen
Häusern noch ein Pfarrhaus, ein Pfarrwitwenhaus und ein Schulhaus vorhanden waren.

Die Tabelle 1 zeigt die Veränderung der Anzahl der Hausstellen und Einwohner während des untersuchten Zeitraums[6]: Es lassen sich drei Phasen des Bevölkerungsanstiegs im untersuchten Zeitraum feststellen, die in beiden Dörfern unterschiedlich stark ausgeprägt waren. Eine erste starke Zunahme der Höfe ist in den ersten sechs Jahrzehnten des 16. Jahrhundert zu beobachten. In Groß-Nenndorf stieg die Zahl der Hausstellen in der Zeit von 1500 bis 1561 um 124% (von 17 auf 38). Sehr viel moderater fiel der Anstieg in Klein-Nenndorf aus, wo sie um 56% zunahm (von 9 auf 14). 1561 gab es in Klein-Nenndorf 50 kopfsteuerpflichtige Einwohner, d.h. durchschnittlich 3,6 Personen pro Haushalt. Im größeren Dorf lebten in diesem Jahr 108 kopfsteuerpflichtige Menschen, das waren durchschnittlich nur 2,8 Bewohner pro Haushalt[7]. Nach 1561 ging die Zahl der Hausstellen in beiden Dörfern bis Anfang des 17. Jahrhunderts leicht zurück.

Das 16. Jahrhundert wird in der Literatur als Zeitalter der "Preisrevolution" bezeichnet. Die Getreidepreise stiegen kontinuierlich an und begünstigten die größeren bäuerlichen Wirtschaften, die ihren Grundbesitz nun nach Möglichkeit vergrößerten. Die Bevölkerung wuchs erheblich an, bis Anfang der 70er Jahre des 16. Jahrhunderts eine Hungersnot die Zuwachsraten zurückgehen ließ. Um 1600, spätestens jedoch um 1650, stagnierte der Bevölkerungsstand in Europa oder ging zurück. Dies war verbunden mit einem Rückgang der Getreidepreise und einer Überschuldung der Bauern[8]. In Mitteleuropa war die Krise weniger ausgeprägt als beispielsweise in Frankreich oder England, wo sie von Aufständen begleitet wurde. Diese allgemeine demographische Entwicklung spiegelt sich in Klein- und Groß-Nenndorf deutlich wider. Die Krise, die auf die Preisrevolution des 16. Jahrhunderts folgte, scheint hier um 1615 überwunden zu sein.

Nun folgte im Untersuchungsgebiet eine zweite Phase verstärkter Stellenausweisungen, die erstaunlicherweise auch während des Dreißigjährigen Krieges andauerte und spätestens um 1680 abgeschlossen war. In Groß-Nenndorf erhöhte sich die Zahl der Hausstellen zwischen 1615 und 1680 um 51% (von 35 auf 53), in Klein-Nenndorf im gleichen Zeitraum nur um 7% (von 15 auf 16). Damit waren die Neuausweisungen zunächst abgeschlossen (lediglich eine Hausstelle kam in Groß-Nenndorf bis 1783 noch hinzu).

---

[6] Des. L1v Kc 3; Des. L1V Kc 13; Des. L1V Kb 15; Des. L1V Kb 16; Des. L1V Kb 10; Des. L1V Kb 11; Des. L1V Kb 25; Des. L1V Kb 26; Des. L1V Ka 14; Des. L1V Kc 51; H3. Nr. 2 vol.14; H3 Nr. 14; H3 Nr. 1; Kurfürstlich Hessisches Hof- und Staatshandbuch auf das Jahr 1837; Kurfürstlich Hessisches Hof- und Staatshandbuch auf das Jahr 1863; Karl Kröger, Statistische Darstellung der Grafschaft Schaumburg, Cassel 1861, S. 20.

[7] Des. L1V Kb 16.

[8] Peter Kriedte, Spätfeudalismus und Handelskapital, Göttingen 1980, S. 22 ff.

Verschiedene Quellen zeigen, daß beide Dörfer während des Dreißigjährigen Krieges wirtschaftliche Einbußen erlitten. Überraschend ist daher der
untypische Anstieg der Hausstellen während dieser Zeit. Zwischen 1615 und
1645/47 kamen in Groß-Nenndorf 19 neue Hausstellen hinzu, in Klein-
Nenndorf eine. Aus einem Verzeichnis von 1635 geht hervor, daß in beiden
Orten besonders die Bauern größerer Höfe - offenbar mit Amtskonsens -
Ackerparzellen als hypothekarische Sicherheiten für geliehenes Geld gegeben hatten[9]. In mehreren Fällen sind die Namen der Gläubiger des Jahres
1635 identisch mit denen neu hinzugekommener Hausstellenbesitzer von
1645/47[10]. In allen diesen Fällen verfügten die Betreffenden zu Beginn des
Dreißigjährigen Krieges noch nicht über Grundbesitz im Dorf. Von den 16
Gläubigern des Jahres 1635 in Groß-Nenndorf waren 8 am Ende des Krieges selbst Grundbesitzer im Ort. In Klein-Nenndorf gelangte nur einer der
27 Gläubiger dort an Grundbesitz. So scheint die Verschuldung besonders
der mittleren und großen Höfe die Zunahme der Kleinstellen begünstigt zu
haben. Nicht alle neuen Grundbesitzer hatten am Ende des Krieges auch eine Hausstelle im Dorf. Dies gibt Anlaß zu der Vermutung, daß Personen aus
anderen Orten als Gläubiger auftraten, die dann später die verpfändeten
Grundstücke erhielten und anderswo wohnten. Leider ist es anhand der vorhandenen Quellen nicht möglich, den Personenkreis der Gläubiger näher zu
bestimmen.

In anderen benachbarten Gegenden gab es im Dreißigjährigen Krieg Klagen
der Grundherren über Schwierigkeiten, verlassene Höfe neu zu besetzen.
Das scheint hier kein Problem gewesen zu sein. Wenn Höfe aufgegeben
wurden, wie es in Klein-Nenndorf bei einem Hof und in Groß-Nenndorf bei
3 Höfen im Jahre 1640 der Fall war[11], so wurden sie wenige Jahre später
wieder bewirtschaftet[12]. Die Zunahme der Kleinstellen setzte sich wie gezeigt parallel hierzu fort. Daher ist nicht zu vermuten, daß Klein- und Groß-
Nenndorf durch den Krieg schwere Bevölkerungseinbußen erlitten. Die Kirchenbücher beginnen erst mit dem Jahr 1661, so daß für die Zeit des Krieges
noch keine Geburten- und Todeszahlen vorliegen.

Seit Ende des 17. Jahrhunderts stagnierte in beiden Dörfern die Stellenzahl
bis zum beginnenden 19. Jahrhundert. Diese Situation entspricht wieder der
allgemeinen Entwicklung in Nordwestdeutschland, wo die Ausweisung von
Brinksitzerstellen im 17. Jahrhundert im wesentlichen abgeschlossen war.

---

[9] Des. L1V Ka 21.

[10] Des. L1V Kc 51.

[11] Des. L1V Ka 26.

[12] Des. L1V Kc 51.

Etwa in den letzten Jahrzehnten des 18. Jahrhunderts begann dann die dritte Phase des Bevölkerungswachstums[13], das sich im 19. Jahrhundert fast explosionsartig verstärkte und überall in Europa parallel zur Industrialisierung zu beobachten ist. Im Untersuchungsgebiet war das Bevölkerungswachstum erst seit Beginn des 19. Jahrhundert auch von einer Zunahme der Hausstellen begleitet. Aus dem Jahr 1783, das etwa den Beginn der dritten Wachstumsphase bestimmen mag, liegen erstmals seit 1561 auch wieder Angaben über die Zahl der Einwohner vor. Damals lebten in Groß-Nenndorf 304 Personen. Berücksichtigt man neben den 54 steuerpflichtigen Hausstellen das Pfarrhaus, das Pfarrwitwenhaus und das Schulhaus, so waren das durchschnittlich 5,3 Bewohner pro Haus[14]. Diese Zahl hatte sich gegenüber 1561 fast verdoppelt. In Klein-Nenndorf lebten im Jahr 1783 128 Menschen und somit pro Haus durchschnittlich 8 Bewohner, d.h. auch hier etwa doppelt so viele wie 1561 in einer Hausstelle.

Im Verlauf der dritten Wachstumsphase fiel in Groß-Nenndorf der Anstieg der Hausstellen geringer aus als der der Einwohner (von 1783 bis 1863 nahm die Zahl der Haushalte um 67% von 54 auf 90 zu, die der Einwohner um 117% von 304 auf 659). In Klein-Nenndorf war der Anstieg bei beiden etwa gleich (die Zahl der Haushalte stieg um 75% von 16 auf 28, die der Einwohner um 70% von 128 auf 218).

Wirtschaftliche und soziale Differenzierung der Bevölkerung

Die Bauern wurden nach der Größe ihrer Höfe in verschiedene sogenannte Bauernklassen eingeteilt. Da in der Grafschaft Schaumburg das Anerbenrecht herrschte, unterlag die Größe der Höfe im Laufe der Jahrhunderte keinen wesentlichen Veränderungen. In der Regel waren die größten Höfe auch die ältesten, denn für Nachsiedler stand immer weniger Land zu Verfügung. Die Verteilung auf die Bauernklassen um 1680, nachdem die Entstehung der Brinksitzerstellen im wesentlichen abgeschlossen war, zeigt die Tabelle 2.

An der Spitze standen die Vollmeier, deren Höfe hier 2 bis 3 Hufen Land umfaßten. Ihnen folgten die Halbmeier, die 2 Hufen Land besaßen und damit nicht kleiner als die meisten Vollmeierhöfe waren. Die Höfe der Höveker bestanden aus einer Hufe Land, waren also halb so groß wie die Vollmeierhöfe. Ihre Entstehung geht ins Mittelalter zurück, war damals aber zumin-

---

[13] Es ist aufgrund der Quellenlage des Niedersächsichen Staatsarchivs in Bückeburg nicht möglich, den Beginn des Bevölkerungswachstums im 18. Jahrhundert genauer festzulegen. Dazu wäre eine aufwendige Auswertung der Kirchenbücher des Pfarrarchivs Bad Nenndorf erforderlich.

[14] Des. H3 Nr.1.

dest für Klein-Nenndorf noch nicht abgeschlossen[15]. In den Quellen erscheint zunächst eine Trennung zwischen Hövekern und Kötnern, die aber
nicht konsequent durchgehalten wird. Kötner bewirtschafteten Land etwa in
der gleichen Größenordnung wie die Höveker, das aber in den älteren Quellen nicht hufenzählig war. Seit Ende des 17. Jahrhundert verschwand die
Bezeichnung "Höveker" allmählich, und es gab in den Quellen nur noch den
Begriff "Kötner". Die genaue Zahl der Höveker und Kötner für Groß-Nenndorf zu nennen, erscheint schwierig. Ihre Gesamtzahl wechselt in den Quellen verschiedener Jahrgänge scheinbar willkürlich. Einige von ihnen wurden
später als Brinksitzer klassifiziert. Andere sogenannte "Junkernbauern" (d.h.
ihr Grundherr war nicht der Landesherr) wurden irgendwann frei und nachträglich in das Schema der Bauernklassen eingeordnet. Nach dem detaillier-
testen Verzeichnis aus dem Jahre 1783 liegt die Anzahl der Höveker/Kötner
in Groß-Nenndorf bei 8[16].

Tabelle 2

Bauernklasse	Klein-Nenndorf	Groß-Nenndorf
Vollmeier	6	4
Halbmeier	2	-
Höveker/Kötner	3	8
Brinksitzer	5	41

Die Brinksitzer siedelten sich seit dem Ende des 16. Jahrhunderts und verstärkt in den beiden folgenden Jahrhunderten in den Dörfern an. Es gelang
ihnen meist nur noch, relativ kleine Hofstellen mit wenigen Morgen Land zu
gründen.

In Klein-Nenndorf verfügte die größte Brinksitzerstelle im Jahr 1783 über
rund 12 Morgen Acker- und etwas Wiesenland. Alle anderen Brinksitzerstellen waren so klein, daß davon keine Familie ernährt werden konnte und
ihre Besitzer daher auf einen Nebenerwerb angewiesen waren. Insgesamt
gab es nur 5 Brinksitzerstellen, d.h. weniger als beispielsweise Vollmeierhöfe.

In Groß-Nenndorf wuchs die Zahl der Brinksitzerstellen wesentlich stärker
als im kleineren Dorf. Die zuvor geschilderte Zunahme der Hausstellen während der ersten beiden Wachstumsphasen im 16. und 17. Jahrhundert ging

---

[15] Im Jahre 1454 gab es in Klein-Nenndorf einen Höveker, 1546 dann drei (Des. L1V Kc
1; Des. L1V Kc 13).

[16] Des. H3 Nr. 1.

auf ihr Konto. Ihre genaue Zahl anzugeben ist wegen der Abgrenzungsprobleme gegenüber den Kötnern schwierig. Geht man von einer Gesamtzahl von 8 Kötnern aus, so gab es in Groß-Nenndorf bis zum Ende des 17. Jahrhunderts 41 Brinksitzer. Einige wenige von ihnen erwarben im Laufe der Zeit soviel Grundbesitz, daß sie den Kötnern an Hofgröße nicht nachstanden. Der überwiegende Teil der Brinksitzerstellen war aber so klein, daß wie in Klein-Nenndorf ein Nebenerwerb für ihre Inhaber unabdingbar war.

Im wesentlichen war in beiden Dörfern die Entstehung der Brinksitzerstellen um 1673 abgeschlossen. Lediglich ein Brinksitzer siedelte sich noch bis 1783 in Groß-Nenndorf an. Die Klein- und Groß-Nenndorfer Brinksitzer hatten mit den älteren Siedlerschichten der Vollmeier, Halbmeier und Kötner gemein, daß sie Nutzungsrechte an den Gemeinheiten erlangten und damit vollberechtigte Dorfgenossen wurden. Dies wird zum Beispiel daran deutlich, daß sie im 19. Jahrhundert bei den Gemeinheitsteilungen berücksichtigt wurden[17]. Waren die Besitzunterschiede gegenüber den Voll- und Halbmeiern und den meisten Hövekern/Kötnern auch sehr groß, so grenzt das Merkmal der Gemeinheitsberechtigung sie doch zusammen mit diesen nach unten gegenüber den jüngeren Nachsiedlern ab, die keine derartigen Ansprüche mehr erlangen konnten.

Die jeweilige Anzahl der Brinksitzer bestimmte den wesentlichen Unterschied zwischen beiden Dörfern. In Groß-Nenndorf dominierten zahlenmäßig die Kleinstellenbesitzer, die zu einem großen Teil außerhalb der eigenen Landwirtschaft ihren Lebensunterhalt verdienen mußten. Klein-Nenndorf dagegen bewahrte sehr lange den Charakter eines fast reinen Bauerndorfes mit einem zahlenmäßigen Überhang von Voll- und Halbmeiern, wie ihn auch Begemann für sehr kleine Orte festgestellt hat[18].

Die Siedler, die sich dann in der dritten Phase seit Ende des 18. Jahrhunderts und verstärkt im 19. Jahrhundert in den Dörfern niederließen und eigene Hausstellen erwarben, werden in den Quellen als "Neubauer" bezeichnet. Sie besaßen in der Regel nur ein Haus, das sie oft am Rande des Hofgrundstücks eines Bauern errichteten, und im allgemeinen kein Land. Ihre Zusammensetzung war sehr unterschiedlich. Viele arbeiteten in Klein- und Groß-Nenndorf als Tagelöhner, Handwerker und im 19. Jahrhundert als Eisenbahnarbeiter oder als Bergleute im Steinkohlebergbau des Deisters.

---

[17] Keineswegs überall erlangten die Brinksitzer Rechte an den Gemeinheiten. Oft waren diese Rechte ein Merkmal der Vollmeier, Halbmeier und Kötner.

[18] Ulrike Begemann, Bäuerliche Lebensbedingungen im Amt Blumenau (Fürstentum Calenberg) 1650-1850, Hannover 1990 (= Quellen und Darstellungen zur Geschichte Niedersachsens 104), S. 25.

Damit hatten sie große Ähnlichkeiten mit der Gruppe der Brinksitzer, was deren Nebenerwerb betrifft. Unter den Neubauern in Groß-Nenndorf befanden sich aber auch ein Kaufmann, ein Apotheker, ein Arzt, ein Posthalter, der zweite Lehrer und ein Tabaksfabrikant[19]. Die wirtschaftliche Situation der Neubauer war entsprechend ihren Berufen sehr unterschiedlich.

Unter Einliegern oder Häuslingen versteht man einzelne Personen oder Familien ohne eigenes Haus, die in einem Bauernhaus, manchmal auch in einem Leibzuchts- oder Backhaus zur Miete wohnten. Um sie als Mieter aufzunehmen, war stets die Zustimmung des Amtes erforderlich[20]. Da die Einlieger keinen Grundbesitz hatten, waren sie auch nicht in grund- oder leibherrschaftliche Abhängigkeitsverhältnisse eingebunden, sondern rechtlich frei. Sie lebten davon, daß sie auf den Höfen ihrer Vermieter mitarbeiteten, daneben als Tagelöhner, Handwerker und später Industriearbeiter tätig waren[21]. Die Gruppe der Einlieger setzte sich nach Rothe zusammen aus nichterbenden Bauernkindern, die - besonders nach Aufhebung der Heiratsbeschränkungen im 19. Jahrhundert - eine eigene Familie gründeten, aus ehemaligen Soldaten, unehelichen Soldatenkindern und ähnlichen Randgruppen[22]. In Klein- und Groß-Nenndorf waren im 19. Jahrhundert die Frauen unter den Einliegern in den meisten Fällen Einheimische mit nichtehelichen Kindern[23]. Offenbar konnten sie nicht bei ihren Angehörigen wohnen bleiben, was ihre materielle Not nur vergrößern mußte.

In dem Kirchdorf Groß-Nenndorf wohnte eine wesentlich höhere Zahl von Handwerkern als in dem nahezu reinen Bauerndorf Klein-Nenndorf. Die Handwerker waren zum überwiegenden Teil Brinksitzer, die ihr Handwerk als Nebenerwerb neben der Landwirtschaft betrieben. Als im 19. Jahrhundert die Zahl der Einlieger und Neubauer stark zunahm, fanden sich auch unter ihnen Handwerker.

Frühere Angaben über die Zusammensetzung der Handwerker sind in Tabelle 3 zusammengefaßt. Aus ihr wird deutlich, daß alle Dorfhandwerker Güter für den ländlichen Bedarf herstellten. Wenn auch die Groß-Nenndorfer Handwerker über den unmittelbaren Bedarf ihres eigenen Dorfes hinaus produzierten, so ergibt sich aus der Art ihres Handwerkes jedoch, daß sie nur für die Nachfrage auf dem Lande arbeiteten.

---

[19] Familienbuch I (Pfarrarchiv Bad Nenndorf).

[20] Werner Wittich, Die Grundherrschaft in Nordwestdeutschland, Leipzig 1896, S. 111.

[21] Ebd.

[22] Hans Werner Rothe, Lindhorst in Schaumburg-Lippe. Diss. Göttingen 1953, S. 178 f.

[23] Familienbuch II (Pfarrarchiv Bad Nenndorf).

Tabelle 3

Jahr	Klein-Nenndorf	Groß-Nenndorf
1561[24]	--	2 Schmiede 1 Schneider
1680[25]	1 Böttcher 1 Schmied 1 Radmacher	5 Handwerker (ohne nähere Bestimmung)
1783[26]	1 Wagner 1 Lohgerber 1 Schreiner	3 Schuhmacher 2 Schmiede 2 Schneider 2 Schreiner 2 Müller 1 Faßbinder 1 Leineweber 1 Maurer

Als in der Mitte des 19. Jahrhundert in Groß-Nenndorf eine neue Kirche gebaut wurde, wurden alle Sitzplätze neu vergeben[27]. Es war üblich, daß jede Familie in der Kirche ihre bestimmten Plätze hatte und dafür "Weinkauf" zahlte. Die vornehmsten und teuersten Plätze waren die vorderen. Die Kirchenstühle der Männer wurden in 4 Klassen eingeteilt, die der Frauen nur in 2 Klassen. Bei den Männern kommen die sozialen Unterschiede daher deutlicher zum Ausdruck. Klasse 1 war bestimmt für die 6 Bürgermeister der eingepfarrten Gemeinden, sodann für die Hausbesitzer, die am meisten zum Kirchenbau beigetragen hatten und zudem über 15 Gr. an monatlicher Kontribution zahlten. Wenn sie auf ihren Höfen Gesinde beschäftigten und daher mehrere Plätze benötigten, mußten sie monatlich mindestens 2 Rtlr. Kontribution zahlen. In Klasse 2 saßen die Hausbesitzer, die mindestens 3 Gr., in Klasse 3 diejenigen, die weniger als 3 Gr. monatlich zahlten. Klasse 4 war für die Einlieger bestimmt.

Alle Klein-Nenndorfer Vollmeier, Halbmeier und Kötner hatten ihre Plätze in Klasse 1, die Voll- und Halbmeier jeweils mit ihren Dienstboten. Von den Brinksitzern waren drei in Klasse 2 und einer in Klasse 3 eingestuft. Letzterer war derjenige, der zuletzt seine Hausstelle im Dorf gegründet hatte und

---

[24] Des. L1V Kb 10 und 11.

[25] Des. H3 Nr. 2 vol 14.

[26] Des. H3 Nr. 1.

[27] Kirchenstuhlregister von 1863 in Kirchenbuch 6 (Pfarrarchiv Bad Nenndorf).

der über den wenigsten Grundbesitz verfügte[28]. Die Neubauer waren in
Klasse 3 eingestuft, die Einlieger in Klasse 4. Damit entsprach die Stuhlord-
nung genau der Besitzverteilung im Dorf.

In Groß-Nenndorf saßen 29 Hausstellenbesitzer in Klasse 1. Darunter befanden sich die 4 Vollmeier und die Besitzer aller mittleren Höfe, die über
einen Besitz von mindestens 20 Mg. verfügten, daneben Handwerker,
Kaufleute, Gastwirte und ein Apotheker. In Klasse 2 waren 13 der alten
Hausstellenbesitzer und 3 Neubauer eingestuft, in Klasse 3 zehn Besitzer
alter Hausstellen und der überwiegende Teil der Neubauer, in Klasse 4 die
Einlieger.

Neben der Korrelation von Vermögen und sozialer Klasse zeigt das Stuhlregister des Jahres 1863 die neue soziale Mobilität in Groß-Nenndorf. In
Klein-Nenndorf könnte das Stuhlregister gar nicht besser den Bauernklassen
und damit dem relativen Alter der Hausstellen entsprechen. Es hätte vermutlich 200 Jahre vorher in den ersten 3 Klassen nicht anders ausgesehen. In
Groß-Nenndorf entsprach ebenfalls das Vermögen der sozialen Klasse. Aber
es war insofern Bewegung in das Schema gekommen, als einige Brinksitzer
und Neubauer in die erste Klasse aufgestiegen waren. Zum einen handelte es
sich bei diesen um Bauern, die ihren Grundbesitz erheblich vergrößern
konnten, zum überwiegenden Teil aber um solche Personen, die außerhalb
der Landwirtschaft tätig waren. In dieser Zeit war auf dem Lande der Besitz
eines größeren Hofes nicht länger die einzige Voraussetzung für einen gewissen Wohlstand[29] und eine angesehene soziale Stellung.

Wirtschaftsverhältnisse

In einem Verzeichnis aus dem Jahre 1561[30] sind erstmals die Wirtschafts-
flächen aller Höfe angegeben. Danach wurden in Klein-Nenndorf 622 und in
Groß-Nenndorf 657 Mg. Ackerland bewirtschaftet, d.h. 5,6% mehr als im
kleineren Dorf[31]. Drei Jahrhunderte später betrug die Summe des Klein-
Nenndorfer Ackerlandes 635 Mg., die des Groß-Nenndorfer Landes 1.114

---

[28] Ein Brinksitzer (Nr. 13) ist merkwürdigerweise in Klasse 4 notiert, obwohl diese nach
dem Wortlaut des Stuhlregisters den Einliegern vorbehalten sein sollte. Wahrscheinlich
handelt es sich um einen Eintragungsfehler.

[29] Besitzer großer und mittlerer Höfe waren nicht zwangsläufig wohlhabend. Es geht
hier nur um eine ökonomische Abstufung innerhalb der Landbevölkerung.

[30] Des. L1V Kb 10 und 11.

[31] Daneben erwirtschaftete Klein-Nenndorf 20 "Fuder Heu" und Groß-Nenndorf 104
"Fuder Heu".

Mg[32]. Damit hatte es in Groß-Nenndorf gegenüber 1561 um 70% zugenommen und war nun 75% größer als das Klein-Nenndorfs. Demnach muß in Groß-Nenndorf zwischen dem 16. und 19. Jahrhundert Neuland in umfangreichem Ausmaß gerodet worden sein. Die große Zunahme der Hausstellen in Groß-Nenndorf wäre kaum möglich gewesen, wenn das Dorf nicht so günstige Bedingungen gehabt hätte, durch Rodungen im benachbarten Dülwald seine Gemarkungsgrenzen auszudehnen. Klein-Nenndorf hatte aufgrund seiner Lage keine ähnlich guten Möglichkeiten dazu. Dies muß ein wichtiger Grund dafür gewesen sein, daß hier die Entstehung von Kleinstellen sehr begrenzt war.

Alexander Tschajanows Theorie von der bäuerlichen Familienwirtschaft geht davon aus, daß in einer lohnarbeitfreien agrarischen Familienwirtschaft ausschließlich die Größe einer Familie (Nachfrage) den Umfang ihrer landwirtschaftlichen Produktion bestimmt[33]. Ein Anstieg der Zahl der Familienmitglieder würde somit eine Produktionsausweitung zur Folge haben. In Groß-Nenndorf ist die Familiengröße (Familie sei hier der Einfachheit halber mit Hausstelle gleichgesetzt) durchschnittlich wesentlich kleiner als in Klein-Nenndorf, wie zuvor unter Abschnitt "Einwohner" beschrieben wurde. Dennoch wurden gerade in Groß-Nenndorf die landwirtschaftlichen Produktionsflächen erheblich ausgedehnt. Tschajanows Theorie kann hier vor allem deshalb nicht angewandt werden, weil im Untersuchungsgebiet das Anerbenrecht gilt und damit keine Familienwirtschaft im Sinne dieses Autors vorliegt.

1862/63 erfolgte eine Bonitierung des Ackerlandes[34]. Beim Vergleich beider Dörfer ergibt sich, daß in Groß-Nenndorf ein höherer Anteil des Ackerlandes in der Spitzenklasse lag als in Klein-Nenndorf, andererseits jedoch der prozentual größte Teil des Landes hier eine schlechte Bodenqualität aufwies. Diese umfangreiche Bewirtschaftung von Grenzböden deutet darauf hin, daß bei dem starken Anwachsen der Hausstellen dem zunehmenden Bedarf an Ackerland dadurch begegnet wurde, daß vielfach auch schlechte Böden beackert wurden. Beim Wiesenland verhielt es sich entsprechend.

In der Zeit zwischen 1561 und 1604 ging der Viehbestand an Pferden, Kühen, Schweinen und Schafen um rund 50% zurück. Bis 1639 setzte sich die-

---

[32] Des. H3 Nr. 1 Klein-Nenndorf, § 39; Des. H3 Nr. 1 Groß-Nenndorf, § 37; Nachtrag für 1862/63.

[33] Alexander Tschajanow, Die Lehre von der bäuerlichen Wirtschaft, Frankfurt am Main 1987 (Nachdruck der Ausgabe von 1923).

[34] Des. H3 Nr. 1 Klein- und Groß-Nenndorf.

se Entwicklung etwas abgeschwächt fort[35]. Im Jahre 1604 wurde auf 10 Groß-Nenndorfer Höfen kein Vieh mehr gehalten. Darunter befanden sich ein Vollmeier- und ein Kötnerhof. Bei 6 Höfen stand die Bemerkung "pauper" (arm)[36]. Bis 1606 hatten sich die Höfe offenbar wirtschaftlich etwas erholt, denn es waren nur noch 4 Höfe ohne Vieh; davon wurde einer als arm bezeichnet[37]. Ähnlich war die Situation in Klein-Nenndorf. 1604 wurden dort auf einem Halbmeierhof und einer Brinksitzerstelle keine Tiere gehalten, 1606 hatte der Halbmeier wieder 3 Pferde und der Brinksitzer eine Kuh.

Eingangs wurde geschildert, daß im 16. Jahrhundert in den untersuchten Dörfern ein starkes Bevölkerungswachstum stattfand. Dies geht typischerweise einher mit einem Rückgang der Viehwirtschaft, da die Getreidewirtschaft zur Erzeugung derselben Kalorienmenge etwa nur ein Zehntel der Fläche erfordert (Vergetreidungsprozeß)[38]. Der Rückgang der Viehhaltung in Klein- und Groß-Nenndorf spiegelt genau diese Entwicklung wider.

Die zu beobachtende Verarmung der Bauern deutet darauf hin, daß die auf die Preisrevolution des 16. Jahrhunderts folgende Krise hier gegen Ende des 16. Jahrhunderts bzw. um das Jahr 1600 zu datieren ist. Dies deckt sich zeitlich mit dem zuvor geschilderten Rückgang der Hausstellen an der Wende vom 16. zum 17. Jahrhundert. Auch Saalfeld beobachtete für einige Ämter des Herzogtums Braunschweig-Wolfenbüttel, daß dort um 1600 die Viehbestände und Erträge niedrig und viele Höfe verschuldet waren[39].

Bäuerliche Besitz- und Rechtsverhältnisse

In der Grafschaft Schaumburg war das Meierrecht das Besitzrecht fast aller Höfe. Ursprünglich wurde dem Bauern (Meier) der Hof nach einer Art Zeitpachtvertrag verliehen. Seit der Wende vom 16. zum 17. Jahrhundert entwickelte sich das Meierrecht unter dem Einfluß der erstarkenden Landesherrschaft gegen den Widerstand der Grundherren zu einem Erbpachtrecht[40]. Der Landesherr hatte aus fiskalischen Gründen ein Interesse daran,

---

[35] Des. L1V Kb 10 und 11; Des. L1V Kb 25 und 26.

[36] Des. L1V Kb 25.

[37] Des. L1V Kb 26.

[38] Peter Kriedte, (wie Anm. 8), S. 31.

[39] Diedrich Saalfeld, Bauernwirtschaft und Gutsbetrieb in der vorindustriellen Zeit, (=Quellen und Forschungen zur Agrargeschichte. 6) Stuttgart 1960, S. 140.

[40] Hans-Helmut Wächter, Die Landwirtschaft Niedersachsens vom Beginn des 19. bis zur Mitte des 20. Jahrhunderts (= Schriften der wirtschaftswissenschaftlichen Gesellschaft zum Studium Niedersachsens e.V. N.F.Bd. 72), Bremen-Horn 1959, S. 12.

die wirtschaftliche Lage der Meier zu festigen. So verbot er den Grundherren, die Bauern abzusetzen, solange diese einer ordnungsgemäßen Wirtschaftsführung nachkamen. Er förderte das bäuerliche Erbrecht am Hof[41] und ließ keine Erhöhung der Meierzinsen zu. Als Besonderheit setzte sich in der Grafschaft Schaumburg hessischen Teils die Praxis durch, daß nicht mehr der Grundherr, sondern der Landesherr vertreten durch das Amt die Höfe - ggf. auf Vorschlag der Grundherren - mit Colonen (= Meiern) besetzte[42]. Das Meierrecht regelte u.a. Hofübergabe, Altenteil, Abfindung und Äußerung (d.h. Zwangsverpachtung eines verschuldeten Hofes auf Zeit zur Tilgung der Schulden).

Die rechtlichen Abhängigkeitsverhältnisse der Bauern sind zu unterscheiden nach Landes-, Gerichts-, Grund- und Leibherrschaft. Dementsprechend lassen sich auch die verschiedenen Abgaben und Dienste zuordnen. Der Landesherr brachte in der Grafschaft Schaumburg schon früh die Gerichtsherrschaft an sich. Damit hatte er Anspruch auf die gerichtsherrlichen Abgaben.

In den meisten Fällen besaß er im Untersuchungsgebiet auch die Leibherrschaft über die Landbevölkerung. Dies bedeutete, daß der Leibeigene persönlich unfrei war und so z.B. den Ehekonsens von seinem Leibherrn einholen mußte.

Als Grundherren der Bauern traten Adlige, Klöster, Stifter, Kirchen und der Landesherr auf. Bei der jüngeren Siedlerschicht der Brinksitzer war fast immer auch der Landesherr der Grundherr, denn er hatte diesen das Ausweisungsrecht für deren Grund und Boden erteilt.

Der Grundherr und Leibherr eines Bauern konnte dieselbe Person sein. Meist waren diese im Untersuchungsgebiet jedoch verschieden, so bei der großen Anzahl der landesherrlichen Meier, die ihren Hof von einem privaten Grundherrn verliehen bekommen hatten, andererseits aber den Landesherrn zum Leibherrn hatten. Wenn ein privater Grundherr eines Bauern gleichzeitig dessen Leibherr war, so wurden diese Meier in den Quellen als "Junkernbauern" bezeichnet[43]. Einige wenige Bauern waren auch persönlich frei, unterstanden also nicht der Leibherrschaft. Zuweilen findet sich bei ihnen ein Vermerk, daß sie "in alten Zeiten an Adeliche Höfe dienstpflichtig

---

[41] Wilhelm Abel, Kurze Geschichte der Agrarverfassung, Wolfenbüttel 1956.

[42] Hedwig Rust, Das schaumburg-lippische Äußerungsverfahren. Ein Beitrag zur Geschichte der bäuerlichen Entschuldung (= Beiträge zum Bauer- und Bodenrecht 12), Berlin 1939.

[43] Des. L1V Ka 14.

gewesen"[44] seien. In diesen Fällen sind noch die ehemaligen leibherrschaftlichen Bindungen zu erkennen.

Der Zehnte war im 8. Jahrhundert als Abgabe an die Kirche eingeführt worden, wurde aber im Laufe der Zeit verkauft, verpfändet, abgetreten oder verpachtet und gelangte so oft in die Hand von Laien. Er variierte hier zwischen dem 10. und 24. Teil.

Alle Bauern waren zu Handdiensten, die Voll- und Halbmeier darüberhinaus auch zu Spanndiensten verpflichtet. Die landesherrlichen Bauern leisteten diese Dienste beim Rodenberger Vorwerk. Die Junkernbauern waren nur zu wenigen Diensten beim Vorwerk verpflichtet, den größten Teil leisteten sie ihren privaten Leib- und Grundherren auf deren Gütern.

Im Laufe der frühen Neuzeit ist eine Tendenz zur Umwandlung naturaler Abgaben und Dienste in Geldrenten zu beobachten. Einzelne Abgaben waren nachweisbar im 18. Jahrhundert durch Geldzahlungen abgelöst worden. Auch der Zehnte wurde zunehmend verpachtet, so daß zwar die Pflichtigen ihn noch in natura leisteten, die Zehntherren aber Geldrenten von den Pächtern erhielten.

Eine ähnliche Situation zeigte sich bei den Diensten zugunsten des Landesherrn. Spätestens im 18. Jahrhundert war das Rodenberger Vorwerk verpachtet. Der Landesherr verfügte dadurch über eine feste Geldrente. So bestand für ihn keine Notwendigkeit, die bäuerlichen Dienste in Geld umzuwandeln. Für die große Anzahl der landesherrlichen Bauern wurden dadurch die alten Dienstverhältnisse bis ins 19. Jahrhundert konserviert.

Wesentlich fortschrittlicher war die Entwicklung des Dienstwesens bei den privaten Grund- und Leibherren. Diese förderten vielfach schon im 18. Jahrhundert eine Umwandlung der Dienste in Geld. Dadurch verfügten sie über feste Geldeinnahmen, mit denen sie den Arbeitskräfteeinsatz auf ihren Gütern genauer planen konnten. Die Bauern brauchten keine Fronarbeit mehr zu leisten und konnten stattdessen in der gewonnenen Zeit eigenverantwortlich auf ihren Höfen arbeiten. Solche Ansätze zur Umwandlung naturaler Leistungen in Geld waren ein seltenes Beispiel für die Modernisierung alter Verhältnisse in der Landwirtschaft. Da die Geldrente eine konstante Größe bildete, wurden die Bauern hierdurch angeregt, ihre unabhängige Nahrungsmittelproduktion zu steigern[45].

---

[44] Z.B. Des. H3 Nr. 1 Klein Nenndorf, betr. die Höfe Nr. 4 und 5.

[45] John Merrington, Stadt und Land im Übergang zum Kapitalismus. In: Paul Sweezy u.a. (Hrsg.), Der Übergang vom Feudalismus zum Kapitalismus, Frankfurt am Main 1984, S. 241.

Im übrigen gab es kaum Änderungen in der Agrarverfassung von Beginn des Untersuchungszeitraumes bis Anfang des 19. Jahrhunderts. Die rechtlichen Abhängigkeitsverhältnisse der Landbevölkerung, die Flurordnung und die ländliche Arbeitsverfassung waren zu Beginn des 19. Jahrhunderts die gleichen wie schon im 16. Jahrhundert.

Die Zahl der "Reiheleute", d.h. der Voll- und Halbmeier, Höveker/Kötner und Brinksitzer, deren gemeinsames Merkmal die vollen Nutzungsrechte an den Gemeinheiten waren, stagnierte wie beschrieben etwa seit 1680. Die Bevölkerung wuchs dagegen in der Folgezeit insbesondere im 19. Jahrhundert weiter an. So kam es dazu, daß einer zahlenmäßig kleinen Gruppe, die über den größten Teil des Grundbesitzes verfügte, ein großer Bevölkerungsanteil gegenüberstand, der kein oder nur sehr wenig Land besaß.

Das starke Bevölkerungswachstum hatte eine gesteigerte Nachfrage nach Nahrungsmitteln zur Folge. Eine Ausdehnung der Flächen war schon im 18. Jahrhundert kaum noch möglich. Deshalb wurde eine Erhöhung der Flächenproduktivität erforderlich, die jedoch im Rahmen der alten Agrarverfassung nicht zu verwirklichen war[46].

Die Wirtschaft war gekennzeichnet durch eine mangelnde Mobilität der Produktionsfaktoren. So gab es z.B. keinen freien Grundstücksverkehr. Grundeigentümer konnte nur sein, wer durch Geburt dazu legitimiert war. Die Frondienste der Bauern hatten eine unproduktive Arbeitsweise zur Folge. Schließlich wurde das bäuerliche Einkommen durch die vielfältigen Abgaben stark vermindert, und für Innovationen stand kaum Kapital zur Verfügung. Die Lösung dieser Probleme erfolgte im 19. Jahrhundert durch eine Reihe von Reformen.

Die Fortschritte in der Landwirtschaft seit der zweiten Hälfte des 18. Jahrhunderts und besonders im 19. Jahrhundert beruhten zu einem großen Teil auf dem Anbau neuer Pflanzen (wie Leguminosen, Klee, Kartoffeln, Futterrüben), der damit zusammenhängenden Intensivierung der Fruchtfolgesysteme, der Besömmerung der Brache und regelmäßiger Düngung.

Diese Maßnahmen reichten allein jedoch kaum aus, um erhebliche Ertragssteigerungen zu bewirken. Sie wurden ergänzt durch die rechtlichen Veränderungen der alten Agrarverfassung, d.h. durch die Ablösung von Dien-

---

[46] Das Fruchtwechselsystem beider Orte in der vorindustriellen Zeit ist für das Jahr 1783 folgendermaßen quellenmäßig belegt: 1. Jahr Roggen, 2. Jahr Gerste, 3. Jahr Stoppelroggen, 4. Jahr Bohnen und Wicken, 5. Jahr Hafer und Soorgerste (= Sommergerste), 6. Jahr Brache. (Nach Des. H3 Nr. 1 Klein-Nenndorf, §§ 26-30; Des. H3 Nr.1 Groß-Nenndorf, §§ 23-27).

sten und Abgaben, die Aufhebung der Leibeigenschaft, die Teilung der gemeinsam genutzten Flächen (Weide, Wald) und die Verkoppelung[47].

Schlußbemerkungen

Rückblickend auf den untersuchten Zeitabschnitt lassen sich folgende Ergebnisse festhalten. Zu Beginn der frühen Neuzeit war die Ansiedlung der Vollmeier, Halbmeier, Höveker bzw. Kötner bereits größtenteils abgeschlossen. Das weitere Bevölkerungswachstum ging einher mit der Ausweisung von Brinksitzerstellen, deren Inhaber in der Regel außerhalb ihrer eigenen Landwirtschaft einem zusätzlichen Erwerb nachgehen mußten, sowie zeitlich danach mit dem Aufkommen von Neubauern und Einliegern. Für die Zunahme der Bevölkerung sind im Untersuchungsgebiet drei Phasen erkennbar, die sich ungefähr folgendermaßen eingrenzen lassen: (1) 1500 bis 1561, (2) 1615 bis 1680 und (3) seit den letzten Jahrzehnten des 18. Jahrhunderts und das gesamte 19. Jahrhundert über.

Während die erste[48] und dritte Phase[49] der allgemeinen Entwicklung entsprechen, läuft die zweite Phase ihr entgegen und überrascht mit dem Bevölkerungswachstum insbesondere während des Dreißigjährigen Krieges, der hier scheinbar keine großen Zerstörungen hinterlassen hat. Es konnte nachgewiesen werden, daß Personen, die während des Krieges den Bauern Darlehen gewährt hatten, später selbst als Grundbesitzer und zum Teil auch als Inhaber neuer Stellen auftraten. Dies bedeutet, daß einige Bauern, die ihre Schulden nicht zurückbezahlen konnten, ihre verpfändeten Ländereien an die Gläubiger verloren. Somit hat der Krieg in begrenztem Umfang zur Veränderung der Besitzstruktur beigetragen. Dies gilt fast ausschließlich für den Ort Groß-Nenndorf.

Das Bevölkerungswachstum bewirkte in allen Phasen starke Verschiebungen in der Besitzstruktur, indem den wenigen Inhabern größerer Höfe eine immer breitere kleinbäuerliche und landlose Schicht gegenüberstand. Während das Bevölkerungswachstum und damit die Zunahme der Kleinstellen

---

[47] Nach der alten Flurordnung befanden sich die Äcker jedes Bauern in Streulage. So besaß ein Vollmeier oft 50 oder mehr verschiedene Parzellen. In der Grafschaft Schaumburg belief sich die durchschnittliche Größe der Ackerparzellen auf 40 bis 50 Ar. Unter Verkoppelung verstand man die Zusammenlegung der Grundstücke jedes Eigentümers. Dies bedeutete ein Ausscheiden aus dem Flurzwang und der gemeinsamen Weide und eine Hinwendung zur Individualwirtschaft. Siehe hierzu auch den folgenden Beitrag von Martin Stöber.

[48] Peter Kriedte, (wie Anm. 8), S. 22 ff.

[49] Carlo M. Cipolla / K. Borchardt (Hrsg.), Europäische Wirtschaftsgeschichte, Bd. 5, Stuttgart und New York 1985, S. 15 ff.

aus der Literatur her bekannt ist, zeigt das Beispiel Klein-Nenndorfs, wo nur sehr wenige Brinksitzerstellen entstanden, daß nicht zwangsläufig überall der gleiche Prozeß stattfand. Es gab durchaus ein Nebeneinander unterschiedlicher Entwicklungen auch innerhalb desselben Raumes. In einem erstaunlichen Ausmaß wurden die alten Besitzstrukturen in Klein-Nenndorf über mehrere Jahrhunderte erhalten. Lediglich eine zahlenmäßige Minderheit im Dorf ging bis zum 18. Jahrhundert einem zusätzlichen Erwerb außerhalb der Landwirtschaft nach. Über die Ursachen läßt sich nur spekulieren. Ein wichtiger Grund lag sicher darin, daß aufgrund der Lage Klein-Nenndorfs keine Rodungen am Rande der Gemarkungsgrenzen in größerem Umfang möglich waren. So entstanden nur wenige Brinksitzerstellen.

Das Beispiel Groß-Nenndorfs zeigt dagegen, wie ein starkes Bevölkerungswachstum einherging mit der Ausweisung von vielen Brinksitzerstellen, die zahlenmäßig die alten Höfe bei weitem übertrafen. Dadurch fand eine typischerweise für diese Zeit zu beobachtende Durchdringung des Dorfes mit Gewerbe statt, denn die Brinksitzer waren auf einen Nebenerwerb angewiesen. Durch den dann folgenden Ausbau des Schwefelbades zogen neue, für ein Dorf untypische Bevölkerungsgruppen in den Ort (wie z.B. Kaufleute, Apotheker), die die alte dörfliche Struktur langsam veränderten. Zeitgleich machte sich die beginnende Industrialisierung auch auf dem Lande bemerkbar, indem die Dorfbewohner zum Beispiel als Eisenbahnarbeiter oder Bergleute Arbeit fanden. Diese Entwicklung bewirkte eine begrenzte soziale Mobilität. So war es hier möglich, daß Bewohner auch außerhalb der Landwirtschaft ein Auskommen hatten und hierbei in einigen Fällen einen gewissen Wohlstand erzielten. Innerhalb der Landwirtschaft gerieten die Vollbauern in Groß-Nenndorf wie in den meisten anderen Dörfern zahlenmäßig in die Minderheit, waren innerhalb der alten Agrarordnung jedoch weiterhin bestimmend.

Im 18. Jahrhundert gab es erste Beispiele dafür, daß der Landesherr naturale Leistungen in Geld umwandelte. Da er seine Vorwerke verpachtet hatte, erhielt er nun Geld von den Pächtern, die selbst aber weiterhin Anspruch auf naturale Leistungen von den Bauern hatten. Wesentlich fortschrittlicher war dagegen die Entwicklung für diejenigen Bauern, die einen privaten Grund- und Leibherrn hatten. Hier profitierten auch die Bauern davon, daß ihre naturalen Leistungen zuweilen in Geldzahlungen umgewandelt wurden. Dies blieben jedoch nur vereinzelte Beispiele von Reformen. Erst die eigentlichen Agrarreformen in der zweiten Hälfte des 19. Jahrhunderts bewirkten einen deutlichen Epocheneinschnitt. Die rechtlichen, wirtschaftlichen und sozialen Verhältnisse, die großteils aus dem Mittelalter herrührten, wurden grundlegend verändert. Der Weg war nun frei für eine Individualwirtschaft in der Landwirtschaft.

Martin Stöber

Der Mann mit der Meßkette
Die Spezialteilungen und Verkoppelungen im Raum Hannover und ihre
sozialen Folgen

> Es geht ein Mann durch das bunte Land;
> Die Meßkette hält er in der Hand.
> Steht vor sich hin und sieht sich um;
> "Hier ist ja alles schief und krumm!"
> Er mißt wohl hin und mißt wohl her;
> "Hier geht ja alles kreuz und quer!"
> Er blickt zum Bach im Tale hin;
> "Das Buschwerk dort hat keinen Sinn!"
> Zum Teiche zeigt er mit der Hand;
> "Das gibt cin Stück Kartoffelland!"
> Der Weg macht seinen Augen Pein;
> "Der muß fortan schnurgerade sein!"
> Die Hecke dünket ihm ein Graus;
> "Die roden wir natürlich aus!"
> Der Wildbirnbaum ist ihm zu krumm;
> "Den hauen wir als ersten um!"
> Die Pappel scheint ihm ohne Zweck;
> "Die muß ja selbstverständlich weg!"
> Und also wird mit vieler Kunst
> Die Feldmark regelrecht verhunzt.

Dieses Gedicht stammt von Hermann Löns (1866-1914), dem im "Hannöverschen" noch immer teils hochverehrten, teils heftig angefeindeten Journalisten, Literaten, Dichter, Nationalisten und Naturschützer, und es heißt Verkoppelung[1] .

Ganz anders wird in dem "Gutachten betreffend die Theilung der Gemeinheiten und Verkoppelung der Feldmark zu Elze" im Landdrostei-Bezirk Hildesheim[2] aus dem Jahr 1849 über dieses Thema gesprochen. Der Text ist ein Loblied auf Verkoppelungen und Gemeinheitsteilungen im allgemeinen und die Auswirkungen derartiger Maßnahmen für die Landwirtschaft in der rund 30 km südlich von Hannover gelegenen Kleinstadt Elze im besonderen, das mit den Worten schließt: "... denn nach solchen Feldmarks-Operationen,

---

[1] Hermann Löns, Verkoppelung. Abgedruckt u.a. in: Martin Anger, Fritz Klein (Auswahl und Kommentar), Hermann Löns Hannöversches, Hannover 1983, S. 147.

[2] Stadtarchiv Elze, älterer Bestand, Fach X, Akte 2 (SAE X 2).

kann jeder Eigenthümer darin, seinen Acker pp. beliebig und mit Fleiß zum höchstmöglichsten Nutz-Ertrage bauen!!!" Und: "Wer seinen Acker bauet (auf die beste und richtigste auch zweckmäßigste Art) wird Brod's die Fülle haben."

Die beiden Autoren des Gutachtens und Hermann Löns, der ein Zeitgenosse der Spätphase der Gemeinheitsteilungen und Verkoppelungen war, kamen offenbar zu völlig entgegengesetzten Beurteilungen. Dieser Widerspruch gibt Anlaß, über Ursachen, Ablauf und Folgen von Verkoppelungen und Gemeinheitsteilungen nachzudenken.

Dies soll teils im allgemeinen, teils am Beispiel von sechs Dörfern aus dem Umland von Hannover geschehen. Da die Landeshauptstadt an der Grenze von zwei sehr unterschiedlichen Naturräumen liegt, werden mit Brelingen, Horst und Mandelsloh drei Dörfer aus der Moorgeest im Norden und Nordwesten und mit Wennigsen, Holtensen und Lenthe drei Dörfer aus der Calenberger Lößbörde im Süden und Südwesten herangezogen. Die genannten Gemeinden liegen in Luftlinie zwischen acht und über 25 km von Hannovers Altstadt entfernt und waren damit zur Zeit der Verkoppelungen und Gemeinheitsteilungen vor rund 150 Jahren noch nicht unmittelbar vom einsetzenden "Sog" der Vorort- und Vorstadtbildung, der von der allmählich wachsenden Hauptstadt ausging, erfaßt.

Zu jeder Dreiergruppe gehören einerseits sehr verschiedenartige Dörfer, während sich andererseits jeweils eine Geest- und eine Bördesiedlung durch Ähnlichkeit zum Vergleich anbieten: Mandelsloh und Lenthe waren Gutsdörfer, Brelingen und das Klosterdorf Wennigsen besaßen besonders große Gemarkungen, Horst und Holtensen habe ich als jeweils "typische" Dörfer ihres Naturraums ermittelt. Als Parameter für eine "Annäherung an das Typische" wurden aus methodischen wie sachlichen Gründen die Gemarkungsgröße sowie die Bevölkerungszahlen und -entwicklung zwischen 1821 und 1871 herangezogen und mit den entsprechenden Daten aller Gemeinden in einem Geest- und einem Börde-Untersuchungsgebiet verglichen[3].

---

[3] Zum Vergleich wurden 61 bzw. 48 Gemeinden - darunter auch die vier anderen, hier vorgestellten Dörfer - in zwei räumlich geschlossenen Untersuchungsgebieten herangezogen, die naturräumlich eindeutig der Börde bzw. der Geest zuzuordnen sind. Die Übergangszone an der Lößgrenze wurde ausgeklammert. Außerdem blieben alle Städte und die in unmittelbarer Nähe Hannovers, bereits im Sog der Hauptstadt liegenden Siedlungen unberücksichtigt. Gemarkungsgröße und Bevölkerungsentwicklung sind einerseits wichtige Indikatoren bei der Beschreibung von Zustand und Wandel einer ländlichen Siedlung und andererseits durch Gustav Uelschen, Die Bevölkerung in Niedersachsen 1821-1961 (= Veröffentlichungen der Akademie für Raumforschung und Landes-

Die "alte" Landwirtschaft - ein hochgradig komplexes System

Der Bauer bearbeitet den Boden, züchtet Vieh und sorgt dadurch für Ernährung. Ohne eine agrarische Überproduktion ist keine arbeitsteilige Gesellschaft vorstellbar. Da Landwirtschaft folglich unverzichtbar war (und ist), überrascht es nicht, daß im Mittelalter und in der frühen Neuzeit Macht und Herrschaft über Grund und Boden vermittelt wurden und sich die Bauern in einem engen Abhängigkeitsverhältnis von ihren Herren befanden. Eine zweite Abhängigkeit erwuchs den Dorfbewohnern aus der Struktur und der Aufgabe ihrer bäuerlichen Gemeinde. Doch zunächst soll von der natürlichsten aller Abhängigkeiten, der von den ökologischen Grundlagen, die Rede sein.

Bedingt durch die verschiedenartige naturräumliche Ausstattung[4] erlebten die Landschaften nördlich und südlich von Hannover eine unterschiedliche Siedlungsgeschichte. So ließen sich die ersten Ackerbauern im Süden bereits vor mehr als 6.500 Jahren nieder, während die Geest im Norden erst gut 1.500 Jahre später die Neolithische Revolution erlebte[5]. Das jeweilige Siedlungs- und Kulturlandschaftsbild entwickelte sich unterschiedlich, die Bodennutzungssysteme konnten zwangsläufig nicht identisch sein und manche der "großen Prozesse" der Agrargeschichte (wie die spätmittelalterliche Wüstungsphase) hinterließen verschieden deutliche Spuren[6]. 1821 war das von mir ausgewählte Börde-Untersuchungsgebiet fast doppelt so dicht besiedelt wie der Vergleichsraum in der Geest.

Wie bei einem bunten Flickenteppich wechseln sich in der Geest auf kleinem Raum seit alters her ackerfähige Böden mit solchen ab, die erst durch den Einsatz moderner Agrar- und Landeskulturtechnik in intensiv bewirtschaftete Nutzflächen verwandelt wurden. Die Gemarkung von Brelingen (etwa 20 km nördlich von Hannover) ist ein gutes Beispiel hierfür: Auf Geschiebelehm und verschiedenartigen Sanden einer von Endmoränen- und

---

planung 45), Hannover 1966, für alle Gemeinden leicht greifbar. Näheres in der zugrundeliegenden Examensarbeit.

[4] Hierzu grundlegend u.a. Käthe Mittelhäusser, Die Natur des Landes. In: Hans Patze (Hrsg.), Geschichte Niedersachsens 1 (= Veröffentlichungen der Historischen Kommission für Niedersachsen und Bremen 36), Hildesheim 1977, S. 97-166. - Hans Heinrich Seedorf, Topographischer Atlas Niedersachsen und Bremen, Neumünster 1977.

[5] Zur Vorgeschichte sei verwiesen auf: Führer zu vor- und frühgeschichtlichen Denkmälern 48: Hannover, Nienburg, Hildesheim, Alfeld, Teil I, Mainz 1981. - Horst Callies, Albert Genrich u.a., Vor- und Frühgeschichte. In: Patze (wie Anm. 4), S. 439-541.

[6] Vgl. zur niedersächsischen Siedlungsgeschichte: Käthe Mittelhäusser, Ländliche und städtische Siedlung. In: Patze (wie Anm. 4), S. 259-437.

Sanderablagerungen der Eiszeit geprägten Landschaft bildeten sich in erster Linie Bodentypen wie Podsol-Braunerden, Pseudogleye, Pseudogley- und Gley-Podsole. Weite Areale sind folglich sehr sandig und feucht, der Ackerbau war früher nur auf bestimmten Flächen sinnvoll und möglich[7].

Das galt, bei etwas anderen geomorphologischen Grundlagen, auch für die Gemarkung von Horst, 15 km nordwestlich Hannovers. Auf eiszeitlichen Sanden, Lehmen und Schluffen unterschiedlicher Entstehungsgeschichte entstanden Braunerde-, Podsol- und die bodenwasserführenden Gleyböden. Ein nacheiszeitliches Niedermoorgebiet südlich des Dorfes wurde inzwischen zerstört. Die Horster Kernflur nutzte vornehmlich die Braunerden, die von Gleyen begleitete Niederung des Horster Bruchgrabens war Grünland. Durch modernste Entwässerungstechniken werden die Ländereien am Bruchgraben inzwischen teilweise unter den Pflug genommen. In der heutigen Grünland- und Ackerzahlenskala schätzt man sie sogar höher als die Braunerdeflächen ein. Doch gelten alle Horster Böden mit Zahlen zwischen 30 und 50 Punkten als insgesamt wenig ertragreich - was typisch für die Geest ist[8].

Bei der "Auenorientierung" Mandelslohs handelt es sich um ein Musterbeispiel für diesen weitverbreiteten, siedlungsgeschichtlich alten Lagetyp an der Grenze von tiefgelegener Flußaue und hochgelegener Flußterrasse. Die Möglichkeit, in unmittelbarer Nachbarschaft Wiesen, Ackerland und unterschiedliche Weideflächen zu kultivieren sowie die Existenz von trockenem Baugrund und einer gesicherten Grundwasserversorgung machen die Vorzüge der Auenorientierung aus[9]. Etwa 27 km im Nordnordwesten Hannovers liegen die Höfe der ehemals zwei Mandelsloher Dorfgemeinden "in der Wiek" und "über dem See" am Rand der Niederterrasse der Leine. Die vorgelagerte Flußmarsch mit ihren Auen- und Gleyböden im Hochflutbereich trug und trägt Grünland; Teile der vor Hochwasser geschützten Terrassen-

---

[7] Vgl. Niedersächsisches Landesamt für Bodenforschung (Hrsg.), Bodenkarte von Niedersachsen 1 : 25.000, Blatt 3424 Mellendorf, Hannover 1969. Ergänzend sei hingewiesen auf Seedorf (wie Anm. 4), S. 160. Wenn ich mich hier und im folgenden auf die räumliche Ordnung der Landnutzung vor der Agrarreformepoche beziehe, liegen diesen Aussagen die jeweiligen Verkoppelungs- und Gemeinheitsteilungskarten aus den einzelnen Rezeßakten zugrunde, die weiter unten noch belegt werden.

[8] Katasteramt Hannover (Hrsg.), Deutsche Grundkarte 1:5.000, Ausführung Bodenkarte auf der Grundlage der Bodenschätzung (DGK 5 Bo), Hannover, div. Jahre. Hier speziell: Blätter Frielingen-Süd, Horst, Horst-Süd.

[9] Vgl. Seedorf (wie Anm. 4), S. 152 mit Abb. 109. - Karl Heinz Schneider/Hans Heinrich Seedorf, Bauernbefreiung und Agrarreformen in Niedersachsen, Hannover 1989, S. 13ff.

flächen konnten unter den Pflug genommen werden. Das Ausgangsmaterial der Bodenbildung sind dort vom fließenden Wasser abgelagerte Sande und Lehme, auf denen sich Braunerde- und Gleyböden entwickelten. Die hochwertigsten Ackerböden (Braunerde aus relativ mächtigem Lehm), die örtlich mit über 60 Punkten bewertet werden, liegen dorfnah und decken sich mit den vor den Agrarreformen als Daueracker genutzten Flächen[10].

Die bodengeographischen Verhältnisse rund um die drei Bördedörfer Lenthe, Holtensen und Wennigsen (zwischen acht und 15 km westlich bzw. südwestlich Hannovers) geben ein weitaus homogeneres Bild ab. In der Regel dominieren Parabraunerden, gebildet im Löß, dem "staubigen" Geschenk, das der Wind in der letzten Eiszeit eisfreien, mit einer tundraähnlichen Vegetation bestandenen Flächen machte. Die Lößeigenschaften, wie eine günstige Korngrößenverteilung oder gut ausgeprägte, vertikale Leitbahnen, sorgen für fruchtbare Bodenverhältnisse, die die moderne Bodengüteschätzung im überwiegend flachen Relief durchweg mit Werten über 70 Punkte honoriert. Eine Ausnahme von dieser Regel stellen Bachauen und Hanglagen dar, wo durch Grund-, Hang- oder Stauwasser unterschiedliche Gleyböden auftreten oder die anstehenden Gesteine des Berglandes die Bodenbildung stark beeinflussen[11]. Diese Verhältnisse waren auch den Bauern als erfahrenen Praktikern seit alters her bekannt: Als Dauerackerboden entschied man sich für Parabraunerde-Flächen; die feuchten Standorte wurden in unterschiedlicher Weise als Grünland genutzt.

Die natürlichen Rahmenbedingungen sind eines der Elemente, welche sich in den Flurverfassungen widerspiegeln, die ihr Gesicht im Laufe des hohen und späten Mittelalters gewannen. Das Hochmittelalter (12. und 13. Jahrhundert) wurde durch ein starkes Bevölkerungswachstum, eine günstige Konjunktur, zahlreiche Stadtgründungen und eine intensive Ausweitung der ländlichen Siedlungsräume bestimmt. In den Altsiedlungen, zu denen auch die sechs untersuchten Dörfer zählen, fand ein innerer Ausbau und die Ausweitung der Getreideanbauflächen statt. Diese Prozesse der Verdorfung und Vergetreidung waren in den begünstigten Bördegebieten besonders ausgeprägt[12].

In der Lößbörde wuchsen die landwirtschaftlichen Nutzflächen der einzelnen Dörfer zusammen. Das Dauerackerland war in zahllose langgestreckte,

---

[10] DGK 5 Bo Mandelsloh, Helstorf, Pungemühle.

[11] DGK 5 Bo Wennigser Mark-Ost, Wennigsen (Deister), Degersen, Holtensen, Linderte, Lüdersen-West, Lenthe-West, Lenthe-Ost.

[12] Bei allen Aussagen zur allgemeinen niedersächsischen Siedlungsgeschichte beziehe ich mich hier wie im folgenden Abschnitt auf Mittelhäusser (wie Anm. 6), insbesondere S. 259-351.

schmale, s-förmige und zu Gewannen zusammengefaßte Besitzparzellen aufgeteilt. Ihre Genese hing wohl mit Besitzteilungen, gemeinschaftlichen Urbarmachungen bzw. Fluraussweitungen und den Eigenschaften des schollenwendenden Pfluges zusammen. Ein Bauer besaß viele Einzelparzellen in Gemengelage verstreut über die gesamte Flur und in vielen Fällen nur über Nachbargrundstücke erreichbar, wodurch Pflugwende- und Überfahrtsrechte geltend gemacht wurden. Das Winterfutter gewann man auf kleinen Wiesenparzellen, als Sommerweide diente die nicht parzellierte "Gemeinheit", "Gemeine Mark" oder "Allmende", die allerdings in der dicht besiedelten Börde unter dem Druck des inneren Ausbaus und der Vergetreidung flächenmäßig stark geschmolzen war. Die Stoppelweide in der Flur ergänzte dieses ausgewogene Bewirtschaftungssystem, das eine Reihe von unbedingt einzuhaltenden Absprachen notwendig machte.

Die Überfahrtsrechte zum Beispiel oder die Nachweide auf den Stoppelfeldern erforderten eine gemeinschaftliche, gleichzeitige Ausführung der Feldarbeit. Entsprechend bewirtschaftete man die dörfliche Flur gemeinsam und einheitlich durch eine Dreifelderwirtschaft (Sommergetreide - Wintergetreide - Brache), die auf den fruchtbaren Böden südlich Hannovers früh auf eine Vier- oder Fünffelderwirtschaft[13] umgestellt wurde. Außerdem galt es, die Nutzung der ungeteilten Gemeinheiten zu regeln. Beide Aufgaben übernahm die dörfliche Gemeinde oder Markgenossenschaft der bevorrechtigten Reiheleute, der Besitzer der - später aus landesherrlich-fiskalischem Interesse klassifizierten und so genannten - Meier-, Kötner- und Beibauern- bzw. Brinksitzerstellen. Die Reiheleute waren als Zwangsgenossen ohne ein Recht auf den Gemeindeaustritt mit allen Gemeindepflichten belastet, durften dafür aber allein an der Nutzung der Allmende und der Flur partizipieren.

Als eine Folge der ungünstigen Bodenverhältnisse lief der innere Ausbau der Geestsiedlungen in der Regel weniger intensiv ab. Die Dörfer blieben kleiner, die Fluren konnten nicht zusammenwachsen, die Gemeinheiten waren um ein Vielfaches größer als in der Börde, und allein manche plaggengedüngte Kernfluren (Esch) entwickelten sich zu kleinen Gewannfluren. Doch auch hier entstanden Markgenossenschaften, die die Allmendenutzung oder die Stoppelweide usw. organisierten. Die Moore der Allmenden dienten als Torflieferanten. Weite Teile der Geestgemeinheiten waren Heideflächen, also Gebiete mit stark degradierter Vegetation. Die Heide ent-

---

[13] Carl-Hans Hauptmeyer, Agrarkrise, Wüstung, Mehrfelderwirtschaft, Meierrecht und Verdorfung im Calenberger Land. In: Dieter Brosius, Martin Last (Hrsg.), Beiträge zur niedersächsischen Landesgeschichte. Zum 65. Geburtstag von Hans Patze (= Veröffentlichungen der Historischen Kommission für Niedersachsen und Bremen, Sonderband), Hildesheim 1984, S. 61-75.

stand durch den Eingriff des Menschen seit seiner Seßhaftwerdung. Holz-
einschlag, Brandrodung und Weidewirtschaft spielten dabei anfangs eine
große Rolle. Spätere Nutzungsformen, wie die Beweidung durch Schafe und
die Plaggenmahd, erhielten den Charakter dieser Landschaft.

Das späte Mittelalter (etwa 1250 bis 1500) gilt als eine Zeit großer Not, geprägt von Seuchen, Fehden, einer starken Bevölkerungsabnahme und einer
Krise des Getreidebaus. Im Siedlungsbild schlug sich das Spätmittelalter als
Wüstungsphase nieder. Das dicht besiedelte Bördeland war besonders betroffen; es wurde etwa jedes zweite Dorf aufgegeben. Allerdings nutzte man
deren Fluren in der Regel von den übriggebliebenen und durch Zuzug von
Überlebenden aus den Wüstungen aufgesiedelten Dörfern weiter. Insofern
setzte sich die beschriebene Entwicklung der Flurverfassung ungebrochen
fort.

Andererseits wirkte die Agrarkrise bei der noch nicht endgültig geklärten
Entstehung des schließlich am weitesten verbreiteten, neuen Besitzrechtes
mit[14]. In dem über den Boden vermittelten Verhältnis zwischen dem
Grundherrn[15] und seinen abhängigen Bauern setzte sich das Meierrecht[16]
durch. Dabei handelte es sich zunächst um ein zeitlich begrenztes, dann erb-
liches Nutzungsrecht am Bauerngut. Neben dem Vorteil des Erbrechtes am
Bauernhofe bescherte das Meierrecht dem Meier den Vorzug großer
Rechtssicherheit. In einem Meierbrief waren die erheblichen, doch in späte-
rer Zeit seitens des Grundherrn nicht erhöhbaren Dienste und Abgaben festgehalten, die er für die Überlassung des Hofes zu leisten hatte. Ein überra-
gendes, zweifellos allseitiges Interesse bestand darin, den Hof als Wirt-
schaftseinheit zu erhalten. Seine zehntpflichtigen Flächen mußten in her-
kömmlicher Weise bewirtschaftet und er durfte u.a. nicht geteilt, zusammengelegt, verkauft oder verpfändet werden (bzw. alle wichtigen Veränderungen
am Meiergut konnte man nur im "Consens" mit dem Grundherrn vornehmen). Daher galt selbstverständlich auch das Anerbenrecht, und die Frage
der Fähigkeit zur Bewirtschaftung stand im Vordergrund, wenn der Grundherr einen Erben als neuen Meier ablehnen wollte oder den bisherigen Pächter "abzumeiern" gedachte (wobei hernach der Hof wieder als Meiergut zu
vergeben war). Entsprechend war festgelegt, daß ein Altbauer frühestens mit
60 Jahren auf das Altenteil durfte.

---

[14] Ebd.

[15] Auf Fragen der Zehnt- und Gerichtsherrschaft soll hier nicht näher eingegangen werden.

[16] Vgl. zum Meierrecht u.a. Werner Wittich, Die Grundherrschaft in Nordwestdeutschland, Leipzig 1896. - Schneider, Seedorf (wie Anm. 9), S. 24 f.

Ein System gerät aus der Balance

Die Besitzzersplitterung, die Gemengelage, die Stoppelweide und die Mehr-
felderwirtschaften, die genossenschaftliche Inwertsetzung der Gemeinheit
(in erster Linie als Weide) und die dörfliche Markgenossenschaft entspra-
chen einander und bildeten ein durchdachtes Nutzungssystem, dessen
"Zwänge" eigentlich Notwendigkeiten waren. Warum überlebte es sich[17]?

Es waren in erster Linie Rahmenbedingungen, die sich änderten. Vor allen
anderen Ursachen hatte dabei der Bevölkerungsanstieg gravierende Folgen.
Bereits im 16. Jahrhundert war die ländliche Bevölkerung wieder gewachsen, und nach der Erholung von den Folgen des Dreißigjährigen Kriegs stiegen die Einwohnerzahlen auf dem platten Land erneut an. Zahlreiche neue
unterbäuerliche Stellen entstanden in den Dörfern, die wie schon ältere
Nachsiedlerschichten keinen Anteil an der Kernflur mehr erhielten, oft sogar
nur den Hausgarten bewirtschafteten[18]. Umso wichtiger war für diese Familien die Beteiligung an der Gemeinheitsnutzung. Doch die Folge war eine
Überbeanspruchung der Gemeinen Mark. Das Zusammenspiel in der dörflichen Gemeinschaft der Ungleichen[19], das von gegenseitigen Abhängigkeiten

---

[17] Zur Vorgeschichte und Geschichte der Agrarreformen stütze ich mich, soweit nichts
anderes angegeben wird, auf Werner Conze, Die liberalen Agrarreformen Hannovers im
19. Jahrhundert (= Agrarwissenschaftliche Vortragsreihe II), Hannover 1946. - Ders.
(Hrsg.), Quellen zur Geschichte der deutschen Bauernbefreiung (= Quellensammlung zur
Kulturgeschichte 12), Göttingen 1957. - Rudolf Golkowsky, Die Gemeinheitsteilungen
im nordwestdeutschen Raum vor dem Erlaß der ersten Gemeinheitsteilungsordnungen (=
Veröffentlichungen des Niedersächsischen Instituts für Landeskunde und Lan-
desentwicklung an der Universität Göttingen = Schriften der Wirtschaftswissenschaftlichen Gesellschaft zum Studium Niedersachsens A I 81), Hildesheim 1966. - Helmut Jäger, Die Allmendteilungen in Nordwestdeutschland in ihrer Bedeutung für die Genese
der gegenwärtigen Landschaften. In: Geografiska Annaler 43, 1961, Heft 1-2, S. 138-
150. - Gerhard Meyer, Die Verkoppelungen im Herzogtum Lauenburg unter hannoverscher Herrschaft (= Quellen und Darstellungen zur Geschichte Niedersachsens 66), Hildesheim 1965. - Schneider, Seedorf (wie Anm. 9). - Gabriele Schwarz, Die Agrarreformen des 18.-20. Jahrhunderts in ihrem Einfluß auf das Siedlungsbild. In: Jahrbuch der
TH Hannover 1953/1954, Hannover 1953/54, S. 155-167. - Hans-Helmut Wächter, Die
Landwirtschaft Niedersachsens vom Beginn des 19. bis zur Mitte des 20. Jahrhunderts (=
Schriften der Wirtschaftswissenschaftlichen Gesellschaft zum Studium Niedersachsens
NF 72 = Veröffentlichungen des Instituts für Landesplanung und für niedersächsische
Landeskunde an der Universität Göttingen A I 72), Bremen - Horn 1959. - Wittich (wie
Anm. 16). - Siegfried Wrase, Die Anfänge der Verkoppelungen im Gebiet des ehemali-
gen Königreichs Hannover (= Veröffentlichungen des Instituts für historische Landesfor-
schung der Universität Göttingen 5), Hildesheim 1973.

[18] Vgl. den Beitrag von Anne-Lore Koch-Steding in diesem Band.

[19] Schneider, Seedorf (wie Anm. 9), S. 32.

geprägt war, wurde gestört. Der Einzelne investierte, zu einer Zeit, wo dies mehr denn je nötig gewesen wäre, wenig in die Pflege des Gemeineigentums, weil davon doch nur überwiegend die anderen Leute profitiert hätten. Zugleich versuchte er aber weiterhin, möglichst viel Nutzen aus diesen Flächen zu ziehen.

Das ausgewogene Bewirtschaftungssystem geriet auch hinsichtlich der Flurverfassung ins Wanken, denn die strikten Auflagen der Mehrfelderwirtschaft mit Stoppelweide verhinderten den Anbau von neuen Nutzpflanzen (wie Hackfrüchten) mit abweichenden Vegetationszeiten oder von mehrjährigen Gewächsen. Neue rationelle landwirtschaftliche Methoden, die vornehmlich aus England stammten, konnten nicht umfassend eingesetzt werden. Die enge Verknüpfung des Individualbesitzes mit dem genossenschaftlichen Eigentum versperrte dem Bauern Produktionssteigerungen, die nur durch erhöhten Düngereinsatz, der gleichbedeutend mit intensivierter Viehhaltung war, erreicht werden konnten. Wo sollte das Futter für diese Tiere wachsen? Auch die langstreifige Parzellierung erwies sich als zunehmend unvorteilhaft, zumal z.B. die einfache Drainage, ein Vorteil der typischen "Wölbäcker"-Parzellen, inzwischen anders zu gewährleisten war. Die Agrarkrisen und Hungersnöte der frühen 1770er Jahre mahnten Reformen an. Nur die Kombination einer Neugestaltung der Flurverfassung mit einer Flurbereinigung konnte tauglich sein, die Probleme radikal zu lösen. Es galt, sowohl die extensiv genutzten Gemeinheiten einer intensiven, individuellen Bewirtschaftung zuzuführen, als auch die Gemengelage der Parzellen und die daraus resultierenden Bewirtschaftungszwänge aufzuheben. Dadurch konnte dem Bauern die volle Verfügungsgewalt über das von ihm bewirtschaftete Land verschafft werden[20].

Diesem Ziel diente auch die Aufhebung der grundherrschaftlichen Abhängigkeit. Sie war bürgerlich-aufklärerischen Kreisen als feudales Relikt ein Dorn im Auge, stand aber auch aus wirtschaftlichen Gründen in der Kritik. Gerade die Bauern mit Vollerwerbshöfen litten unter hohen Abgaben und den zu leistenden Diensten, die zudem als wenig effektiv galten. Der Landesherr besaß ein herausragendes Interesse an einem leistungsfähigen Bauernstand, denn die größeren Höfe erbrachten den Großteil seines Steueraufkommens. Daher begannen die welfischen Landesherren bereits ausgangs des 15. Jahrhunderts mit einer Bauernschutzpolitik (wie Festlegung der grundherrlichen Gefälle, Fixierung des Meierrechts) zum Besten ihrer Staatskasse. Ein für die heutige Wissenschaft hilfreiches "Abfallprodukt" dieser Politik ist die bekannte Einteilung der Höfe in Klassen, die die Steuer-

---

[20] Golkowsky (wie Anm. 17), S. 18.

und Wirtschaftskraft, die Größe und die Abgabenbelastung der Bauernstellen, aber nicht zwingend deren Alter widerspiegelt.

Das umfassende Reformwerk, dem einige einzelne Maßnahmen vorangegangen waren (Domänen-Dienstabstellungen, freiwillige Ablösungen, die vorübergehende Bauernbefreiung der "westphälischen Zeit"; frühe Gemeinheitsteilungen und Verkoppelungen, regionale Regelungen in Alt-Osnabrück o.ä.), wurde schließlich durch mehrere Gesetze in der ersten Hälfte des 19. Jahrhundert auf den Weg gebracht. Aus den preußischen Erfahrungen lernte der hannoversche Reformer J.C.B. Stüve, der maßgeblichen Einfluß auf die nach den Unruhen von 1831 erlassenen Vorschriften zur "Ablösung" der grundherrlichen Lasten (Bauernbefreiung) von 1831 und 1833 hatte[21]. Gegen die Kapitalzahlung des fünfundzwanzigfachen Wertes seiner bisherigen Jahresabgaben oder eine entsprechende Umwandlung in eine Geldrente konnte der Bauer das freie Eigentum an seinem Grund und Boden gewinnen, verlor aber auch den Schutz, den das alte, grundherrschaftliche Verhältnis bot. Insbesondere die Bestimmung, daß nur ein Sechstel der zehntbaren Flur zur Finanzierung der Ablösung veräußert werden durfte, entsprach den Zielen der Neugestaltung, Hannovers Vollbauernstand als Rückgrat der Landwirtschaft zu erhalten. Zu den flankierenden Maßnahmen zählte die Gründung der Landeskreditanstalt (1842), die durch günstige Darlehen Ablösungen und Betriebsverbesserungen wesentlich erleichterte.

Die Gemeinheiten sollten in zwei Schritten - eine Generalteilung zwischen den beteiligten Markgenossenschaften und eine Spezialteilung innerhalb der Gemeinde - unter den Nutzungsberechtigten nach Maßgabe des Umfanges ihrer Rechte aufgeteilt werden. Für das hannoversche Umland war die Calenberger Gemeinheitsteilungsordnung[22] vom 30.4.1824 nach dem Vorbild der Lüneburger Vorschriften von 1802 grundlegend. Die Verkoppelung oder Zusammenlegung der verstreuten Besitzparzellen und die Erschließung der Flur durch ein Wegenetz regelte ein Gesetz vom 30.6.1842; am selben Tag publizierte man Vorschriften, die die Durchführung von Gemeinheitsteilungsverfahren staatsweit mit den einschlägigen Bestimmungen dieses Verkoppelungsgesetzes verbanden[23]. Später wurden weitere Gesetze erlassen, da sich die zwingend notwendige Beseitigung aller Beweidungsservitute durch die genannten Verordnungen nicht unbedingt erreichen ließ. Außer-

---

[21] Sammlung der Gesetze, Verordnungen und Ausschreiben für das Königreich Hannover von dem Jahre 1831, Abtheilung I, Nr. 43, S. 209-224 (SlgGVoAuschr. 1831, I, 43, S. 209-224) und SlgGVoAuschr. 1833, I, 19, S. 147-248.

[22] SlgGVoAuschr. 1824, I, 13, S. 111-209.

[23] SlgGVoAuschr. 1842, I, 29, S. 131-144 und I, 30, S. 145-184.

dem ersetzte man die ihrer Hauptaufgaben beraubten Markgenossenschaften, denen nur die privilegierten Reiheleute angehört hatten, durch politische Gemeinden. Doch weil ein Teil des Eigentums und der Aufgaben der alten Genossenschaften erhalten blieb, lebten diese in den dörflichen Realgemeinden weiter.

Ablauf und Folgen von Gemeinheitsteilungen und Verkoppelungen an lokalen Beispielen

Auf die Generalteilungen, die den Spezialteilungen und Verkoppelungen vorausgingen, sei hier nur an Beispielen hingewiesen. Berücksichtigt man die naturräumliche Ausstattung, dann überrascht nicht, daß in der Geest weite, extensiv und ungeteilt genutzte Heiden, Moore, Niederungen oder Brüche auf eine Generalteilung warteten. Über 17.000 Mg. gingen in das Verfahren der 1851 vollzogenen Grinderwald-Teilung ein; neben Mandelsloh waren 30 weitere Markgenossenschaften, zwei Städte, zwölf geistliche Stellen und Schulen, ein Gut und zwei einzelne Höfe beteiligt[24]. Mit fast 8.000 Mg. war das Teilungsobjekt des Brelinger Berges und einiger Nachbargebiete (Vollzug der Maßnahme: 1838) ebenfalls sehr umfangreich. Als Abfindung für ihre Weide- und Holzrechte, die Plaggen-, Heide- und Bültenhiebberechtigungen und die Nutzung von Mergelvorkommen erhielten die Brelinger Markgenossen annähernd 441 Mg. zugesprochen[25]. Die Brelinger Gemarkung profitierte allerdings mit einem wesentlich größeren Flächenzuwachs durch zahlreiche "kleinere" Generalteilungen mit Nachbargemeinden oder Abfindungen aus dortigen Spezialteilungen[26]. Alles in allem standen allein aus diesen "Quellen" über 3250 Mg. für Spezialteilungen zur Verfügung.

In der Börde vollzogen wohl nur die Markgemeinden in der Nähe größerer Wälder bedeutende Generalteilungen. Die Gemeinheitsflächen und die entsprechenden Servitute besaßen eine geringere Bedeutung als in der Geest. Zwei der wenigen Verfahren, an denen die drei untersuchten Bördedörfer beteiligt waren, sind hervorzuheben. Beide betrafen Wennigsen. Mit 122 bzw. 142 Mg. wurden die Markgemeinde und die örtliche Klosterdomäne aus der Forstteilung der Redderser Mark (vollzogen 1842)[27] abgefunden.

---

[24] Die hier ausgewerteten Akten (Rezesse mit RegisterAnhang und Karte) werden im Kartenarchiv des Amtes für Agrarstruktur (AfA) in Hannover-Limmer aufbewahrt. Im vorliegenden Fall stammt die Akte als Nr. 57 aus dem Fach Kreis Nienburg: AfA Nienburg 57.

[25] AfA Burgdorf 38.

[26] Vgl. zu diesen Verfahren u.a. AfA Burgdorf 45, 50, 50 II, 53, 79 II, 88, 117.

[27] AfA Linden-Land 42.

Die genannten Empfänger erhielten außerdem wesentlich größere, aber nicht vollständig berechnete Flächen aus der Purifikation nahegelegener Deister-forsten (vollzogen 1844)[28].

Mit Ausnahme Brelingens wurden in allen ausgewählten Dörfern Verkoppelungen durchgeführt. Sie waren mit den Spezialteilungen und der Abfindung der Weiderechte auf allen noch nicht weidefreien Ländereien verbunden. Den Anfang machte Mandelsloh; der Rezeß wurde am 22.9.1841 vollzogen und am 5.1.1842 von der Landdrostei bestätigt. Laut der Verkoppelungskarte fanden die Umlegungen um 1830/33 statt[29].

Alle anderen Verfahren, die nach Erlaß des Verkoppelungsgesetzes durchgeführt wurden, begannen mit einem Ediktaltermin, an dem Betroffene bisher unberücksichtigte Rechte geltend machen konnten, die gegebenenfalls bei der Durchführung zu berücksichtigen waren. Dem war der Antrag der Verkoppelungs- und Spezialteilungsinteressenten zur Eröffnung eines Verfahrens und die Anerkennung der Stattnehmigkeit durch die Aufsichtsbehörde vorangegangen. Rezeßvollzug und Bestätigung beendeten die Maßnahme. Entsprechend dauerten diese Flurbereinigungen in Holtensen[30] von 1848 (Ediktaltermin) bis 1856 (Rezeßvollzug/Bestätigung), in Horst[31] von 1848 bis 1857/59, in Lenthe[32] von 1853 bis 1858 und in Wennigsen[33] von 1859 bis 1865/67. Die Verkoppelungs- und Spezialteilungsobjekte umfaßten die gesamten Feldmarken mit Ausnahme der Dorfgründe; als Flächen von nennenswerten Dimensionen blieben außerdem die arrondierten Großgrundbesitzungen des Wennigser Klosters und der Lenther Güter ausgenommen[34].

Der Ablauf eines Spezialteilungs- und Verkoppelungsverfahrens wurde im jeweiligen Rezeß festgehalten. Darin beschäftigte man sich ebenso eingehend mit der Beschreibung von Größe, Zustand und Güte der herangezogenen Grundflächen wie mit der Bewertung der zu berücksichtigenden Nutzungsrechte und Servitute. Man trug auch alle am Verfahren beteiligten Interessenten ein. Außerdem wurden u.a. die Einteilung der neuen Besitzpar-

---

[28] AfA Linden-Land 86.

[29] AfA Neustadt/R. 48. Der Rezeß ist in Auszügen abgedruckt bzw. paraphrasiert bei Wilhelm Winkel, Chronik von Mandelsloh, Neustadt a. Rbge. o.J. (1970), S. 194-204.

[30] AfA Linden-Land 56.

[31] AfA Neustadt/R. 56.

[32] AfA Linden-Land 87.

[33] AfA Linden-Land 146.

[34] Soweit nicht anders belegt, berufe ich mich im folgenden auf die zitierten Verkoppelungs- und Spezialteilungsrezesse.

zellen (Abfindungen), zukünftige Nutzungsauflagen, Anlage, Unterhalt und Nutzung des neuen Wege- und Grabennetzes, Markierungen der Grenzen sowie Kostenfragen dokumentiert. Zum Anhang zählen sehr umfangreiche Inventarisierungen der neuen Feldmark und die Verkoppelungskarte, deren unschätzbarer Wert darin besteht, daß sie den alten wie den neuen Landschaftszustand wiedergibt[35].

Anhand des umfangreichen statistischen Materiales, das einen besonderen Wert der Rezeßakten ausmacht, kann man ebenfalls auf das Aussehen der Feldmarken vor der Verkoppelung und Spezialteilung schließen[36]. Sowohl absolut als auch in Relation zur Gemarkungsfläche waren die Gemeinheiten in den untersuchten Geestdörfern wesentlich größer als in den Dörfern des Lößgürtels. Erwartungsgemäß unterstützt die lokale Untersuchung somit den allgemeinen Befund. Der Anteil der Angergemeinheiten an der gesamten bzw. der in den Registern der Rezesse erfaßten Gemarkung[37] einschließlich der Dorfgründe betrug etwa in Wennigsen 16,6% von ca. 2.210 Mg. inklusive Klosterland, in Holtensen 22,4% von 2.109 Mg., in Lenthe 32,4% von gut 650 Mg. (ohne die bereits von der Gemeinheitsnutzung abgefundenen adligen Güter und deren Fluranteil), in Horst 34,6% von 2.410 Mg. und in Mandelsloh 40,5% von 4272 Mg.

---

[35] Ausführlich (wenn auch nicht ganz frei von Anfängerfehlern) mit dem Ablauf eines Verfahrens am Beispiel Wennigsen habe ich mich beschäftigt in: Martin Stöber, Modernisierung der Landwirtschaft: die Spezialteilung und Verkoppelung der Feldmark vor Wennigsen 1858. In: Carl-Hans Hauptmeyer (Hrsg.), Wennigsen - Klosterdorf, Gewerbeort, Grundzentrum. Beiträge zur Ortsgeschichte, Wennigsen 1984, S. 90-146. Einen kurzen Überblick bietet: Ders., Verkoppelungskarte und Rezeß als Quellen der Lokalgeschichtsforschung für das 19. Jahrhundert: Das Beispiel Wennigsen am Deister. In: Heimatland 4/1984, S. 114-121.

[36] Beispielsweise spiegeln die Bodenklassifikationen, die vor den Verkoppelungen und Spezialteilungen vorgenommen wurden, auch die alte Aufteilung der Gemarkungen wider. Sie waren unumgänglich, um eine möglichst gerechte Neuverteilung der flurbereinigten Flächen gemäß Größe und Wert (Güte) durchführen zu können. In die Bodenklassifikationen floß dabei u.a. die alte Form der Inwertsetzung (als Ackerboden, Gemeinheiten und Anger, Wiesen, Garten, Holzung u.s.w.) zur Bestimmung des Wertes einer Grundfläche ein. Vgl. hierzu ausführlicher die zugrundeliegende Examensarbeit oder meine beiden Publikationen: Stöber (wie Anm. 35).

[37] Mit Ausnahme von Holtensen werden in keiner der Zahlen Forstflächen berücksichtigt, denn die Forsten blieben sonst ungeteilt. Der örtliche Grundbesitz des Wennigser Klosters und der Lenther Güter konnte durch die Grundsteuermutterrollen ermittelt und nötigenfalls mit einbezogen werden; vgl. NHStA Hannover Hann. 74 Wennigsen Nr. 155/7 bzw. NHStA Hann. 74 Linden Nr. 212/14.

Die Differenzen hinsichtlich der rezeßmäßig erfaßten Ackerfläche pro Einwohner[38] waren weniger signifikant. An der Spitze lag Mandelsloh mit 3,26 Mg., gefolgt von Horst (ca. 2,77 Mg.), Lenthe (etwa 2,55 Mg.) und Holtensen (2,22 Mg.). Ihre kleineren Feldmarken und die größere Einwohnerzahl glichen die Bördedörfer durch einen höheren Ackeranteil am Kulturland und die besseren Böden aus. Der stark abweichende Wert für Wennigsen (0,57 Mg. ohne Klosterland) weist eindeutig darauf hin, daß der Ort kein landwirtschaftlich geprägtes "Bauerndorf" war.

Das in der Calenberger Börde allgemein ungünstige Verhältnis der mittelbar düngersichernden Wiesen zu den Ackerflächen bedauerte bereits der zeitgenössische Fachmann Gustav von Gülich: Oft verhalte es sich nur wie eins zu zehn oder gar eins zu 20 und verhindere bessere Ernteerträge auf den Äckern, zumal trotz des guten Bodens die Wiesen aufgrund der Vernachlässigung und der sehr lästigen Behütung für gewöhnlich einen geringen Ertrag liefern[39]. Im Vergleich mit diesen Werten standen vornehmlich Wennigsen (1 : 6) und Lenthe (1 : 7,6) noch recht gut da; in Holtensen (1 : 13,3) dürfte die Winterfutterversorgung schon schwieriger gewesen sein. In den Geestgemeinden war das Verhältnis mit 1 : 4,2 in Mandelsloh und ca. 1 : 1,9 in Horst wesentlich günstiger, doch benötigten die mageren Heideböden auch mehr Dünger.

Die Gemeinheit Brelingens wurde in zwei voneinander unabhängigen Verfahren, die 1845 bzw. 1854 vollzogen wurden, spezialgeteilt[40]. Insgesamt ging es dabei um fast 3.974 Mg. verschieden klassifizierter Böden, von denen allein gut 3.322 Mg. in die erste Maßnahme eingingen. Die große Allmende weist das Dorf als eine Geestsiedlung aus, die dem von Helmut Jäger skizzierten, generalisierten Typ[41] viel näher kommt als Mandelsloh oder Horst. Wie die Brelinger Flurkarte zeigt, waren die Besitzparzellen schon vor der Agrarreformphase über Wege oder triftartige Allmendstreifen zu erreichen. Im Rahmen des ersten Teilungsverfahrens von 1845 wurde nicht nur die Beweidung der Felder und Privatwiesen beendet, sondern auch eine Reihe von Parzellen zusammengelegt. Über die Bedeutung dieser Maßnahme kann nach meiner Quellenkenntnis wenig gesagt werden, eine umfassende Verkoppelung fand jedenfalls nicht statt. Diese Zusammenvertauschung ging auf die Initiative von betroffenen Grundbesitzern zurück und er-

---

[38] Zugrunde gelegt wurden die Einwohnerzahlen von 1848; vgl. Uelschen (wie Anm. 3).

[39] Gustav von Gülich, Ueber die Verhältnisse der Bauern im Fürstenthume Calenberg, Hannover 1831, S. 2f.

[40] AfA Burgdorf 79 und 132.

[41] Jäger (wie Anm. 17), S. 139.

faßte mindestens 430 Mg. Land zahlreicher Interessenten. Insbesondere wurden Grundstücke der Bissendorfer Kirche arrondiert.

Indes bedeutete die Abkehr von zwangsgenossenschaftlichen Nutzungsformen keinen Verlust der Einsicht, daß bestimmte Grundflächen und Einrichtungen im gemeinschaftlichen Eigentum zu bleiben hatten. Dies betraf Wege und Gräben, viele Forsten sowie z.b. Sand-, Mergel- und Lehmgruben, Flachsrottekuhlen, Viehtränken, Reserveflächen usw. Von staatlicher Seite wurde der Einsichtsfähigkeit der Untertanen bisweilen nachgeholfen. In Brelingen genehmigte man die Spezialteilung eines Waldstückes innerhalb des Dorfes nur bei Anpflanzung eines neuen, beträchtlich größeren Forstes als Ausgleichsfläche[42].

Leider erlauben die Verkoppelungsrezesse nur für Holtensen und Lenthe einen Vergleich der alten mit den neuen Betriebsgrößen nach Durchführung der Reformen. Für die einzelnen Höfeklassen ergab sich folgendes Bild:

---

[42] Vgl. zu dieser Auflage AfA Burgdorf 79 (hier speziell § 6). Die Brelinger hielten sich daran; siehe das Register von AfA Burgdorf 132.

Tabelle 1: Veränderung der durchschnittlichen Betriebsgrößen infolge der Spezialteilung und Verkoppelung

(Quellen: AfA Linden-Land 56 und 87)

Hofklasse (Anzahl)	Flächengröße (Mg.) vor der Flurbereinigung	Flächengröße (Mg.) nach der Flurbereinigung	Flächenzuwachs (in %)
HOLTENSEN			
Vollmeier (5)	111,86	134,27	20
Halbmeier (3)	50,90	66,69	31
Kötner (24)	19,50	26,28	35
Halbkötner (3)	9,00	14,10	57
Beibauern (14)	4,73	8,50	80
Anbauern (9)	0,35	0,40	---
LENTHE			
Vollmeier (1)	89,58	116,89	30
Halbmeier (2)	78,78	96,97	23
Viertelmeier (1)	30,75	41,20	34
Kötner (13)	2,21	6,71	204
Beibauern (3)	0,79	3,52	342
Anbauern (1)	0,40	0,42	---

Die Tabelle beweist, daß der relative Flächengewinn der kleineren Stellen beträchtlich war. Doch in absoluten Zahlen erhielten die Angehörigen der "großen" Höfeklassen mit ihren umfangreicheren Gemeinheitsberechtigungen viel mehr Land aus der Teilungs- und Verkoppelungsmasse. Diese relative Bevorzugung der Kleinstellen lag selbstverständlich an den niedrigen Ausgangswerten, aber auch an bestimmten Verfahrensgrundsätzen. Die Abfindungen aus der Spezialteilungsmasse wurden nicht allein nach dem gemeinheitsberechtigten Grundbesitz, sondern auch nach einem festgelegten Anteilschlüssel und dem für alle Reihestellen identischen Haushaltsbedürfnis vergeben. Das wirkte sich günstig für Kleinstellen aus. Doch dürfen diese

Zuwachsraten nicht darüber hinwegtäuschen, daß landarme Reiheleute durch ihre in absoluten Größen nur kleinen Abfindungen nicht in die Lage versetzt wurden, einen bäuerlichen Betrieb aufzubauen. Statt dessen dürfte der Verlust der Allmendeweide ihre bescheidene Viehhaltung gefährdet haben. Noch geringer fiel der Zuwachs bei der de jure nicht mehr gemeindeberechtigten Nachsiedlerschicht der Anbauern aus. Es ist davon auszugehen, daß vor wie nach der Spezialteilung und Verkoppelung in beiden Dörfern nur die verschiedenen Meierstellen und einzelne Holtenser Kothöfe "echte" Bauern- oder Haupterwerbshöfe waren.

Einige vergleichbare Zahlen über die Brelinger Spezialteilungen belegen, daß die Abfindungen der dortigen Geestbauern etwa zehnmal größer waren, was aufgrund der naturräumlichen Bedingungen (Boden- und Ackerzahlen um 30 Punkte[43]) und der entsprechenden Allmendflächen jedoch nicht überraschend ist.

Ein detaillierte Analyse der Daten aus allen untersuchten Dörfern[44] ergibt einen signifikanten Erhalt der alten, frühneuzeitlichen Größenstruktur und Höfeklassen-Hierarchie durch die Flurbereinigung auf "erhöhtem Niveau". Das war ein Ziel der hannoverschen Agrarreformen. Zugleich erweist die Untersuchung u.a., daß Holtensen, Horst und Mandelsloh über dem See "Bauerndörfer" mit relativ vielen großbäuerlichen[45], zahlreichen mittelbäuerlichen Stellen und vergleichsweise wenig unterbäuerlichen Grundbesitzern waren. Im Gegensatz dazu fällt z.B. eine breite unterbäuerliche, aber grundbesitzende Schicht in Wennigsen und Mandelsloh in der Wiek auf. Gut bzw. Kloster, in Wennigsen auch der Steinkohlenbergbau, ließen die Orte zu kleinen Zentren werden und schufen ein Auskommen für Gewerbetreibende und andere Arbeitskräfte. Dagegen war neben den Großgrundbesitzern keine großbäuerliche Schicht entstanden.

Es blieb in allen Dörfern das "Schicksal" einer Minderheit, auf einem Vollerwerbshof zu leben oder gar ihn zu besitzen. Zwar lebte noch in der Mitte

---

[43] Bundesanstalt für Landeskunde und Raumforschung (Hrsg.), Bodengütekarte 1:1.000.000 für die Bundesrepublik Deutschland, Bonn-Bad Godesberg 1958.

[44] Von dieser Analyse können hier nur Ergebnisse mitgeteilt werden. Allein die Zahlen in Tabelle 1 und erst recht die ihnen zugrundeliegenden Rezeßangaben lassen selbstverständlich eine viel tiefergehende, vergleichende Analyse der Betriebsgrößenstrukturen zu und deuten beispielhaft die Möglichkeiten an, die eine statistische Auswertung der Daten aus den einschlägigen Rezessen eröffnen kann. Hierzu weiteres in der zugrundeliegenden Examensarbeit.

[45] Klassifizierung nach Friedrich-Wilhelm Henning, Landwirtschaft und ländliche Gesellschaft in Deutschland 2, Paderborn, München, Wien, Zürich 1978, S. 149 f.

des 19. Jahrhunderts die überwiegende Mehrheit der Menschen auf dem Land, doch "richtige" Bauern waren nur die wenigsten.

Eindeutig ist zudem, daß die individuelle Geschichte einer Siedlung, ihre naturräumliche Ausstattung, die Größe von Flur und Gemeinheit, die grundherrschaftlichen Verhältnisse und die Zahl der Hofstellen die durchschnittliche und typische Ausstattung der einzelnen Höfeklassen mit Land beeinflußten.

Eine unmittelbare Folge der Verkoppelungen und Spezialteilungen war der Flurwandel, der durch die zu den Verfahren erstellten Karten hervorragend dokumentiert ist[46]. Im Rahmen der Flurbereinigungen wurden die langstreifigen Parzellen und die Gemeinheitsflächen durch eine wegebaulich gut erschlossene und durch Gräben drainierte Flur aus Blöcken und breitstreifigen Parzellen ersetzt, in der jeder Landwirt individuell und unbelastet von Servituten wirtschaften konnte. In Abhängigkeit von der dörflichen Besitzstruktur konnte, wie in einem Fall in Horst, ein Vollmeier eine Parzelle von über 210 Mg. erhalten. Im dicht besiedelten Wennigsen war schon ein 26 Mg.-Grundstück eine Ausnahme. Die deutliche Verringerung der Parzellenzahl verkürzte das innerbetriebliche Wegenetz.

Die Neueinteilung der Horster Gemarkung führte zwar zu einem viel regelmäßigeren Flurbild, orientierte sich aber doch noch an wichtigen bodengeographischen Gegebenheiten. Feuchte Areale blieben in der Regel Grünland, das Moor unverkoppelt. Wegen der homogeneren Bodenverhältnisse mußte bei der neuen, "auf dem Reißbrett" geplanten Lenther Flur weniger Rücksicht genommen werden. Genau am Rand der stärker vernäßten, nach heutiger Definition durch Pseudogleyböden gekennzeichnete Niederung nördlich des Dorfes endete früher die Ackerflur. Im Nassen lagen Wiesen und Allmendweiden. Nach der Spezialteilung und Verkoppelung war die scharfe Trennlinie im Gemarkungsbild verschwunden, die neuen Parzellen orientierten sich nicht mehr an dieser Grenze der Bodenbeschaffenheit. Das ist ein deutliches, auch in den anderen untersuchten Dörfern feststellbares Indiz, daß sich die Landwirtschaft in den altbesiedelten Räumen durch Meliorationen, Drainagen usw. von bestimmten natürlichen Abhängigkeiten löste und "modern" wurde. Durch den früher notwendigen Erhalt der Gemeinheitsflächen und die Einbindung in die starre Flurverfassung war es den Menschen zwangsweise leicht gefallen, bestimmte naturräumliche Vorgaben zu respektieren, selbst wenn aus dem Neusiedelland wie den Marschen oder

---

[46] Die Teilungs- und Verkoppelungskarten sind im Amt für Agrarstruktur Hannover unter denselben Signaturen wie die jeweiligen Rezesse archiviert; siehe bei den entsprechenden Anm. weiter oben.

später den Moorkolonien schon stärkere Eingriffsmöglichkeiten der Landwirtschaft in den Naturhaushalt bekannt waren.

Aus der Sicht des "modernen" Landwirts muß die Lenther Flurbereinigung als gelungen bezeichnet werden. Es konnte ein gleichmäßig guter Boden an große und kleine Landbesitzer abgegeben werden. Der Verkoppelungsquotient liegt bei etwa 1 : 3, die durchschnittliche Größe der Parzellen stieg ungefähr von zwei auf acht Mg. Die entsprechenden Zahlen für Horst werden u.a. durch die größeren Gemeinheitsflächen, die in die Teilung eingingen, negativ beeinflußt. Sie liegen daher nur bei 1 : 1,4 bzw. bei einer Steigerung von 3 1/2 auf sieben Mg. Allerdings gab es andernorts Verfahren mit einem eindrucksvolleren Verkoppelungsquotienten[47].

In Horst trennten sich noch vor Abschluß der Flurbereinigung zwei auswärtige Eigentümer von ca. 88 Mg. bzw. 24 Mg. Land; außerdem wurde eine Kleinkötnerstelle veräußert. Diesen Grund und Boden erwarben zwei einheimische Campenkötner und ein Horster Brinksitzer. Weiterhin sind eine Reihe kleinerer Besitzwechsel belegt, bei denen sich die Gemeinde als Verkäuferin hervortat[48]. In den folgenden eineinhalb Jahrzehnten bis in die Mitte der siebziger Jahre gaben die Mehrzahl der außerhalb von Horst lebenden Grundeigentümer ihren hiesigen Grundbesitz auf. Etwa die Hälfte aller Horster Grundbesitzer beteiligte sich bis 1870 an meist kleineren Grundstücksgeschäften; außerdem entstanden 1864 drei Anbauernstellen[49]. Ähnliche Verhältnisse herrschten auf dem Mandelsloher Grundstücksmarkt bis 1874; auswärtige Interessenten trennten sich von ihrem Land, und zahlreiche kleinere Immobiliengeschäfte liefen ab, wodurch eine Reihe von Häuslingen zu Grundeigentum kam. Vereinzelt kauften sich Auswärtige ein[50]. Auch Holtensen[51] bestätigt diesen Befund, während der Grundstücksmarkt in Lenthe[52] - sieht man vom Ankauf zweier Meierstellen durch

---

[47] Vgl. z.B. Schneider, Seedorf (wie Anm. 9), S. 92-97.

[48] AfA Neustadt/R. 56.

[49] Gemäß Grundsteuermutterrolle (NHStA Hann. 74 Neustadt/R. Nr. 5104) und im Vergleich mit den Registern der Rezeßakten.

[50] Gemäß Grundsteuermutterrolle (NHStA Hann. 74 Neustadt/R. Nr. 5114) und im Vergleich mit den Registern der Rezeßakten.

[51] Gemäß Grundsteuermutterrolle (NHStA Hann. 74 Wennigsen Nr. 154/5) und im Vergleich mit den Registern der Rezeßakten.

[52] Gemäß Grundsteuermutterrolle (NHStA Hann. 74 Linden Nr. 212/14) und im Vergleich mit den Registern der Rezeßakten.

das Obergut ab - und in Wennigsen[53] ruhig blieb. Nach den Verkoppelungen und Spezialteilungen kam es folglich zu einer Mobilisierung des Bodens, an der Auswärtige durch die Verkäufe von Land, das ihnen überwiegend durch die Spezialteilung zugefallen sein dürfte, stark beteiligt waren. Landwirtschaftliche Nutzflächen, die vor Durchführung der Agrarreformen besitzrechtlich oder aufgrund der Flurverfassung gebunden waren, wurden nunmehr kapitalisiert.

Die Einwohnerzählungen[54] zeigen, daß nach dem Ende der Flurbereinigungszeit das Bevölkerungswachstum in fünf der untersuchten Dörfer mehr oder weniger deutlich abebbte. Da zur gleichen Zeit im Landdrosteibezirk Hannover ein Geburtenüberschuß existierte[55], müssen Wanderungsbewegungen für diesen Effekt verantwortlich gewesen sein. Bei der wissenschaftlichen Beurteilung der hannoverschen Agrarreformen wird vor allem kritisch auf die wirtschaftlichen Einbußen hingewiesen, die die unterbäuerliche Schicht durch die Aufgabe der Allmenden erlitt[56]. Ob aus diesem Grund einzelne Einwohner die untersuchten Dörfer verlassen haben, um sich neue Erwerbsquellen zu suchen, sollte bedacht werden.

Den mit Abstand größten Bevölkerungszuwachs, der sich auch nach der Verkoppelung und Spezialteilung auf vergleichsweise hohem Niveau hielt, erlebte Wennigsen seit der Jahrhundertmitte. Er war untrennbar mit der günstigen gewerblichen Entwicklung des Ortes verbunden, der als Klosterdorf, Forstverwaltungs-, Gerichts- und zeitweiliger Amtssitz seit längerem zentrale Funktionen für das dicht bevölkerte Umland übernommen hatte. Auch die Existenz einer Apotheke oder eines Buchbinders am Ort belegen dies. Besondere Impulse gingen von dem Wennigser Steinkohlenbergbau aus, der zeitweilig über 150 Männer unter Tage beschäftigte. Die Entwick-

---

[53] Gemäß Grundsteuermutterrolle (NHStA Hann. 74 Wennigsen Nr. 155/7) und im Vergleich mit den Registern der Rezeßakten. Allerdings ist aufgrund der späten Durchführung der Wennigser Flurbereinigung der Untersuchungszeitraum sehr kurz.

[54] Hierzu Uelschen (wie Anm. 3) und NHStA Hann. 74 Wennigsen Nr. 5, 9, 13, 17, Linden Nr. 63, Neustadt/R. Nr. 697, 702, 705, 707, 710, 711, Burgwedel Nr. 15, 25, 32, 34, 38 und 42.

[55] Hans Linde, Das Königreich Hannover an der Schwelle des Industriezeitalters. In: Neues Archiv für Niedersachsen 5, 1951/1952, S. 426 (Tabelle 3a in Beziehung mit Tabelle 3b).

[56] Zu diesem Aspekt u.a. Schneider, Seedorf (wie Anm. 9), z.B. S. 10 f. Vgl. auch Christof Dipper, Die Bauernbefreiung in Deutschland 1790-1850, Stuttgart, Berlin, Köln, Mainz 1980, S. 76; siehe hierzu weiter unten bei Anm. 62.

lung gewann genügend Dynamik, um auch das Ende des Bergbaus am Deister zu überstehen[57].

Die Landwirtschaft spielte in Wennigsen keine dominierende Rolle. Eine entsprechende Untersuchung der gewerblichen Entwicklung der anderen Dörfer brachte dagegen etwas deutlichere Hinweise auf Einflüsse der Agrarreformen[58]. Als Basis für die langsame gewerbliche Durchdringung von Holtensen, Lenthe, Brelingen, Horst und auch von Mandelsloh (das außerdem im geringen Maß zentrale Funktion für das dünn besiedelte Umland übernahm) im letzten Drittel des 19. Jahrhunderts kann in erster Linie nur die Landwirtschaft mit einer verbesserten Ertragslage verantwortlich gemacht werden. Tatsächlich steigerten sich die landwirtschaftliche Produktion und Produktivität allgemein, woran die günstigen betriebswirtschaftlichen Wirkungen der gesamten Agrarreformen großen Anteil hatten[59]. So bleibt mindestens ein begründeter Verdacht, daß Gemeinheitsteilungen und Verkoppelungen (und die Bauernbefreiung) der Gewerbeentwicklung in den genannten Gemeinden den Boden bereiteten.

Mit den Spezialteilungen und Verkoppelungen der eigenen Feldmarken waren die Flurbereinigungsmaßnahmen der Agrarreformepoche, von unbedeutenden Ausnahmen[60] abgesehen, in Brelingen, Mandelsloh, Horst, Lenthe, Holtensen und Wennigsen abgeschlossen. Doch wie sind die Folgen der Spezialteilungen und Verkoppelungen in den sechs Dörfern überregional einzuordnen? Was bei den Falluntersuchungen angeklungen ist, wird der Schlußabschnitt erhärten: Viele der "im kleinen" nachgewiesenen Auswirkungen werden auch bei der differenzierten Bewertung der gesamten Reformepoche im Königreich ins Kalkül gezogen.

Urteile und Blickwinkel

Die hannoverschen Agrarreformen fanden ein geteiltes Urteil. Unbestritten gelang es, einen leistungsfähigen bäuerlichen Mittelstand zu schaffen, wie es

---

[57] Zur Wennigser Geschichte Hauptmeyer (wie Anm. 35). Vgl. zur Quellenbasis auch die folgende Anm. 58.

[58] Der Untersuchung, von der hier nur Ergebnisse mitgeteilt werden können, liegen zahlreiche Volkszählungslisten und Klassensteuermutterrollen aller sechs Dörfer zugrunde: NHStA Hann. 74 Burgwedel Nr. 32, 42, Neustadt/R. Nr. 705, 706, 5176, 5179, Wennigsen Nr. 13, 161, 164, 165, Linden Nr. 63 und 219/5.

[59] Vgl. z.B. Schneider, Seedorf (wie Anm. 9), S. 102 ff.

[60] Vgl. zu diesen Verfahren AfA Neustadt/R. 57, 84, 105, 147, Burgdorf 249, Linden-Land 128, 181. Einige dieser Akten wurden jedoch bereits kassiert, sind aber noch durch das Findbuch belegt.

J.C.B. Stüve nach den schlechten Erfahrungen in Preußen gewollt hatte[61].
Andererseits wird gerade in jüngeren Forschungen die Ansicht vertreten, daß
dafür den Mitgliedern der unterbäuerlichen Schicht die sozialen Kosten auf-
erlegt wurden, deren wachsendes Elend erst weit nach der Jahrhundert-
wende durch Überwechseln in die Industrie oder durch Auswanderung gemildert wurde[62]. Es gilt also, sich vor Pauschalurteilen zu hüten und zu dif-
ferenzieren. Karl Heinz Schneider und Hans Heinrich Seedorf gelingt dies
beispielhaft anhand des Ordnungsbegriffes "Bauernbefreiung", den sie auf
die Gemeinheitsteilungen und Verkoppelungen ausdehnen. Er habe, ähnlich
wie im östlichen Preußen, wo die Bauernbefreiung zugleich zahllose, vom
Grundbesitz "befreite" Landarbeiter hinterließ, auch in Nordwestdeutschland
einen doppelten oder gar Hinter-Sinn. Nicht nur die Befreiung des Bauern
aus seinen grundherrschaftlichen und gemeindlichen Bindungen, der post-
wendend neue Abhängigkeiten vom Staat, von den Preisen und der Kredit-
anstalt folgten, müsse darunter verstanden werden, sondern auch die
"Befreiung" der kleinen Leute von der Nutzung der Gemeinen Marken als
einem Teil dessen, was bisher ihren Lebensunterhalt gesichert hatte. Indes:
Die Gemeinheitsteilungen und Verkoppelungen waren nicht die alleinige
Ursache der schlechten wirtschaftlichen Situation der landarmen und landlo-
sen Dorfbevölkerung, die z.B. schon unter dem Niedergang von Heimwebe-
rei und -spinnerei litt. Außerdem boten sie regional Verdienstmöglichkeiten
durch die Kultivierungsarbeiten oder die Chance, Land zu pachten. Aus-
oder Abwanderungen nach Übersee bzw. in die wachsenden Industriezen-
tren blieben nicht die einzigen Ventile zur Minderung dieses Bevölkerungs-
drucks; und schon wenige Jahrzehnte später sorgte der Arbeitskräftebedarf
in der Industrie dafür, daß es auf dem platten Land zu Arbeitskräftemangel
kommen konnte[63].

Mit solch differenzierten Wertungen vertraut, fällt es leichter, die eingangs
gestellte Frage zu beantworten. Selbstverständlich muß hier kein Widerspruch geklärt werden. Die beiden Gutachter beurteilten die Spezialteilung
und Verkoppelung als Landwirte und waren insofern zu recht begeistert.
Kaum zwei Jahre zuvor hatte den ärmeren Kreisen in der Stadt Elze wegen
der Agrarpreisentwicklung noch Hunger gedroht[64]. Jede Maßnahme, die

---

[61] Dipper (wie Anm. 56), S. 76.

[62] Ebd. Allerdings muß es in dem Zitat zweifellos "Jahrhundertmitte" und nicht Jahrhun-
dertwende heißen.

[63] Vgl. Schneider, Seedorf (wie Anm. 9) S. 10 f, 116 f (hier zu Vielschichtigkeit und
Hinter-Sinn des Begriffes Bauernbefreiung) und S. 104-111 (mit einem kompakten
Überblick über die sozialen Folgen der Reformen).

[64] Vgl. u.a. SAE VII D 4 oder SAE XIII 3.

eine Steigerung der Erträge versprach, gewann vor diesem Hintergrund ein ganz anderes Gewicht - und die Gemeinheitsteilungen und Verkoppelungen hielten dieses Versprechen. So wurden z.B. zahllose Grenzfurchen und Feldraine durch die Verkoppelungen beseitigt, späträumende Hackfrüchte (insbesondere Kartoffeln, Rüben) oder Futterpflanzen konnten in individuell festgelegte Fruchtfolgen eingefügt werden, und die Gründüngung der Felder wurde ermöglicht, seit es keine genossenschaftlichen Bewirtschaftungsauflagen für die Fluren mehr gab. Die spezialgeteilten Gemeinheiten erweiterten die agrarisch intensiv nutzbaren Flächen, und Sommerstallfütterungen verbesserten die Düngerversorgung. Als Folgen lassen sich sowohl erhöhte Erträge bei den pflanzlichen und tierischen Produkten als auch ein vermehrter Viehstapel feststellen[65]. Allerdings übertraf die Anwendung des neu entwikkelten Mineraldüngers seit dem ausgehenden 19. Jahrhundert die positiven wirtschaftlichen Wirkungen der Agrarreformen bei weitem. Doch hatte die reformierte, von alten Zwängen befreite Landwirtschaft dem so erfolgreichen Einsatz der neuen Düngemittel gleichsam den Boden bereitet.

Den Haupt- und Vollerwerbslandwirten eröffneten sich große wirtschaftliche Chancen, sofern es ihnen gelang, sich ungeschützt auf einem den Konjunkturschwankungen ausgesetzten Markt zu behaupten und die finanziellen Möglichkeiten und Belastungen (man denke nur an die Ablösungsschulden) richtig zu kalkulieren. Andernfalls drohte der Konkurs. Die Preise wurden zur Grundlage ihrer unternehmerischen Planungen, und der Absatz der Agrarprodukte brachte Geld auf die Höfe und damit in die Dörfer, wovon auch das örtliche Gewerbe profitierte. Die Markt- und Geldwirtschaft und die Kapitalisierung erfaßten auch das platte Land[66].

Zu Hermann Löns' Zeiten war die Landwirtschaft, nicht zuletzt durch den Konkurrenzkampf um Märkte und Arbeitskräfte, sehr effektiv geworden. Den Naturschützer interessierte daher ein anderer Aspekt der Flurbereinigungen. Man hatte die Verfahren so gründlich und erfolgreich durchgeführt, daß alle ökologischen Nischen, die die alten Fluren und Allmenden geboten hatten, zerstört worden waren. Was an Feldgehölzen, Sträuchern, extensiv genutzten Triften und Gemeinheiten, an Heideflächen, naturnahen Bachläufen, kleinen Feuchtgebieten oder sogenanntem "Öd-" und "Unland" nicht den Gemeinheitsteilungen, Verkoppelungen oder den anschließenden Aufforstungen in der Geest zum Opfer fiel, stand durch die Mechanisierung der

---

[65] Vgl. generell zu Produktionszahlen und Erträgen Wächter (wie Anm. 17).

[66] Vgl. zu den wirtschaftlichen Folgen Schneider, Seedorf (wie Anm. 9), S. 102-104; weiterhin sei auch zu den Wirkungen der Agrarreformen auf die schon in Anm. 17 genannte Literatur verwiesen.

Landwirtschaft später vielerorts einer "maschinengerechten" Flur im Wege[67]. Nach Löns' Meinung war zu weit gegangen worden; und auch er hat,
wie wir heute sehen, recht gehabt.

---

[67] Mit dem Hinweis auf das vielfältige Bild der frühneuzeitlichen Agrarlandschaft soll
aber keinesfalls einer grundsätzlichen Verklärung der ökologischen Zustände der "guten"
alten Zeit das Wort geredet werden.

Elke Meyer

Stadtbürger als Untertanen
Die Verfassungsänderungen in den Calenberger Landstädten während
des 18. Jahrhunderts

An der Wende vom 17. zum 18. Jahrhundert litten die Städte im Fürstentum Calenberg (Unterwald)[1], besonders die kleinen, immer noch unter der Schuldenlast des Dreißigjährigen Krieges. Die Bevölkerung war stark zurückgegangen, die Wirtschaft stagnierte. Der allgemeine Niedergang der Städte veranlaßte Herzog Ernst August (1679-1698) einzugreifen und sie einer strengen Staatsaufsicht zu unterstellen. Kurfürst Georg Ludwig (1698-1727) setzte die Städtereform seines Vaters fort, indem er - häufig aufgrund von Klagen aus der Bürgerschaft - zunächst eine systematische Untersuchung der Stadtverwaltungen anordnete.

Die Untersuchungskommissionen setzten sich aus benachbarten Amtleuten und Delegierten, meistens Kanzleiräte aus Hannover, zusammen. Sie stellten allerorts die gleichen Mängel fest: Unordnung in der Amtsführung, überhohe Verschuldung, Vetternwirtschaft im Rat, unangemessene Vergünstigungen für die Bürgermeister, unmäßige Zechereien und Schmausereien auf den Rathäusern. Der jährliche Wechsel der Magistrate bzw. Räte wurde als Hauptursache für die Mißstände der Stadtwirtschaft und der politischen Zustände der Städte betrachtet. Die überall festgestellte Unordnung veranlaßte den Landesherrn zum Einschreiten. Georg Ludwig erließ neue Reglements, um die alten Stadtverfassungen zu straffen und zu vereinheitlichen, den Schlendrian in den Verwaltungen zu beheben und vor allen Dingen die Staatsaufsicht zu stärken[2]. Doch blieben nach Durchführung der Reformen etliche innerstädtische Streitpunkte bestehen. Viele Bereiche waren noch nicht eindeutig geregelt und Elemente eines alten städtischen Rechtswesens

---

[1] Das Fürstentum Calenberg - benannt nach einer Festung östlich der Leine bei Schulenburg - war ein (Teil-) Fürstentum des 1235 entstandenen Herzogtums Braunschweig-Lüneburg. Seit dem 15. Jahrhundert bestand das Fürstentum Calenberg aus zwei Landesteilen, welche räumlich durch Ith und Hils getrennt waren. Zur Unterscheidung nannte man das nördliche Gebiet mit dem Zentrum Hannover "Unterwald" und den südlichen Teil mit dem Mittelpunkt Göttingen "Oberwald". - Edgar Kalthoff, Alheidis von Rohr, Calenberg. Von der Burg zum Fürstentum. Herrschaft und Kultur in Zentralniedersachsen zwischen 1300 und 1700. Beiträge zur Ausstellung, Hannover [2]1983, S. 7 f.

[2] Georg Schnath, Geschichte Hannovers im Zeitalter der neunten Kur und der englischen Sukzession 1674-1714. 3 Bde. (= Veröffentlichungen der Historischen Kommission für Niedersachsen und Bremen 18), Hildesheim 1939-1978, Bd. 3, S. 262f.- Vgl. NHStA Hannover Hann. 93 44 Bodenwerder Nr. 1, Hann 74 Neustadt Nr. 873, Hann. 74 Springe Nr. 120, Hann. 80 Hann. I Cb Nr. 1.

lebten fort, die noch nicht durch ein verbindliches Gesetzeswerk abgelöst
worden waren.

Im folgenden werden einige Leitlinien der Rechts- und Verfassungsentwick-
lung der kleinen Städte im Fürstentum Calenberg (Unterwald) im 18. Jahrhundert herausgearbeitet. Zu den kleinen Städten gehörten Bodenwerder,
Eldagsen, Münder, Neustadt/R., Pattensen, Rehburg, Springe und Wunstorf[3]. Ferner wird der Frage nachgegangen, wie sich die verstärkte Einflußnahme des Landesherrn auf die Städte auswirkte, ob es darüber zu Auseinandersetzungen zwischen Städten und landesherrlicher Obrigkeit kam. Es
blieb mir neben der allgemeinen Literatur nur der Rückgriff auf das mittler-
weile in vielen Teilen überholte Niedersächsische Städtebuch von Keyser
von 1952[4], auf Kreisbeschreibungen und Stadtchroniken. Für Eldagsen und
Rehburg sind keine nennenswerten stadtgeschichtlichen Arbeiten vorhanden.
Die stark heimatgeschichtlich ausgerichteten Monographien zu Bodenwerder, Münder, Neustadt/R. und Springe waren nur ansatzweise brauchbar[5].
Eine Ausnahme bildete die Arbeit von Simon[6] über Wunstorf und die neueste Untersuchung von Steigerwald[7] über Pattensen. Grundlage meiner Arbeit waren daher fast ausschließlich Akten aus dem Niedersächsischen
Hauptstaatsarchiv Hannover.

Stadtrechte, Gerichtsbarkeit und Verwaltung der kleinen Städte

"Recht" und "Verfassung" werden heute als Kategorialbegriffe verwendet.
Der Begriff "Verfassung" ist ein moderner Begriff. Er ist erst um 1800 entstanden, als man begann, die allgemeine Rechtsgeschichte von der speziel-

---

[3] Bereits in zeitgenössischen Darstellungen wurden sie als "kleine Städte" eingestuft, ihre
Einwohnerzahl ging nur bis 2000. - Christoph Barthold Scharf, Der Politische Staat des
Churfürstenthum Braunschweig-Lüneburg, Lauenburg 1777, passim.

[4] Erich Keyser (Hrsg.), Niedersächsisches Städtebuch (= Deutsches Städtebuch. Handbuch Städtischer Geschichte. III,1), Stuttgart 1952.

[5] Engelbert Sägelken, Bad Rehburg, Kloster Loccum in ihrer Vergangenheit und Ge-
genwart, Bremen 1862. - Karl Rose, Chronik der "Münchhausenstadt" Bodenwerder,
Stadtoldendorf 1937. - Karl Piepho, Geschichte der Stadt Bad Münder, Bad Münder
1960. - Wilhelm Winkel, Geschichte der Stadt Neustadt a Rbge., Neustadt a.R. 1966. -
Wilhelm Hartmann, Geschichte der Stadt Springe am Deister, Springe 1954.

[6] Helga Simon, Wunstorf. Rechts- und Herrschaftsverhältnisse von den Anfängen bis ins
18. Jahrhundert (= Veröffentlichungen des Heimatvereins und der Stadt Wunstorf 4),
Diss. Hamburg 1970.

[7] Eckard Steigerwald, Pattensen. Zur Geschichte und Entwicklung der Dörfer (bis Ende
des 16. Jahrhunderts), Pattensen 1992.

len Verfassungsgeschichte zu trennen[8]. Im Mittelalter und noch in der frühen Neuzeit hatten Stadtverfassung und Stadtrecht noch keine deutlichen Konturen, die Übergänge zwischen Recht und Verfassung waren fließend[9]. Bezogen auf die Stadt gehörten zur Verfassung die Form der Stadtregierung, die Wahl des Rates, seine Kompetenzen, Möglichkeiten des Einflusses der Bürgerschaft, die Gerichtsverfassung[10]. Der Inhalt der Verfassung bestimmte den Grad der Selbstverwaltungsrechte einer Stadt. Die kleinen unbedeutenden Städte standen unter landesherrlicher Aufsicht, ihre Selbstverwaltungs- und Gerichtsrechte waren gering. Die Gerichtsbarkeit dieser Städte beschränkte sich in der Regel auf die niedere Gerichtsbarkeit, sie wurde vom Landesherrn verliehen und vom Vogt oder Schultheiß als Beamte im Namen des Landesherrn ausgeübt. Der Stadtgerichtsbezirk umfaßte nur das Gebiet im Innern der Stadtmauern. Innerhalb der niederen Gerichtsbarkeit durfte über alle bürgerlichen Sachen und geringe Verbrechen erkannt und geurteilt werden. Die Strafe war die Züchtigungsstrafe. Die Hochgerichtsbarkeit mit dem Recht der Blutstrafe blieb in der Hand des Landesherrn. Zusätzlich besaßen die Städte die sogenannte freiwillige Gerichtsbarkeit. Sie durften Schuld-, Grundstücks- und Erbgeschäfte beurkunden[11].

Stadtrechtsverleihungen sind nur für Bodenwerder, Wunstorf, Münder und Rehburg eindeutig nachgewiesen. Für Bodenwerder und Wunstorf kann eine Stadtrechtsverleihung im 13. Jahrhundert belegt werden. Münder bekam 1338 seine Stadtrechte bestätigt und Rehburg wurde erst 1648 mit Stadtrechten versehen. Für die übrigen Siedlungen ist es schwer nachzuweisen, wann sie zwischen einer ersten Marktrechtsverleihung oder sonstigen Privilegien und dem Auftreten von Handwerkern und Händlern ihren städtischen Charakter angenommen haben und wann sie zu Städten erhoben wurden[12].

---

[8] Reinhart Koselleck, Begriffsgeschichtliche Probleme der Verfassungsgeschichtsschreibung. In: Gegenstand und Begriffe der Verfassungsgeschichtsschreibung. Tagung der Vereinigung für Verfassungsgeschichte in Hofgeismar am 30./31. März 1981 (= Der Staat, Beiheft 6), Berlin 1983, S. 7-21, hier S. 16.

[9] Carl Haase, Die Stadt des Mittelalters. Bd. 1 u. 2 (= Wege der Forschung 243 u. 244), Darmstadt 1969, Bd. 2, S. 3.

[10] Carl Haase, Gegenwärtiger Stand und neue Probleme der Stadtrechtsforschung. In: Westfälische Forschungen 6, 1943-52, S. 129-144, hier S. 136.

[11] Adolf Laufs, Rechtsentwicklung in Deutschland. Ein rechtsgeschichtliches Arbeitsbuch (= de Gruyter Lehrbuch), Berlin, New York [3]1984, S. 34.

[12] Käthe Mittelhäusser, Ländliche und städtische Siedlung. In: Hans Patze (Hrsg.), Geschichte Niedersachsens. Bd. 1: Grundlagen und frühes Mittelalter (= Veröffentlichungen der Historischen Kommission für Niedersachsen und Bremen 36), Hildesheim 1977, S. 259-437, hier S. 400.

Den Privilegienbestätigungen des 17. und 18. Jahrhunderts ist nicht zu entnehmen, wie die Rechte und Gerechtigkeiten der kleinen calenbergischen Städte genau beschaffen waren, sie wurden summarisch bestätigt und im einzelnen nicht erläutert. In früherer Zeit waren nähere Ausführungen wohl kaum notwendig, weil Umfang und Inhalt der Privilegien im Bewußtsein gegenwärtig waren und mündlich tradiert wurden. Es fehlten klare Abgrenzungen der rechtlichen Befugnisse von Stadt und Obrigkeit, die verliehenen und bestätigten Rechte wurden strittig. Eine städtische Autonomie, welche ein besonderes Stadtrecht mit einer Ratsverfassung, eine eigene Gerichtsbarkeit und das Selbstverwaltungsrecht als autonom politisch handelnde Bürgergemeinde umfaßte, haben die kleinen Territorialstädte zu keiner Zeit erreicht, hierzu fehlte ihnen schon von jeher die innere Kraft.

In Bodenwerder, Münder, Pattensen und Wunstorf, wo ein Stadtvogt in Vertretung der Landesherrschaft als Richter und Verwaltungsbeamter eingesetzt und in Eldagsen, wo ein Gogrefe in den gleichen Funktionen tätig war, kam es seit dem 17. Jahrhundert zwischen ihnen und den Magistraten zu Auseinandersetzungen um die Jurisdiktion. Neustadt/R., Rehburg und Springe waren Sitz eines landesherrlichen Amtes. Diese Städte hatten keinen Stadtvogt; hier führten die ineinandergreifenden rechtlichen Kompetenzen zwischen Amt und Stadt zu fortwährenden Auseinandersetzungen. Um hier zu schlichten und die Verhältnisse zu ordnen, sind zunehmend im 17. Jahrhundert Rezesse verabschiedet worden.

In Münder hatte nach dem Rezeß von 1647 und dessen Deklarationen von 1652 und 1667 der Rat in Klagesachen das Recht der ersten Instanz, sofern es in der Klage um bewegliche und unbewegliche Güter innerhalb der Stadt ging. Handelte es sich um Streitsachen über außerhalb der Stadt gelegene Güter, fielen diese in die Zuständigkeit des Amtes und des Stadtvogts. Die Inhaftierung blieb landesherrliches Recht, nur bei Fluchtgefahr eines Angeklagten durfte der Rat eingreifen. In Kriminalsachen war dem Rat ein Verhör anzuzeigen[13] . Nach den Rezessen von 1686, 1688 und 1690 durfte der Magistrat in Pattensen diejenigen Bruchgefälle und Geldbußen erheben, "welche zur bürgerlichen Straffe gehörig und alleine zu Abwendungen Ungehorsahms und Freffels in Administration des Stadtwesens dienen". Ansonsten sollten Bürgermeister und Rat sich der Jurisdiktion "bey Vermeidung ernstlicher Ahndunge" enthalten und dem Amte Calenberg überlassen[14] .

---

[13] NHStA Hann. 93 44 Münder Nr. 7.

[14] NHStA Hann. 74 Calenberg Nr. 449.

In Wunstorf wurde 1599 ein herzoglicher Stadtvogt eingesetzt, um die Gerichtsbarkeit wahrzunehmen. Seine Pflichten waren nur sehr allgemein umrissen. Er übte die strafende Gerichtsbarkeit aus, in der peinlichen Gerichtsbarkeit führte er die Voruntersuchung. Dem Rat der Stadt verblieb die Zivilgerichtsbarkeit und die Ausübung eines eingeschränkten Bürgerzwanges[15]. Streitigkeiten zwischen Vogt und Wunstorfer Rat um die Jurisdiktion blieben nicht aus. Im Jahre 1667 wurden in einem Rezeß erstmalig die Rechte gegeneinander abgegrenzt, die Jurisdiktion der Stadt wurde dabei eingeschränkt. Der Rat hatte die Zivilgerichtsbarkeit künftig mit dem Stadtvogt gemeinsam wahrzunehmen. Der Angriff des Rats in peinlichen Fällen durfte nur mit Vorwissen des Vogts erfolgen, es stand dem Rat gewissermaßen keine Jurisdiktion über seine Bürger mehr zu. Der Landesherr entzog dem Rat durch die Stadtvogtei nach und nach seine Herrschaftsrechte.

In Eldagsen waren die Streitigkeiten zwischen landesherrlichem Amt und Bürgermeister nebst Rat schon so alt, daß Herzog Erich II. sie 1582 durch ein Reskript abzustellen versuchte. Es hieß darin, daß der Rat dem Amt Calenberg keine Gerechtigkeit entziehen oder schmälern dürfe: "Die aus Eldagsen sollen sich an hohen und niedern Gerichten wie auch denen außerhalb der Stadt bewirckten Bruch und Bußen keine Gerechtigkeit anmaßen". Der Gografe hatte den ersten Angriff zu tun, der Magistrat sollte ihm nur Hilfe leisten. Zur Erhaltung bürgerlichen Gehorsams konnte der Rat seine Bürger mit Strafen von 2 bis 10 Pf. belegen. Dieses Reskript hob die Streitigkeiten aber nicht auf. Es kam 1672 zu einem Prozeß vor der fürstlichen Justizkanzlei. Der hier erlassene Rezeß von 1673 unterschied sich kaum von dem Reskript von 1582[16].

Insgesamt kommt in den Rezessen zum Ausdruck, daß die Städte in ihrer Gerichtsbarkeit mehr und mehr beschnitten wurden. Das Gerichtswesen wurde zwar nicht grundsätzlich neu geordnet, doch es zeichnete sich ein allmähliches Auseinandertreten von Justiz und Verwaltung ab. Die Unsicherheiten im Rechtswesen blieben aber auf beiden Seiten bestehen, weil sich die Rezesse jeweils auf den konkreten Fall der Auseinandersetzungen bezogen und dafür die Zuständigkeiten abgrenzten, aber kein verbindliches Gesetzeswerk darstellten.

Außerhalb der Städte waren die landesherrlichen Ämter die Träger der staatlichen Lokalverwaltung, sie erstreckten sich über das gesamte Land. Der Amtmann als Vertreter des Landesherrn war ausgebildeter Jurist. Zu den Aufgaben des Amtmannes gehörte die Domänenverwaltung, die Auf-

---

[15] Simon (wie Anm. 5), S. 76f. u. 84f.

[16] NHStA Hann. 88 A Calenberg Nr. 1294 II.

sicht über Kirchen und Schulen, die Wahrnehmung der erstinstanzlichen
Gerichtsbarkeit in allen Zweigen, die Polizeiverwaltung und die Abgaben-
erhebung[17]. Die Gerichtsbarkeit erwuchs den Ämtern etwa seit der Mitte
des 16. Jahrhunderts aus den Gogerichten. Niemand durfte vor dem Goge-
richt klagen, wenn nicht zuvor ein gütliches Schiedsverfahren vor dem
Amtmann eingeleitet worden war. Hieraus entwickelte sich im Laufe der
Zeit eine selbständige Gerichtsbarkeit der Ämter[18]. Die Gerichtsbarkeit des
Amts konkurrierte innerhalb und außerhalb der Stadt mit der städtischen
Gerichtsbarkeit. Das Amt war auch die Behörde, welche in der frühen Neuzeit die Aufsicht über die städtische Finanzverwaltung führte. Die recht gut
ausgebildeten Amtleute, mit dem römischen Recht vertraut, sahen auf die
oftmals unzureichenden Rechtsweisheiten kleiner Landstädte herab, sie erwarteten von den "illiterati" der Städte keine geordnete Justiz[19]. Die Amtleute waren durch ihre Aufgaben in Rechtsprechung und Verwaltung mit
einer beträchtlichen Machtfülle ausgestattet; sie hielten dies aber für sinn-
reich und nützlich, weil "der Richter, der von der Persönlichkeit und allen
Verhältnissen der Leute genaue Kenntniß erlangt hat, oft zum wahren Vor-
theile derselben solche benutzen kann"[20]. Es beschwerte sich der Bürgermeister von Rehburg über den dortigen Amtmann Jacobi, der ihm die Aus-
fertigung von Obligationen untersagt hatte. Der Bürgermeister vermutete,
daß das Amt die anfallenden Gebühren an sich ziehen wollte. Hierzu befragt
sagte der Amtmann, daß zwar dem Bürgermeister, einem Tischler, der zusätzlich noch Ackerbau betrieb, ein "guter natürlicher Verstand" nicht abge-
sprochen werden könne, doch wäre er nicht imstande, "grammaticalisch
noch ortographisch richtig zu schreiben, welches zum wenigsten erforderlich
wäre, wenn er gerichtliche Aufsätze zu machen sich anmaassen wollte". Der
Amtmann hielt die Beschuldigung einer eigennützigen Sportelnsucht für
"hämisch und strafbar", die Gerichtsgebühren seien ihm von jeher die unan-
genehmste Einnahme gewesen. Er habe es sich zur Pflicht gemacht, keinen

---

[17] Manfred Hamann, Die alt-hannoverschen Ämter. Ein Überblick. In: Niedersächsisches
Jahrbuch für Landesgeschichte 51, 1979, S. 195-208, hier S. 195.

[18] Götz Landwehr, Die althannoverschen Landgerichte (= Quellen und Darstellungen zur
Geschichte Niedersachsens 62), Hildesheim 1964, S. 187 f.

[19] Walter Hubatsch, Ziele und Maßnahmen landesherrlicher Politik im Absolutismus gegenüber den Städten aus der Sicht des Verwaltungshistorikers. In: Volker Press (Hrsg.),
Städtewesen und Merkantilismus in Mitteleuropa (= Städteforschung. Veröffentlichungen des Instituts für vergleichende Städtegeschichte in Münster. Reihe A: Darstellungen
14), Köln, Wien 1983, S. 30-44, hier S. 35.

[20] Drost von Holle, Über Ämter und Beamte in den Althannoverschen Landestheilen. In:
Neues Vaterländisches Archiv 1, 1824, S. 1-44, hier S. 42f.

Pfennig zuviel zu fordern, sich dabei nach dem Vermögen der Leute zu richten und von den Armen gar nichts zu nehmen[21].

Die Verfassungen der Magistrate[22] als Träger der städtischen Verwaltung vor der Wende vom 17. zum 18. Jahrhundert sind nicht ohne Schwierigkeiten darzustellen. Die Quellen und die stadtgeschichtliche Literatur sagen wenig aus über Zusammensetzung und Aufgaben der Stadträte, über Wahlverfahren und Amtszeiten. Für Pattensen, Münder, Springe und Rehburg gibt es in den bearbeiteten Aktenbeständen gar keine Hinweise auf die Ratsverfassungen vor 1700. In Bodenwerder wurden 24 Personen von der Bürgerschaft zur Ratswahl vorgeschlagen. Der regierende Rat suchte 12 davon aus, welche dann der Oberamtmann aus Aerzen vereidigte[23]. Der Rat in Eldagsen bestand aus 6 Personen, nämlich 2 Bürgermeistern, 1 Kämmerer und 3 Ratsherren. Sie wurden "ohne Rücksicht auf Rechtskenntnisse aus Bürger und Handwerckern" durch einen beeidigten Ausschuß der Bürgerschaft unter Aufsicht des Amtes Calenberg gewählt[24]. Neustadt/R. verfügte über einen "sitzenden" und einen "ruhenden" Rat, der Ende des 15. Jahrhunderts noch aus 12 Personen bestand[25]. Für Wunstorf sind 12 Ratsmitglieder nachgewiesen: 2 Bürgermeister, 4 Kämmerer, 6 Ratsherren. Jeweils die Hälfte bildete den regierenden Rat, der auch das Wahlrecht hatte. Dieses Wahlverfahren ohne Beteiligung der Bürgerschaft hatte eine Abschließung der Ratspersonen zur Folge, sie stammten vorzugsweise aus einer begüterten Schicht[26]. Die Doppelbesetzung mit einem "sitzenden" und einem "ruhenden" Rat gab es eindeutig nachweisbar nur in Neustadt und Wunstorf. Ein Vorschlagsrecht der Bürgerschaft zur Wahl des Rates ist für Bodenwerder überliefert, eine Selbstergänzung für Wunstorf. In Eldagsen wählte ein Bürgerausschuß den neuen Rat. In Wunstorf und Neustadt/R. wurde der gesamte Rat besoldet, der regierende wie der zur Zeit nicht amtierende. In Neustadt/R. erörterte 1709 die anwesende Bürgerschaft am Echtedag[27], ob nicht ausschließlich der amtierende Rat eine Besoldung empfan-

---

[21] NHStA Hann. 93 44 Rehburg Nr. 3.

[22] Die Begriffe "Magistrat" und "Rat" wurden nicht unterschieden und für dasselbe Kollegium nebeneinander verwendet.

[23] NHStA Hann. 93 44 Bodenwerder Nr. 1.

[24] NHStA Hann. 88 A Calenberg Nr. 1294 II.

[25] Wilhelm Winkel, Geschichte der Stadt Neustadt a. Rbge. Unter Mitarb. v. Dietrich Bohnsack u.a., Neustadt a. R. 1966, S. 136.

[26] Simon (wie Anm. 5), S. 70, 89.

[27] Der Echtedag oder das Echteding war eine Versammlung der Bürgerschaft, um gemeindliche Rechts- und Verwaltungsangelegenheiten zu besprechen und den neuen Rat zu vereidigen.

gen solle, um die Stadtkasse zu schonen. Die Entlohnung der Ratsmitglieder erfolgte in der Regel aber nur im Rahmen einer Dienstaufwandsentschädigung, ansonsten scheinen die Mitglieder der Magistrate nur geringe Nebeneinnahmen und Naturalien bezogen zu haben[28]. Die Ratsverfassungen der Städte haben sich insgesamt sehr verschieden entwickelt, allen gemeinsam war aber, daß zum Ende des 17. Jahrhunderts überall eine jährliche Ratswahl stattfand. Dies läßt sich auch für Münder, Springe und Pattensen nachweisen[29]. Das Stadtregiment wurde aber gewöhnlich von wenigen Familien ausgeübt.

Die Stadtreglements des 18. Jahrhunderts

Die neuen, von Georg Ludwig zwischen 1708 und 1712 aufgrund der allerorts festgestellten Mißstände erlassenen Stadtreglements stellten keine allgemeine einheitliche Städeordnung dar. Sie wurden für jede Stadt unter Berücksichtigung der örtlichen Verhältnisse nach einem einheitlichen Schema verfügt und ordneten das städtische Finanzwesen sowie übrige Bereiche der städtischen Verwaltung auf rationale Weise neu[30]. Die Anzahl der Ratsmitglieder wurde beschränkt: in Eldagsen, Rehburg und Neustadt/R. auf 3, in Pattensen, Springe und Wunstorf auf 4, in Bodenwerder und Münder auf 5 Personen. Im Rat in Münder verblieben 2 Bürgermeister, weil einer von ihnen die kleinen Städte auf den Landtagen vertrat. In den übrigen Magistraten sollte jeweils nur ein Bürgermeister tätig sein, welcher zugleich das Amt des Stadtschreibers auszuüben hatte. Jedes Ratsmitglied bekam ein genau abgegrenztes Verwaltungsressort zugewiesen. Der jährliche Ratswechsel wurde aufgehoben, die Ratsmitglieder behielten ihre Stellung auf Lebenszeit. Der Bürgermeister führte das Direktorium und die Aufsicht über den Rat. Er sollte die Gerechtsame der Stadt bewahren, die Verordnungen der Landesregierung befolgen, unter der Bürgerschaft Frieden und Ruhe erhalten. Für das ihm zusätzlich aufgetragene Stadtschreiberamt mußte der Bürgermeister die Protokolle der Ratssitzungen führen, die Registratur in Ordnung halten,

---

[28] Emil Becker, Gemeindliche Selbstverwaltung. 1. Teil: Grundzüge der gemeindlichen Verfassungsgeschichte, Berlin 1941, S. 143.- Vgl. NHStA Hann. 80 Hann. I Cb Nr. 1, Hann. 74 Springe Nr. 120.

[29] NHStA Cal. Br. 8 Nr. 136.

[30] Die einzelnen Städte erhielten Reglements wie folgt : Pattensen am 8.4.1708, NHStA Hann. 93 44 Pattensen Nr. 1. - Wunstorf am 12.4.1709, NHStA Hann. 93 44 Wunstorf Nr. 1. - Neustadt/R. am 23.5.1709, NHStA Hann. 74 Neustadt Nr. 873. - Münder am 18.7.1709, NHStA Hann. 74 Springe Nr. 120. - Eldagsen am 22.8.1709, NHStA Hann. 80 Hann. I Cb Nr. 1. - Bodenwerder am 28.1.1710, NHStA Hann. 93 44 Bodenwerder Nr. 1. - Rehburg am 14.5.1710, NHStA Hann. 88 A Nr. 6002. - Springe am 17.6.1712. - Hann. 74 Springe Nr. 1241.

und sollten im Namen der Stadt Prozesse angestrengt werden, die Schriften dazu aufsetzen. In den Reglements von Münder und Neustadt/R. wurde vom Träger des Bürgermeisteramtes ausdrücklich eine juristische Ausbildung gefordert. Dem Kämmerer wurde aufgetragen, die Kämmereieinnahmen zu verbessern, die fälligen und die säumigen Steuern einzutreiben. An Trinitatis[31] hatte er die Rechnungen zu schließen und im August dem landesherrlichen Amt zur Prüfung vorzulegen. Der Ratsherr führte das Bauamt. Das bedeutete, daß er die Aufsicht über die Stadtgebäude wie Rathaus, Pfarr- und Schulhaus, Mühle und Ziegelofen hatte. Waren 2 Ratsherren im Amt, wurden die Aufgaben geteilt.

Für alle Mitglieder des Rats wurden feste Bezüge eingeführt. Sie differierten für das Bürgermeisteramt in den Städten erheblich. So bekam der Bürgermeister in Rehburg 20 Rtlr., sein Kollege in Eldagsen 100 Rtlr. Die Kämmerer erhielten zwischen 20 und 25 Rtlr., die Ratsherren zwischen 6 und 15 Rtlr. Insgesamt war die Entlohnung auch jetzt noch als eine Art Aufwandsentschädigung gedacht, sie reichte nicht aus, den Lebensunterhalt der Ratsmitglieder und ihrer Familien zu sichern. Da der gesamte Rat auf Lebenszeit im Amt verblieb, wurde eine Neubesetzung in der Regel nur bei Tod eines Ratsmitgliedes erforderlich. Ein Wahlrecht der Bürgergemeinde oder ein Selbstergänzungsrecht des Rates gab es nach den neuen Reglements nicht mehr. War eine Stelle vakant, so durften zwischen 2 und 3 Personen dafür vorgeschlagen werden. Die Geheime Ratsregierung[32] entschied nach Rücksprache mit dem zuständigen Amt, wer davon der "anständigste", tüchtigste und geschickteste war und bestimmte ihn als Nachfolger. Dahinter lag die Absicht, folgsamen, willigen Anwärtern den Vorzug zu geben und eigenwillige Persönlichkeiten nicht zuzulassen. Die Städte bekamen auch Bürgervertretungen. Sie sollten die städtischen Verwaltungen zusätzlich kontrollieren und die Anliegen der Bürgerschaft dem Magistrat oder aber unmittelbar den Kollegien der Geheimen Ratsregierung unterbreiten. In Münder wurden 10, in den anderen Städten jeweils 2 Bürger vom zuständigen Amt zu sogenannten Deputierten ernannt. Nur für Rehburg und Pattensen liegen darüber keine Nachrichten vor.

Die neuen Reglements bedeuteten für alle Städte eine einschneidende Veränderung der Ratsverfassungen. Die Magistrate wurden wesentlich verkleinert und einer strengen Aufsicht der Ämter unterstellt, besonders im Rechnungswesen. Die Verwaltungsressorts waren nunmehr straff organisiert, es bestand jetzt eine weitgehende Einheit in den lokalen Verwaltungen. Die

---

[31] Sonntag nach Pfingsten.

[32] Der Geheime Rat war Spitze und Zentrum der Landesregierung. Neben ihm standen die verschiedenen Kammerkollegien.

Magistrate besorgten zwar noch die städtischen Angelegenheiten, doch war ihre Selbständigkeit erheblich eingeschränkt. Die Ratswahlen wurden zu einer Ernennung als Einsetzungsakt umgewandelt. Den Anweisungen des Bürgermeisters war zu folgen, wie wohl er selbst die Verordnungen der Landesregierung einhalten mußte.

Über die für das Bürgermeisteramt von der Bürgerschaft vorgeschlagenen Kandidaten holte die Geheime Ratsregierung Auskünfte vom zuständigen Amt ein, bevor sie eine Entscheidung traf. So wurde bei der Neubesetzung des Bürgermeisteramtes 1709 in Münder nachgefragt, ob der Anwärter "mit einer guten, gesunden Judicio begabt" sei, seine Berufsarbeit "ohnverdrossen" ausübe, nicht "eifer- oder zanksüchtig, rachgierig und vindicatis sey ... sondern ... in allen Vorfällen ... auf recht und Billigkeit sehe, dabei ein ehrbares Leben und Wandel führe, nicht dem Trunke zugetan, keine Luxum führe, und dergleichen, ob er liebe Anverwandten des Ortes habe". Nachdem festgestellt wurde, daß dem Mann "überall ein gutes Lob" ausgesprochen wurde, setzte man ihn als Bürgermeister ein, zumal erwiesen war, daß der vorherige Amtsträger noch "nicht mal eine Rechnung verfertigen könne" und in der Stadt keine Freunde hatte, "selbst seine Schwiegereltern und Schwäger nicht"[33].

Zunehmend mehr Kandidaten waren rechtskundige Leute, was die Amtmänner aber eher gering achteten. So heißt es in einem Bericht des Amtes Calenberg von 1798, daß sich gewöhnlich Advokaten aus kleinen Landstädten für ein Bürgermeisteramt bewarben, deren geringe Praxis nicht genug abwarf. Sie wollten sich einerseits mit dem Amt "mehr Würde" geben und andererseits ihre Einnahmen vermehren. Dies habe sich durch die Erfahrung hinlänglich bestätigt[34].

Problematisch wurde die Bestimmung, daß der Bürgermeister sein Amt lebenslang verwalten sollte, wenn er alt wurde und seine Geschäfte nicht mehr in der gewohnten Weise ausführen konnte. Als die Geheime Ratsregierung 1775 Kenntnis erhielt, daß der 1. Bürgermeister in Münder "gäntzlich außer Stand" war, sein Amt zu führen, erachtete sie es als notwendig, ihm die weitere Verwaltung zu entziehen. Es wurde ihm angeboten, sich ohne weitere Untersuchung mit einer kleinen Pension zur Ruhe zu setzen oder es auf eine "legale Erkändtniß" ankommen zu lassen. Darauf wurde er krank und war für niemanden mehr zu sprechen[35].

---

[33] NHStA Hann. 74 Springe Nr. 121.

[34] NHStA Hann. 88 A Calenberg Nr. 1294 II.

[35] NHStA Hann. 93 44 Münder Nr. 1.

Als in Wunstorf der Bürgermeister und Stadtvogt seinem Amt alters und Schwachheit halber nicht mehr vorstehen konnte, wurde 1775 ein "Gehülfe" vereidigt, der aber bald darauf Befehl erhielt, die Stadtgeschäfte in Münder zu versehen. Der alte Bürgermeister fühlte sich nicht von seinen Pflichten entbunden, sein Sohn übernahm in seinem Namen die Amtsgeschäfte. Er beklagte die Entziehung der 30 Rtlr. Zulage, die ihm seit 1774 bewilligt wurden und bat darum, ihm diese Summe weiterhin zukommen zu lassen und seinen Sohn als Gehilfen einzusetzen. Dem Gesuch wurde nicht stattgegeben, sondern ein in Wölpe ansässiger Amtsauditor als Nachfolger bestimmt. Der alte Bürgermeister verweigerte daraufhin die Herausgabe des Rathausschlüssels, obwohl ihm der neue eingesetzte Bürgermeister versicherte, daß "wegen seines hohen Alters ihm alle mögliche Ruhe zu gönnen sey, auch er wegen seiner notorischen Invalidität durch Krankheit ohne den mindesten Abbruch seiner Ehre aller Geschäfte sich gänzlich entschlagen könne". Die Geheimen Räte entschieden, daß dem alten Bürgermeister von seinen 50 Rtlr. Besoldung 30 Rtlr. bleiben sollten und der neue Bürgermeister bis zu dessen Ableben 30 Rtlr. und die bei Stadtvogtdiensten anfallenden Einnahmen zu genießen hätte. Erst 6 Jahre später, als der fast 80jährige alte Bürgermeister verstarb, wurde das Gehalt seines Nachfolgers aufgestockt[36].

Die Modalitäten eines Personenwechsels im Bürgermeisteramt waren also in den Stadtreglements nicht ausreichend bedacht worden. Da zuvor durch mangelnde Kontinuität in den Magistraten überall das Stadtwesen in Unordnung geraten war - in Münder, Springe, Pattensen und Eldagsen wurden bei den Ratswahlen immer wieder andere Bürgermeister gewählt[37] -, glaubte man, die Mißstände beseitigen zu können, indem man die Ämter auf Lebenszeit besetzte. Ein Nachfolger wurde erst bestimmt, wenn es offensichtlich war, daß der Bürgermeister seine Geschäfte nicht mehr angemessen führen konnte. Er mochte sie schon einige Zeit nachlässig betrieben haben, eine Änderung im Amt erfolgte erst, wenn es gar nicht mehr anders ging. War schon ein Nachfolger bestellt, wenn der alte Bürgermeister noch lebte, wurden die Bezüge für das Amt einfach halbiert. Man schonte so die Stadtkasse, der ehemalige Bürgermeister erhielt ein geringes Ruhegeld und sein Amtsnachfolger eine bescheidene Besoldung. Letzterer empfing also nicht die Entlohnung, die ihm nach dem Stadtreglement eigentlich zustand.

Die oftmals rechtskundigen neuen Bürgermeister, die überwiegend aus anderen Orten kamen, waren mit der Stadt, in der sie tätig werden sollten, nicht

---

[36] NHStA Hann. 93 44 Wunstorf Nr. 9.

[37] NHStA Cal. Br. 8 Nr. 136.

verwachsen. Aufgrund ihrer Überlegenheit meinten sie daher oft, eigenmächtig und uneingeschränkt handeln zu können. Die anderen Ratsherren waren Bürger der Stadt und mußten dem Bürgermeister "vermöge seiner beßern Einsicht allein gewähren lassen"[38]. Aus Pattensen erfolgte 1721 eine Beschwerde über den dortigen Bürgermeister, der die Umlage des Proviantkorns zu hoch ansetzte, um den Überschuß zur eigenen Bereicherung an einen Branntweinbrenner zu verkaufen. Seit 1714 gab er mehr Nonvalenten an, als tatsächlich vorhanden waren, um das Königliche Proviantmagazin zu schmälern. Er legte die Stadtrechnungen schon seit 13 Jahren nicht mehr der Bürgerschaft vor, nur den Amtleuten, "die den Buchstaben trauen müssen". Er verlangte von jedem Brau einen Anteil, der ihm nach dem Reglement nicht zustand und schaffte den Ackerleute-Dingtag[39] ab. Streitsachen behandelte er "sehr nach Affekten" und schrieb die Aussagen nicht nieder. Er ruinierte den Bürgern, welchen er übel gesonnen war, ihre Weidenbäume, "ob sie gleich 100 Jahr alt und keinen zum Schaden gestanden". Ohne Weidenruten konnten sie ihre Gärten und Felder nicht umzäunen. "Hingegen vergönnt er andern, daß Weidenbäume mitten in die Stadt zur höchsten deforme derselben auf der Stadt Grund und Boden gepflanzt worden, wodurch der Weg mit der Zeit in der Gaße unpassabel werden wird". Aufgrund der Schwere der erhobenen Vorwürfe ordneten die Geheimen Räte darüber eine Untersuchung an[40].

1725 beschwerten sich die Bürgerdeputierten in Springe über ihren Bürgermeister, der sie zur Beratung der Stadtangelegenheiten nicht hinzugezogen hatte, "nicht ohne allen Verdacht eines darunter gesuchten Eigennutzes". Sie warfen ihm weiter vor, sich über Gebühr Deputatholz genommen zu haben. Er hatte den Ratskeller ohne die vorgeschriebene vorherige Versteigerung auf 4 Jahre verpachtet, obwohl Stadtgüter nicht länger als 3 Jahre verpachtet werden durften. Er verkaufte ohne Zustimmung der Bürgerschaft Grundstücke aus der gemeinen Hut und Weide. Wurden die Grundstücke dann eingezäunt, hatten die Nachbarn keinen Zugang mehr zu ihren Gärten. Die von den Geheimen Räten eingesetzte Untersuchungskommission verwarnte den Bürgermeister, stellte aber auch fest, daß die Beschwerden der Bürger auf "Animositäten" zurückgingen und der Mann in vielen Punkten unschuldig sei. Die Mitglieder der Kommission ermahnten die Bürgerschaft, sie solle "sich zur Ruhe begeben, allen Haß und Widerwillen gegen Bürgermeister und Rath ablegen, damit ein gutes Vertrauen, Einigkeit und Friede

---

[38] NHStA Hann. 88 A Calenberg Nr. 1294 II.

[39] Der Ackerleute-Dingtag war eine Veranstaltung jeweils nach Pfingsten, um die Schäden auf den Feldern zu begutachten und auszugleichen. - NHStA Cal. Br. 8 Nr. 1615.

[40] NHStA Hann. 74 Calenberg Nr. 456.

zwischen beiden Theilen wiederhergestellet ... werden könne"[41]. Auch in Wunstorf wandten sich die Deputierten 1737 an die Geheimen Räte, weil der Bürgermeister sie an den Stadtgeschäften nicht teilhaben ließ, "sondern alles allein täte"[42]. Im Jahr 1799 erfolgte aus Eldagsen eine Anzeige der Bürgervertreter an die Geheimen Räte, weil der Bürgermeister unerlaubt die Stadtkasse führte und sich auch die Kriegssteuerkasse widerrechtlich angeeignet hatte. Sie warfen ihm weiter den verschwenderischen Hausbau des angekauften Bürgermeisterhauses vor. Außerdem hatte er nach Gutdünken eine ansehnliche Menge Holz aus dem Stadtwald verkauft und ein Volksfest abgehalten, dessen Notwendigkeit "nicht absehbar" war. Die Deputierten baten die Geheimen Räte um eine Untersuchung der Vorfälle[43].

Es bleibt festzuhalten, daß eine Reihe von Fällen aktenkundig geworden sind, in denen die Bürgermeister gegen die Ordnung der Städtereglements verstoßen haben, Amtsmißbräuche scheinen demnach nicht selten gewesen zu sein. Die sehr allgemein formulierten und durch Zusatzbestimmungen nicht näher erläuterten Reglements ließen dem Bürgermeister gleichsam Raum für seine Willkür. Obwohl er nach den Reglements nur noch Verwaltungsaufgaben wahrnehmen durfte, bestand er auf seiner Entscheidungsgewalt. Die in den Stadtreglements festgelegte Tätigkeit auf Lebenszeit gereichte der Stadt dann oft zum Nachteil, wenn der Bürgermeister nicht in seine Schranken verwiesen werden konnte. Ein wirksames Kontrollorgan, das erforderlich gewesen wäre, fehlte. In der Besoldungsfrage wurden die Stadtreglements der Tatsache nicht gerecht, daß das Bürgermeisteramt nicht mehr nur ein Ehrenamt war. Für die vielfältigen Verwaltungsaufgaben war die Besoldung so gering, daß der Amtsmißbrauch eine Möglichkeit zu sein schien, das Einkommen aufzubessern oder andere Vergünstigungen zu erlangen.

Die Bürgerdeputierten, die ein Kontrollrecht über die Gerechtsame und vor allem über die Finanzen der Stadt und ein allgemeines Beschwerderecht hatten, konnten nur tätig werden, wenn Mißstände offensichtlich waren. Sie wurden ansonsten aber in Stadtangelegenheiten, welche die gesamte Bürgerschaft betrafen, nicht befragt. Sie hatten keine Handhabe, politisch zu handeln und ihre Rechte durchzusetzen. Die geringe Möglichkeit der Einflußnahme bewog wohl auch die angesehensten und wohlhabendsten Bürger in Münder, zu Versammlungen nicht zu erscheinen, auf denen ein Nachfolger für einen ausgeschiedenen Deputierten gewählt werden sollte. Sie hatten

---

[41] NHStA Hann. 74 Springe Nr. 1241.

[42] NHStA Hann. 93 44 Wunstorf Nr. 6.

[43] NHStA Hann. 74 Calenberg Nr. 447.

kein Interesse daran, die Last eines Amtes zu tragen, das sie von ihrem Hauswesen abhielt und für das sie keine angemessene Entschädigung erhielten, sondern nur die gewöhnlichen Pfandgelder. Sie wollten auch nicht als bloße Erfüllungsgehilfen agieren.

Es mußte bei der Wahl eines Deputierten schon "fast gerichtlicher Zwang" gebraucht werden, um jemanden zu finden, wie es bei der letzten Wahl eines Vertreters aus dem Bäckeramt geschehen war. Der Magistrat berichtete, daß die Deputierten größtenteils von der Art seien, "daß ihr Betragen nicht immer unsern Beyfall verdienen" könne, "auch ihre Einsichten nicht von der Beschaffenheit sind, daß deshalb viel ersprießliches für die Bürgerschaft erwartet werden mögen". Die Deputierten kannten die Rechte nicht und handelten "leider nicht selten nach Affecten"[44]. Die Landesregierung betrachtete die Deputierten als Institution, welche im Dienst der eigenen Interessen stand. Die Bürgervertreter sollten in erster Linie Vermittlerfunktionen übernehmen, als Sprachorgan der gesamten Bürgerschaft und als zusätzliches Kontrollorgan tätig werden. Aber die Deputierten wurden den an sie gestellten Anforderungen nicht immer gerecht, waren sie doch noch häufig traditionellem Denken und alten Gewohnheiten verhaftet.

Auseinandersetzungen zwischen Stadtmagistraten und landesherrlichen Ämtern

Streitigkeiten zwischen den Städten und den übergeordneten Ämtern waren im 18. Jahrhundert sehr häufig, denn die Städte beriefen sich auch nach Inkrafttreten der Rezesse des 17. Jahrhunderts auf ihre alten Privilegien. Es beschwerten sich die Magistrate der Städte bei den Geheimen Räten über Eingriffe in ihre Zivil- und Kriminaljurisdiktion sowie in ihre Rechte der freiwilligen Gerichtsbarkeit. Sie sahen mitunter die ihnen zustehende Gerichtsbarkeit in allen Bereichen verletzt.

Aus Pattensen liegt eine Beschwerde des Bürgermeisters von 1710 vor, weil der Stadtvogt vorgab, daß die Stadt nach dem neuen Reglement von 1708 gar keine Jurisdiktion weder in den Bürgerhäusern noch auf der Straße habe und alle Strafen dem Amt zuständen. Der Bürgermeister gab an, "daß die Stadt Pattensen als eine von denen ältesten kleinen Städten so gar aller Jurisdiction verlustig seyn solte nicht anders als sehr befremdet, ja fast ohngläubl." erscheinen müsse[45]. In Neustadt/R. stellte der Bürgermeister gleich eine ganze Liste von Übergriffen in die Jurisdiktionshoheit der Stadt auf: Der Amtsschreiber hatte Bürger aufs Amt zitieren lassen, ohne den Rat in

---

[44] NHStA Hann. 93 44 Münder Nr. 11.

[45] NHStA Hann. 74 Calenberg Nr. 448.

Kenntnis zu setzen und ließ auch ohne sein Wissen einen Bürger auspfän-
den. Der Amtsschreiber hatte vom dortigen Schutzjuden Geld geliehen, eine
Obligation bestätigt und dadurch die Stadtkataster in Unordnung gebracht,
des weiteren zum Nachteil des dortigen Ratskellers selbst Branntwein verkauft[46]. Um Verhaftungen und Haussuchungen von Seiten des Amtes ohne
Beisein des Rates ging es in der Beschwerde des Bürgermeisters von Rehburg aus dem Jahre 1789. Der Amtmann hatte einige Bürger mit geladenen
Gewehren im königlichen Jagdrevier angetroffen. Er verhaftete sie und nahm
bei ihnen Hausvisitationen vor, um festzustellen, ob dort "getödtet Wildpret"
versteckt worden war. Der Bürgermeister hielt sich zwar für berechtigt, den
Eingriff in die Stadtgerechtsame "mit gewafneter Hand" zurückzuweisen,
doch um ein Unglück zu verhüten, hatte er der Gewalt unter Protest nachge-
geben. Zu dem Vorfall berichtete der Amtmann an die Geheimen Räte, daß
er nicht anders habe handeln können. Durch den Mangel an ausreichenden
"Criminal-Gefängnissen" habe er die aufgegriffenen Bürger sofort verneh-
men und zugleich eine Haussuchung anordnen müssen, "ehe die Frauen das
Verdächtige verstecken oder abhanden bringen mögten". Den Rat zu infor-
mieren hätte zuviel Zeit gekostet, zumal der Bürgermeister mit einem der
mutmaßlichen Wilddiebe nahe verwandt war. Die Beschwerde des Bürgermeisters war nach Ansicht des Amtmanns grundlos. Solle er, der Beamte,
die Kriminaluntersuchungen nach seiner Pflicht so führen, daß die Delikte an
den Tag gebracht werden, so müsse er auch die Mittel dazu haben[47]. Nach
den vorgefunden Akten ist für die angeführten Fälle nicht überliefert, wie
sich die Geheime Ratsregierung nach Kenntnis der Übergriffe in die Ge-
richts- und Verwaltungssachen der Städte verhalten hat. In der Regel traf sie
nicht gleich eine Entscheidung, sondern ordnete erst einmal eine Untersuchung an. So konnten aus oft geringfügigen Anlässen jahrelange Konflikte
entstehen, welche die Spannungen der streitenden Parteien noch verstärkten
und Vorurteile festigten.

Auch von seiten der Ämter gingen bei der Geheimen Ratsregierung Beschwerden ein über Eingriffe der Stadtmagistrate in die Amtsjurisdiktion.
Häufiger Anlaß für Auseinandersetzungen war die Gerichtsbarkeit über die
außerhalb der Stadtmauern gelegenen Güter, die zum unmittelbaren Wirt-
schafts- und Lebensraum der Städte gehörten. Im Jahre 1727 hatte der Magistrat von Pattensen einen Diebstahl in der Mühle außerhalb der Stadt bestraft. Das Oberappellationsgericht in Celle verwarnte den Rat und verbot
ihm die Eingriffe in die Kriminalgerichtsbarkeit des zuständigen Amtes Ca-

---

[46] NHStA Hann. 74 Neustadt Nr. 870.

[47] NHStA Hann. 93 44 Rehburg Nr. 3.

lenberg. Die Stadt mußte die erhobenen Strafgelder an das Amt abtreten[48].
Besonders eklatant waren die Auseinandersetzungen um die Jurisdiktion in
der Stadt Eldagsen. Seit dem Rezeß von 1673 ruhten alle öffentlichen Streitigkeiten. Dies änderte sich mit der Einführung der neuen Stadtverfassung im
Jahre 1709, als in der folgenden Zeit studierte Bürgermeister angestellt wurden. In der Amtszeit des ersten rechtskundigen Bürgermeisters von 1709 bis
1717 gab es keine widerrechtlichen Eingriffe in die Amtsjurisdiktion, er war
ein "billig denkender Mann". Unter seinen Nachfolgern häuften sich die
Übergriffe. Es erschien den Bürgermeistern unerträglich, dem Gogrefen, ei-
nem Amtssubalternen, zu unterstehen und seinen Anordnungen zu folgen.
Der für die Stadt bestellte Gogrefe war nach dem Reskript von 1582 der
"Principal" der Stadt. Er hatte die Aufgabe, die Gerechtsame des Amtes
Calenberg wahrzunehmen und Übergriffe sofort zu melden. Er trat mit seiner
Aufsichtspflicht in Stadtpolizeisachen in Konkurrenz mit dem Magistrat.

Hierin lagen zum großen Teil die Ursachen für die beständigen Streitigkeiten
zwischen Bürgermeistern und Amt. Die Bürgermeister glaubten sich berechtigt, die Gerechtsame des Amtes zu schmälern und versuchten, die Stadt
Eldagsen bis zu dem Rang einer mit der oberen und niederen Gerichtsbarkeit
versehenen Munizipalstadt zu erheben. Im Jahre 1734 kam es zu einem Prozeß, in dessen Verlauf die Stadt behauptete, einen Rezeß von 1673 nie anerkannt zu haben. Nach zehnjähriger Verhandlungsdauer erfolgte 1744 eine
Sentenz der Juristenfakultät zu Jena, wohin die Akten zum Schiedsspruch
eingesandt worden waren. Das Urteil bestätigte den Rezeß von 1673, die
Bestätigung durch die Königliche Justizkanzlei erfolgte 1757. Der Magistrat
gestand ein, daß ihn der Prozeß bereits viel Geld gekostet hatte, setzte aber
den "kleinen Krieg" fort und erhielt dafür vom Amt ständig Verweise. Ein
weiterer Versuch, die Streitigkeiten beizulegen, ist niemals zu einem wirkli-
chen Vergleich gediehen.

In der Zeit von 1733 bis 1797 sind insgesamt 27 Differenzen aktenkundig
geworden. Die kostspieligen Prozesse der Stadt und ihrer Einwohner machten fast ein Drittel aller vom großen Amt Calenberg geführten Auseinandersetzungen aus und arbeiteten dem Wohlstand der Stadt entgegen. Nach
einem Bericht des Amtes über den Zustand der Stadt von 1787 heißt es, daß
Eldagsen "bey hergestellter Ruhe und Ordnung eine der blühensten und
wohlhabensten Landstädte im hiesigen lande seyn könnte"[49]. Übergriffe der
neuen rechtskundigen Bürgermeister in die Amtsjurisdiktion waren insgesamt nicht selten. Sie nutzten die Schwächen der teilweise nicht eindeutig

---

[48] NHStA Hann. 74 Calenberg Nr. 449.

[49] NHStA Hann. 88 A Calenberg Nr. 1294 II.

zwischen Städten und Ämtern getrennten Rechts- und Verwaltungsbefugnisse, vor allem, wenn das zuständige Amt seinen Sitz nicht direkt im Ort hatte und für die Amtleute eine ständige Aufsicht über die Städte schwierig war. Die Bürgermeister erwiesen sich keineswegs immer als die folgsamen Beamtencharaktere, die man eigentlich seitens der Landesregierung in dieser Position sehen wollte, sondern sie waren im Gegenteil häufig sehr eigenwillige, unruhige Naturen. Das hing auch damit zusammen, daß die Macht der Ämter als Aufsichtsbehörde und ihre weitreichenden Kompetenzen in Gerichts- und Verwaltungssachen zur Folge hatte, daß sich die Amtleute mit ihren Bediensteten als Stellvertreter des Landesherrn häufig wie "kleine Könige" benahmen und die Stadtmagistrate als ihnen untergeordnet betrachteten[50]. Die Ratsherren und vor allem die Bürgermeister fühlten sich bevormundet und in ihrem ungebrochenen Selbstverständnis als autonomes Selbstverwaltungsorgan getroffen. Die Akten spiegeln das gespannte Verhältnis zwischen Städten und Ämtern als Problem von Herrschaft und Unterordnung wider.

Es entzündeten sich z.b. oft Streitigkeiten an der Frage der Rangfolge. So teilten die Geheimen Räte 1754 dem Amt Springe mit, daß sich Bürgermeister und Rat von Springe beschwert hatten, weil sie als Amtsunterbedienstete behandelt wurden. Dem Amt wurde angeraten, dem Stadtrat den zur Führung seiner Ämter erforderlichen Respekt zu erweisen. Der Amtmann konterte, daß von seiner Seite dem Magistrat "alle gebührende Ehre" zukäme, doch sei dies nutzlos, "wenn er sich seiner seits nicht entsehe, mit dem Amts-Schweinemeister und anderen schlechten Leuten öffentlich in Charten zu spielen, bis Mitternacht in den Mühlen und auf Gelagen zu sitzen, und andere dergleichen Dinge so einer obrigkeitlichen Person wol nicht anständig scheinen werden, zu vollführen"[51]. Der Amtmann sagte hier allerdings sehr deutlich, daß man dem Magistrat durch sein Verhalten kaum Wertschätzung entgegenbringen könne und er sich selbst der Lächerlichkeit und Mißachtung preisgäbe.

Aber auch die Amtleute beklagten sich über mangelnden Respekt der Stadtmagistrate und die deutliche Mißachtung ihrer Anordnungen. So sagte im Jahre 1730 der Amtmann über Neustadt/R. aus, "daß der hiesige Bürgermeister nicht ruhen kann, sondern beständig sich dem Amt opponire". Der Bürgermeister hielt dem entgegen, daß der Amtsschreiber "ein rechter Feind dieser Stadt" sei[52]. In einem Bericht des Amtes Calenberg von 1792 über

---

[50] Carl-August Agena, Der Amtmann im 17. und 18. Jahrhundert. Ein Beitrag zur Geschichte des Richter- und Beamtentums, Diss. Göttingen 1972, S. 223.

[51] NHStA Hann. 74 Springe Nr. 1240.

[52] NHStA Hann. 74 Neustadt Nr. 870.

die Stadt Eldagsen heißt es, daß dort die Landesverordnungen nicht mehr eingehalten wurden. So stellte der Gogrefe am Neujahrstag fest, daß zwei hohe Landesverordnungen, Sabbatfeiern und Landstreicherei betreffend, übertreten wurden. Ein Bärenzieher zog mit Trommelschlag und Pfeifenspiel zwischen die beiden Kirchen der Stadt und bot zu den dort singenden Kindern mit ihren Lehrern den "lächerlichsten und spöttischsten Kontrast". Den Landesverordnungen gemäß befahl der Gogrefe dem Landstreicher, sofort die Stadt zu verlassen. Der Bürgermeister widerrief den Befehl und ließ die Bären vor seinem Hause, das dem Hause des Gogrefen unmittelbar gegenüberlag, öffentlich tanzen. Das Amt Calenberg sah sich nicht mehr in der Lage, das "richterliche Amt" in diesem Orte weiter zu verwalten, wenn nicht die Geheimen Räte "aus hoher Landesherrlicher Macht" solche unverzeihlichen Handlungen ernstlich ahnden, den Bürgermeister in seine Schranken verweisen und die Ordnung wieder herstellen würden[53]. In Eldagsen waren die Konflikte sichtbar eskaliert.

Die hier angeführten Fälle zeigen Denk- und Verhaltensweisen auf, die, mehr oder weniger stark ausgeprägt, in allen Städten ähnlich gewesen sein müssen. Es wird deutlich, daß die Amtmänner auf die kleinen Landstädte herabsahen und den Sachverstand der Stadträte in Zweifel zogen. Dem Herrschaftsanspruch der Beamten begegneten die Stadtmagistrate mit einer Verweigerungshaltung, die durch Nichtbeachten der Anordnungen die Autorität der Amtleute zu untergraben versuchte. Der Widerstand war grundsätzlich und erfolgte affektiv, nicht nach Vernunftgründen oder nach einem Plan. Die Amtleute hatten keine ausreichenden Möglichkeiten, ihre Befehle durchzusetzen, weil ihnen das Instrumentarium eines effizienten Verwaltungsapparates fehlte.

Zusammenfassend ist festzustellen, daß die Ein- und Unterordnung der Städte und ihrer Bürger in einen Territorialstaat moderner Prägung, der seinen Machtanspruch auf alle Untertanen gleichermaßen ausdehnen wollte, keineswegs reibungslos erfolgte. Durch Aushöhlen und Beschneiden ihrer Kompetenzen sollten die Städte in den Staat integriert werden. Die noch vorhandene bürgerliche Autonomie, die desintegrierend hätte wirken können, mußte gebrochen werden. Die Landesregierung fühlte sich aber so weit an das Recht gebunden, daß sie niemals mit einem revolutionären Akt eingriff, sondern die lokalen Mächte langsam mit ihrer eigenen Organisation überlagerte. Der absolutistische Staat wollte sich die überlieferten Institutionen dienstbar machen, sie aber nicht völlig zerstören.

---

[53] NHStA Hann. 74 Calenberg Nr. 445.

In der alltäglichen Verwaltungspraxis wurden die Schwächen der landesherrlichen Politik sichtbar. Die Stadtmagistrate kämpften mit ihrem Selbstverständnis als eigenständiges Gemeinwesen um ihre alten Gewohnheits- und Privilegienrechte. Die nunmehr rechtskundigen Bürgermeister waren durchaus nicht bereit, sich zur untersten Verwaltungsinstanz des absolutistischen Staates herabdrücken zu lassen. Sieht man von bestimmten individuellen Charakteren und ihren Lebensleistungen, Ideen und Schicksalen ab, lassen sich viele Gemeinsamkeiten feststellen. Die Bürgermeister suchten die Lücken und die damit einhergehenden Rechtsunsicherheiten, die in dem Reformwerk der Stadtreglements zweifellos noch bestanden, zu nutzen und ihre Kompetenzen wieder zu erweitern. Sie konnten die Entwicklung der Rechts- und Verfassungsorganisation aber nicht aufhalten. Positiv an dem Bemühen des Landesherrn um Vereinheitlichung von Recht und Verfassung war die Rationalisierung der städtischen Verwaltung. Mit dem rationalen Element veränderten sich die Verhaltensweisen, die dazu geführt hatten, daß aus Rücksichten und Rivalitäten die Stadtgeschäfte nachlässig behandelt und verschleppt wurden. Der Verlust der Selbständigkeit führte zur "Bürokratisierung" der städtischen Verwaltung und zu Vereinheitlichungstendenzen. Negativ wirkte der Verlust an Selbständigkeit, weil damit auch das Verantwortungsgefühl des einzelnen Bürgers gegenüber dem Gemeinwesen verlorenging. Der Absolutismus konnte sich auf administrativem Wege in den Städten ausbreiten, die Kontinuität seiner Entwicklung lag in der Unterdrückung städtischer Selbstverwaltung bei Bestehenlassen ihrer Formen. Von den Städten gingen keine Impulse mehr aus, die Initiative für Veränderung und Entwicklung war weitgehend auf den Territorialstaat übergegangen.

In Preußen und Österreich verliefen die Städtereformen ähnlich. Die städtische Selbstverwaltung in den preußischen Territorien wurde von Friedrich Wilhelm I. am Anfang des 18. Jahrhunderts eingeschränkt und unter scharfe staatliche Kontrolle gestellt, doch hat er ebensowenig wie seine Vorgänger eine allgemeine Städteordnung erlassen. Es herrschte auch in Preußen eine aus der mangelnden Trennung von Justiz und Verwaltung hervorgehende Unsicherheit des Rechtswesens. Friedrich II. als Nachfolger hat die Stadtverfassungen nicht weiterentwickelt, sondern sich auf gelegentliche Eingriffe und Reformen beschränkt[54]. In Österreich ist die Reform der Stadtverwaltungen erst drei Jahrzehnte später und behutsamer erfolgt. Die Änderungen Maria Theresias zwischen 1745 und 1765 waren nicht so rigide wie diejenigen in Preußen. Erst unter Joseph II. sind die Städtereformen beendet

---

[54] Erich Botzenhart, Die Entwicklung der preußischen Stadtverfassungen im 18. Jahrhundert. In: Jahrbuch für Kommunalwissenschaften 1, 1935, S. 129-157, hier S. 137-141.

worden. Nach dem josephinischen Gesetzbuch von 1786 galt nicht mehr das Stadtrecht, wie es sich im Laufe der Jahrhunderte fortgebildet hatte, sondern das kodifizierte Recht eines größeren staatlichen Bereichs[55].

In Hannover wurden die Reformbestrebungen im Verlaufe des 18. Jahrhunderts nicht weitergeführt, als der Kurfürst Georg Ludwig als Georg I. im Jahre 1714 König in England wurde und sich damit auch die hannoverschen Interessen nach dort verlagerten. Erst die Verwaltungsreformen des 19. Jahrhunderts brachte den Städten eine endgültige Neuordnung ihrer inneren Strukturen und eine Gewaltenteilung in der klaren Trennung von Rechtsprechung und Verwaltung.

---

[55] Otto Brunner, Städtische Selbstregierung und neuzeitlicher Verwaltungsstaat in Österreich. In: Österreichische Zeitschrift für öffentliches Recht NF 6, 1955, S. 221-249, hier S. 246 f.

Rolf Uphoff

Der Kampf um die Zunftautonomie
Die Handwerkerkorporationen der Alt- und Neustadt Hannover im
ausgehenden 17. und 18. Jahrhundert

Seit dem Mittelalter bildeten straff organisierte Handwerkerkorporationen
eine wichtige Säule der städtischen Wirtschaft. Sie waren ein fester Bestandteil der Stadtgesellschaft und brachten dies durch einen eigenen, sehr
strengen Ehrenkodex auch nach außen hin zum Ausdruck. Ihre wirtschaftliche und gesellschaftliche Rolle machte die Zünfte außerdem zum politischen
Machtfaktor innerhalb der Stadt. Zünftige Handwerker waren fast überall am
"Stadtregiment" beteiligt, zumindest jedoch im Rat vertreten.

Im 15. und 16. Jahrhundert erlebte das zünftig organisierte Handwerk seine
Blütezeit. Es hatte sich ein Wirtschaftssystem entwickelt, das auf einer
strikten Arbeitsteilung zwischen der Stadt und dem Land basierte. Während
vom Umland die benötigten Nahrungsmittel und Rohstoffe auf den städtischen Markt gelangten, belieferten die Zünfte das Land mit den notwendigen
Handwerksprodukten. Dieses System wurde spätestens zur Mitte des 16.
Jahrhunderts allmählich durch eine Reihe von Umbrüchen ausgehöhlt. Das
langsam, aber stetig fortschreitende Bevölkerungswachstum, die Verlagerung von Handelswegen infolge der Entdeckung und Kolonisierung außer-
europäischer Gebiete, das Eindringen neuer Produktionstechniken und damit
verbunden die Veränderung des wirtschaftlichen Denkens (Frühkapitalismus), kurz: die Veränderung des Weltbildes während der frühen Neuzeit
stürzten die Zunftökonomie in eine tiefe Strukturkrise. Als krisenverschärfender Faktor kam das Bemühen der seit dem 17. Jahrhundert erstarkenden fürstlichen Landesherrschaft, die Handwerkskorporationen fest
im Staatsverband zu verankern, d.h. aus den autonomen Zünften Körperschaften öffentlichen Rechts zu machen, hinzu.

Der vorliegende Beitrag skizziert diese Entwicklung am Beispiel der Alt-
und Neustadt Hannover. Er versucht die Frage zu beantworten, inwieweit es
der welfischen Landesherrschaft in Hannover gelang, die Zünfte im absolutistischen Staat zu integrieren. Ferner werden die Struktur der hannoverschen Handwerkskorporationen, im folgenden mit der damals in Norddeutschland üblichen Bezeichnung "Amt" umschrieben, analysiert und die
Auswirkungen der Strukturkrise des damaligen Handwerks beschrieben.

Die Zunft der frühen Neuzeit

Die Entstehungsgeschichte der Handwerksämter liegt im Dunklen. Es gibt
lediglich Hypothesen, die zwischen dem Ausgang des 19. und dem Beginn

des 20. Jahrhunderts formuliert wurden. Sie lassen sich zwei Hauptrichtungen zuordnen.

1. Die Anhänger der staatsrechtlichen Entstehungshypothese. Sie begreifen die Gründung der Ämter als obrigkeitlichen Akt[1]. Die von der Landesherrschaft verliehenen Privilegien für die Handwerksverbindungen dienen ihnen als Beleg ihrer These. Erst durch diese Vorrechte bekamen die Ämter eine Autorität, d.h. gemäß der staatsrechtlichen Hypothese waren die Ämter von vornherein Körperschaften des Öffentlichen Rechts.

2. Die Anhänger der Hypothese von der "Freien Einung". Diese Gruppe geht von der nachträglichen Legalisierung der bereits entstandenen Ämter durch die Landesherrschaft aus[2]. Sie erklärt die Bildung der Handwerkerorganisationen mit der Tatsache, daß die Menschen des Mittelalters und der frühen Neuzeit sich vor den katastrophalen Folgen von Seuchen und Hungersnöten nur dadurch schützen konnten, daß sie Mitglied einer Gemeinschaft waren.

Am Ausgang des Mittelalters waren die Strukturen des städtischen Handwerks voll entwickelt. Ein Handwerkeramt bestand aus drei verschiedenen Personengruppen, die sich in ihrem Rechtsstatus voneinander unterschieden. Es waren:

1. Der Lehrling
2. Der Geselle
3. Der Amtsmeister

Jedes Mitglied mußte, um überhaupt vom Amt aufgenommen zu werden, "seines ehrlichen Herkommens und Geburt Beweistum führen"[3].

Dabei umfaßte die "Ehrlichkeit" oder "Ehrbarkeit" eine Reihe von Eigenschaften, wie die persönliche Freiheit, d.h. die Unabhängigkeit von feudalen Bindungen (u.a. Leibeigenschaft). Dann folgte als nächste Voraussetzung die untadelige Lebensführung (keine Straffälligkeit, Keuschheit). Um als ehrbar zu gelten, verlangte die frühneuzeitliche Gesellschaft die eheliche Geburt und die "Rechtgläubigkeit" (d.h. in Hannover die lutherische Konfession). Doch auch die Herkunft des Amtsbewerbers entschied über seine "Ehrbarkeit". Waren seine Eltern Scharfrichter, Hirten, Abdecker ("Schelm"), Bader, Vögte, Schäfer oder Müller etc., so hatte er keine Chance, in das Amt aufgenommen zu werden. Die Ursachen der Unehrlichkeit

---

[1] Keutgen, Ämter und Zünfte, Jena 1903, S. 42 f.

[2] Rudolph Wissel, Des alten Handwerks Recht und Gewohnheit (Einzelveröffentlichung der Historischen Kommission zu Berlin), Bd. 1-3, 1971-1974.

[3] StA Hannover B.8431 M: Amtsbuch der Schuhmacher, darin: Amtsordnung vom 24. Juli 1677, Art. 1, p. 3.

sind quellenmäßig schwer zu erfassen. Es ist jedoch eine so starke Tabuisierung zu beobachten, daß schon der bloße Kontakt zum Angehörigen einer verfemten Berufsgruppe die "Verunreinigung" der Ehre zur Folge hatte. Unehrlichkeit wurde also quasi ansteckend[4].

Der Schweizer Historiker Werner Danckert führt die Verfemung der genannten Gruppen auf Funktionen zurück, die diese in vorchristlicher Zeit ausgeübt hatten und die für den damaligen Kult von grosser Bedeutung waren (Scharfrichter als Opferpriester). Vielfach hatten die Verfemten magisches Wissen vermittelt[5]. Während der Christianisierung wurden zuvor anerkannte Traditionen verteufelt. Ihre Träger verfielen dem gesellschaftlichen Abstieg. Allerdings blieben ihre Tätigkeiten wichtig. Die Handwerksämter aller norddeutschen Städte verschärften in der frühen Neuzeit ihre Bedingungen für den Ehrbarkeitsnachweis. Das Handwerk sollte so rein sein, als ob es von Tauben gelesen wäre[6].

Eine Handwerkskarriere begann im Regelfall mit der Aufnahme als Lehrling. Das Eintrittsalter betrug in Norddeutschland gewöhnlich 12-14 Jahre. Die Eltern des Lehrlings entrichteten dem Amt ein "Amtsgeld", dessen Höhe bei den Fleischern der Calenberger Neustadt 1712 3 Gulden betrug[7]. Nach Beendigung der Lehre waren noch einmal 2 Reichstaler als Schreibgeld für die Ausstellung des Lehrbriefs zu entrichten[8]. Beim Knochenhaueramt der Altstadt Hannover betrug diese Gebühr 1689 4 Rtlr.[9]. Die Hannoverschen Zimmerleute verlangten 1 Rtlr. und 13 Gute Groschen sowie nach Beendigung der Lehre noch einmal 12 Mariengroschen[10]. Neben diesen Gebühren mußten die Eltern dem Amtsmeister ein Lehrgeld entrichten. Seine Höhe war meist Gegenstand von Verhandlungen zwischen den beiden Teilen. Nur das Amt der Schuhmacher Hannovers schrieb 1677 einen Mindestsatz von 10 Rtlr. vor[11].

---

[4] Wissel, Bd. 1 (wie Anm. 2), S. 192.

[5] Werner Danckert, Die unehrlichen Leute, die verfemten Berufe, Bern 1973.

[6] Ferdinand Frensdorf, Das Zunftrecht Norddeutschlands und die Handwerkerehre In: Hansische Geschichtsblätter 4, 1907, S. 1-89. hier S. 9.

[7] StAH C XVII o, C II A 17, Nr.1: Knochenhauer; darin: Amtsordnung des Knochenhaueramts der Calenberger Neustadt vom 19.7.1712, Art. 24.

[8] Ebd., Art. 25.

[9] StAH C XVII o, C II A 40, Nr. 1 Knochenhauer; Amtsordnung der Altstadt vom 20.2.1669, Art. 30.

[10] StAH C XVII a, C II A 40, Nr. 1: Amtsordnung des Zimmeramts, Art, 6 u. 9.

[11] StAH B.8431 M: Amtsordnung der Schuhmacher vom 24.7.1677, Art. 14, p. 7.

Nach deren Bezahlung trat der Lehrling seine Ausbildung an, die gewöhnlich 3-4 Jahre dauerte. Er war während dieser Zeit ein Mitglied der Familie des Meisters. Allerdings befand er sich in der Hierarchie des Amtes wie der Familie auf der untersten Rangstufe. Jeder Lehrling mußte sich den Anordnungen des Meisters, dessen Frau und der im Lehrbetrieb ebenfalls beschäftigten Gesellen beugen. Diese Praxis wurde durch die Amtsstatuten ausdrücklich gebilligt. Das Lernen erfolgte durch bloße Imitation der Tätigkeit des Meisters. Theoretisches Wissen wurde nicht vermittelt.

Es gab vor 1689 für hannoversche Lehrlinge kaum Möglichkeiten, gegen Repressalien des Lehrherrn vorzugehen. Verprügeln, schlechtes Essen und andere körperliche Mißhandlungen waren an der Tagesordnung. Daraus resultierte eine hohe Fluchtrate von Lehrlingen. Mit der Flucht verloren sie allerdings ihre Zunftfähigkeit und mußten bei einem erneuten Aufnahmebegehren hohe Strafgebühren bezahlen. Für die Ämter erwuchs aus der schlechten Behandlung der Lehrlinge ein Nachwuchsmangel, der das Knochenhaueramt der Calenberger Neustadt bewog, folgende Schutzklausel zu erlassen[12] :

"Damit auch ein Lehrknabe an denen veraccordierten Lehrjahren verdrießlich werde, oder gar davon zu laufen Ursache nehmen möge, wird ein jeder Amtsmeister von selbst der Gelindigkeit gegen solche Lehrknaben sich zu bedienen, auch bei dessen hervorthuenden Bosheit die Strafe zu gebrauchen wissen. Jedoch soll er nicht befuget sein, denselben mit harten und barbarischen Schlägen zu traktieren, sondern solchen Lehrknaben in der Profession wohl zu unterrichten und anzuweisen, auch vor allen Dingen zur Gottesfurcht anzuhalten."

Die Landesherrschaft erließ ebenfalls Schutzbestimmungen. Kurfürst Ernst August von Hannover schrieb in einem Edikt vor[13] :

"Die Meister sollen solchen Lehrjungen nicht allein mit allen Fleiß und gründlich unterweisen, sondern auch christlich und vernünftig traktieren, nicht aber mit unverdienten oder auch übermäßigen Savitiem zusetzen."

Allerdings war die Behandlung des Lehrlings auch von der Höhe des von den Eltern gezahlten Lehrgelds abhängig[14] .Die Lehre endete mit der feierli-

---

[12] StAH C XVII a, C II A 17, Nr. 1: Knochenhauer: "Neue Amtsartikuln" (1690), Art. 52.

[13] StAH B.8394 M: Schmiede-Copialbuch I.: Gildereglement von 1692, Art. 21, p. 37.

[14] Andreas Grießinger, Das symbolische Kapital der Ehre. Streikbewegungen und kollektives Bewußtsein deutscher Handwerksgesellen im 18. Jahrhundert, Frankfurt/M. 1981, S. 58.

chen Freisprechung vor der geöffneten Zunftlade. Nach der Übergabe des Lehrbriefes wurde der "Junggeselle" in einer Initationszeremonie von der für ihn zuständigen Gesellenbruderschaft aufgenommen[15].

Der Gesellenstatus bildete ursprünglich eine Etappe auf dem Weg zur Meisterschaft. Die angehenden Meister sollten ihre Fertigkeiten durch die Arbeit in einem anderen Betrieb vervollkommnen. Diesem Ziel diente auch der Wanderzwang[16]. Die soziale Betreuung der Wandergesellen wurde durch die Bruderschaften sichergestellt. Sie waren im späten Mittelalter noch fest im gesamten Zunftverband integriert. Doch mit dem Beginn der Krise der Zunftökonomie seit Mitte des 16. Jahrhunderts verselbständigten sich die Gesellenbünde. In einigen Städten bildeten sie regelrechte Gegenzünfte, die aktiv Forderungen gegenüber den Meistern durchsetzten[17]. Der Gesellenstatus war spätestens im 17. Jahrhundert kein Übergang mehr. In einigen Handwerksberufen, vor allem im Baubereich, blieben viele Mitglieder ihr Leben lang Geselle. Sie gründeten Familien, womit sie das ursprünglich vorgeschriebene Gesellenzölibat außer Kraft setzten. In Hannover gelangten die Gesellenbruderschaften nicht in die Rolle einer wirkungsvollen Opposition gegenüber den Meistern. Sie verblieben im Verband der Ämter bzw. wurden spätestens zu Beginn des 18. Jahrhunderts reintegriert.

Bei den Schuhmachern der hannoverschen Altstadt lag die Leitung des Gesellenverbandes in den Händen zweier deputierter Amtsmeister[18]. Ihnen zur Seite standen zwei "Altgesellen". Sowohl sie als auch die deputierten Amtsmeister besaßen je einen der beiden Schlüssel zur Gesellenlade, in der wichtige Dokumente wie das Protokollbuch verwahrt wurden. Grundlegende Beschlüsse konnten somit nur mit der Genehmigung der Meister eingetragen und in Kraft gesetzt werden, womit sich das Amt die Kontrolle über seine Gesellen sicherte. Der einzelne Geselle mußte sich seiner Bruderschaft unterwerfen, wollte er Arbeit finden und soziale Leistungen wie Krankenfürsorge in Anspruch nehmen. Die Betreuung der Gesellen lag seit der Gründung eigener Bruderschaften nicht mehr bei der Zunft. Kranke Gesellen mußten sich an ihre Bruderschaft wenden, die dieselbe Rolle übernahm wie die Zunft bei den Meistern. Auch im Todesfall war die Gesellenbruderschaft ein Spiegelbild der Zunft[19].

---

[15] Wissell, Bd. 1 (wie Anm. 2), S. 273.

[16] Frensdorf (wie Anm. 6), S. 63.

[17] Wissell, Bd. 3 (wie Anm. 2), S. 206.

[18] StAH B.8438 K: Artikelbuch der Schuhknechte v. 16.11.1707, Art.1-4.

[19] StAH B. 8438 K: Artikelbuch der Schuhknechte v. 16.11.1707, Art.67 u. 68.

Zuwandernde Gesellen wandten sich an die Bruderschaft der entsprechenden Stadt[20]. Der Geselle suchte die von ihr unterhaltene Herberge auf ("Krug"). Meist handelte es sich dabei um ein Lokal, dessen Wirt mit dem Gesellenverband einen Vertrag abgeschlossen hatte. Falls sich der Geselle auf der Durchreise befand, konnte er hier kostenlos übernachten und erhielt von der Bruderschaft ein Geschenk als "Wegzehrung". Wollte er jedoch eine Arbeit, so mußte er zunächst der Bruderschaft eine Einschreibegebühr entrichten und der Stadt das "Schütegeld" bezahlen. Danach wurde ihm eine Stellung vermittelt. In Hannover blieb der um Arbeit nachfragende Geselle im "Krug". Der Altgeselle sagte den Meistern dessen Anwesenheit an, und Interessierte suchten selbst den Krug auf, um den Bewerber in Augenschein zu nehmen. Der normale Arbeitstag begann mit Sonnenaufgang und endete nach 10-12 Stunden. Allerdings wurde die gesamte Wochenarbeitszeit durch zahlreiche Feiertage und den "Blauen Montag" verringert[21]. Der "Blaue Montag" galt als Versammlungstag der Gesellenbruderschaften und als Abzugstag der Wandergesellen[22]. In Hannover bekam dieser Feiertag nicht die Bedeutung wie in anderen Städten, obgleich er auch hier durchaus üblich war[23]. Ein Geselle konnte nach einer Kündigungsfrist von acht Tagen zu jeder Zeit von seinem Meister entlassen werden. Die Kündigung durch den Gesellen war nur zu besonderen Stichtagen, wie Weihnachten, Ostern, zum Johannistag (24.6.) und zum Michaelistag (29.9.) möglich.

Wollte ein Geselle sich endgültig niederlassen und einen eigenen Betrieb gründen, so mußte er die Meisterwürde und die Mitgliedschaft im zuständigen Handwerksamt gewinnen. Während das Aufnahmeverfahren im Mittelalter noch ziemlich einfach war, türmten sich in der frühen Neuzeit schier unüberwindliche Hindernisse vor dem Bewerber auf. Die Vorschriften des Schuhmacheramts in Hannover sollen an dieser Stelle als Illustration dienen[24]: Zunächst mußte der zukünftige Meister noch einmal vier Jahre bei einem Amtsmeister arbeiten. ("Muthzeit"). Danach meldete er in einer Amtsversammlung seine Bewerbung um die Meisterschaft an. Das Amt beraumte daraufhin drei Sitzungen ein, in denen der Meisterkandidat die Erfüllung seiner Auflagen nachzuweisen hatte.

In der "Ersten Eschung" legte der Bewerber seinen Lehrbrief, den Wandernachweis und die Urkunde über den Erwerb des Bürgerrechts der Stadt

---

[20] Ebd., Art.19, 20, 25.

[21] StAH B.8431 M: Amtsordnung der Schuhmacher vom 24.7.1677, Art.16, p.10.

[22] Grießinger (wie Anm. 14), S. 258.

[23] StAH B. 8557 K: Amtsbuch der Bäcker; Amtsordnung v. 1431, Art. 12.

[24] StAH B. 8431 M: Amtsordnung der Schuhmacher v. 24.7.1677, Art. 1-9.

Hannover vor. Zwei Bürgen mußten die Richtigkeit der Dokumente bestätigen. Nun mußte der Meisteranwärter mit dem Meisterstück eine Probe seines Könnens demonstrieren. Die Beschaffenheit des verlangten Werkes wurde in den Amtsordnungen detailliert festgelegt. Neue Ideen fanden keine Anerkennung. Jeder Handwerker sollte "so thun, wie es die Altvorderen vorgethan". Damit wurde eine Konservierung der traditionellen Produktionsweisen angestrebt.

In der "Zweiten Eschung" erfolgte die Begutachtung des Probestücks und die Einbezahlung der verlangten Amtsgebühren. Um die Mitgliedschaft des Amts zu gewinnen, mußte der "Junge Meister" ein zweitägiges Meisteressen mit allen Amtsmeistern abhalten.

Erst bei einer "Dritten Eschung", in der der angehende Amtsmeister noch materielle Leistungen im Werte von 15 Rtlr. (Zinnbecher und Teller) erbringen mußte, erlangte er die vollen Rechte eines Amtsbruders. Heiratete der Amtsmeister eine "fremde" Frau, d.h. eine Frau, die nicht die Witwe oder Tochter eines Schuhmacheramtsmeisters war, so mußte auch sie in den Verband ihres Mannes aufgenommen werden. Nach dem obligatorischen Nachweis ihrer "Ehrbarkeit" hatte sie dem Amt ebenfalls ein Essen zu bereiten. Außerdem wurde wieder eine Gebühr fällig.

Die Ehe mit der Witwe oder Tochter eines Amtsmeisters erleichterte die Aufnahmeprozedur entscheidend. Zunächst entfiel die vierjährige "Muthzeit". Auch die geforderten Gebühren wurden ermäßigt. Der Sohn eines Amtsmitglieds galt als Erbe seines Vaters auch im Hinblick auf die Zunftzugehörigkeit. Tendenziell ging die Entwicklung in der frühen Neuzeit auf die reine Vererbbarkeit der Meisterwürde zu, d.h., der Sohn eines Meisters hatte bereits mit der Geburt die Meisterrechte erworben und brauchte keine weiteren Auflagen zu erfüllen. In Hannover wurde dieser Entwicklungsstand nicht erreicht. Das Schuhmacheramt verlangte auch vom Sohn eines Mitglieds den Nachweis einer Wanderung. Außerdem waren, wenn auch ermäßigt, Zulassungsgebühren zu entrichten. Das Schmiedeamt verlangte sogar ein Meisterstück.

Innerhalb der Gruppe der Amtsmeister gab es eine klar gegliederte Hierarchie. Wichtige Entscheidungen wurden nur im kleinen Kreis getroffen. Die detaillierteste Beschreibung der Entscheidungswege findet sich wiederum in der Amtsordnung der Schuhmacher der hannoverschen Altstadt von 1677[25]. Das Amt untergliederte sich in drei Fraktionen, "Schürtzen" genannt. Es waren: die "Schürtze der Alten Meister", die der "Mittleren Meister" und die der "Jüngeren Meister".

---

[25] Ebd., Art. 24, 25, 29.

Inwieweit das Dienst- oder Lebensalter der Amtsmitglieder tatsächlich für diese Einteilung maßgeblich war, läßt sich aus den Quellen nicht ableiten. Meine Auffassung geht aufgrund der dominierenden Position der "Schürtze der Altmeister" dahin, das es sich um Oberhäupter alteingesessener Mitgliedsfamilien handelte. Über die beiden anderen Gremien sind ebenfalls keine Unterscheidungskriterien überliefert.

Beschlüsse in Amtssachen wurden auf der traditionellen Mitgliederversammlung, der "Morgensprache", gefaßt. Sie fand vierteljährlich statt, und zwar am Vormittag (Morgen) des ersten Ostertages, des St. Johanni-Baptista-Tages (24.6.), des St. Michaeli-Tages (29.9.) und des Weihnachtstages (25.12.). Die drei Fraktionen traten auf der Versammlung als "Meisterbank" auf. Diese ernannte die Leitung des Amtes; zwei Werkmeister, die das Schuhmacheramt im Rat der Stadt Hannover vertraten, und zwei Älterleute, die das Amt nach außen und innen repräsentierten. Außerdem legte sie den wirtschaftlichen Kurs der Zunft fest. Zu guter Letzt lag auch die Rechtsprechung des Amts in ihrem Aufgabenbereich.

Jede der drei "Schürtzen" trug ihre Meinung durch einen Sprecher vor. Dabei stimmten sie getrennt ab. Die dominierende Rolle der "Schürtze der Älteren Meister" kam mit der Vorschrift zum Ausdruck, wonach Entscheidungen dieser Fraktion nur von den Übrigen gemeinsam überstimmt werden konnten. Zusätzlich befestigt wurde ihre Machtposition durch das Verbot der Absprache zwischen den "Mittleren" und "Jüngeren" Meistern. Diese Verfahren sicherte die führende Rolle weniger Familien. Sie zementierten die oligarchischen Strukturen des Amtes. Ihre Führungspositionen wurden quasi zu Erbämtern, indem der Sohn eines Ältermannes die Rolle seines verstorbenen Vaters übernahm. Die oligarchische Struktur der Ämter spiegelt deren Erstarrung wider. Jeder Amtsmeister sollte unverrückbar seinen gebührenden Platz innerhalb der Gemeinschaft einnehmen. Dieser galt als vom Schicksal vorgegeben. War der Vater eines Amtsmitglieds Ältermann, so gelangte auch er in eine ebensolche Position. Die Ursache dieser Tradition lag in der Mentalität des frühneuzeitlichen Menschen[26]. Er begriff sich als Teil einer Gemeinschaft, von der sein Wohl und Wehe abhing. Nur sie konnte seinen gesellschaftlichen Status garantieren, weshalb er sich ihren Regeln unterwarf. Eine höhere Stellung innerhalb der Gesellschaft einzunehmen, kam nicht in Frage, weil dies als Verstoß gegen die gottgegebene Ordnung angesehen wurde. Die Gemeinschaft war das Amt oder der Stand, in den ein jeder hineingeboren wurde.

---

[26] Richard van Dülmen, Kultur und Alltag in der Frühen Neuzeit, Bd. 2: Dorf und Stadt, München 1992, S. 178 f.

Diese klare Vorstellung vom Platz innerhalb der Gesellschaft war, um es modern auszudrücken, die ideologische Grundlage des ständischen Sozialaufbaus. Um den gebührenden Platz ihrer Mitglieder in der Gesellschaft zu sichern, war es für die Handwerkerkorporationen unumgänglich, die Existenz jedes einzelnen Meisters zu garantieren; mit anderen Worten: Jeder Meister mußte durch sein Einkommen die Ehre seines Standes innerhalb des Amtes wie seiner sozialen Umwelt symbolisieren. Dabei durfte er jedoch nicht seinen Amtsbruder übertrumpfen, d.h. ihm seinen Rang streitig machen. Jeder sollte seine ihn gebührende "Nahrung" erhalten. Deshalb regelten nicht die Bedürfnisse des Marktes die zünftige Wirtschaftspolitik, sondern das Bestreben nach einer Verteilung der Produktion auf der Basis der Stellung des Einzelnen im Zunftverband.

Dazu erließen sie Vorschriften, welche die Warenproduktion bis ins kleinste Detail regelten. Es galt als Rahmenvorschrift: "Keiner soll anders thun, alls ihm die Vorhergehenden vorgethan"[27]. Zur Durchsetzung des Nahrungsprinzips der Gesamtproduktion erließen die Zünfte eine Begrenzung der Zahl der Angestellten[28]. Es konnten auch direkte Produktionsquoten festgelegt werden[29]. Zugleich wurden strenge Qualitätsvorschriften erlassen. Regelmäßige Kontrollen und Visitationen der Betriebe sorgten für die Einhaltung der Auflagen[30]. Doch erfolgte eine Beschränkung des Wettbewerbs nicht nur über eine Quotierung der Produktion, sondern auch durch direkte Eingriffe im Einkauf der Rohstoffe und in den Warenverkauf[31]. So wurden jedem Zunftmitglied bestimmte Verkaufsflächen oder Stände auf dem Markt zugewiesen. Vielfach loste sie das Amt unter den Genossen aus. Beim Einkauf der Rohstoffe galt die Richtlinie, daß nur soviel erworben werden konnte, wie unmittelbar verkauft wurde. Einige Ämter kauften benötigte Grundstoffe gemeinsam ein und verteilten sie unter den Mitgliedern[32]. Bei ihnen war der private Zukauf von Rohstoffen streng verboten. Die Handwerker gingen nicht auf die Wünsche der Kunden ein, sondern die Kunden sollten sich mit den gemäß zünftigen Auflagen produzierten Waren begnü-

---

[27] StAH.,B 8431 M Amtsordnung der Schuhmacher, Präambel.

[28] Ebd., nicht mehr als zwei Gesellen, Art.15.

[29] StAH C XVII o, C II A 17, Nr. 1: Knochenhauer: "Neue Amtsarticuln" (1690), Art. 33.

[30] StAH B.8431 M: Amtsordnung der Schuhmacher v. 24.07.1677, Art. 12.

[31] StAH C XVII o, C II A 17, Nr.1: Knochenhauer; Budenordnung des Altstadtamts v. Mai 1728, Art. 4.

[32] StAH B. 8431 M: Amtsordnung der Schuhmacher v. 24.07.1677, Art. 31.

gen. Das Angebot entsprach jedoch nicht der gängigen Mode. Es wurde von den Kunden als "Plump" und "Altförmig" empfunden[33].

Der Sicherung der Nahrung dienten außerdem die von den Ämtern garantierten sozialen Leistungen. Sie sollten einen Schutz vor Verelendung bieten. Im einzelnen handelte es sich bei den offerierten Leistungen um Hilfen im Krankheitsfall (Krankenwachen, Gewährung von Darlehen sowie Spitalsplätze)[34] oder bei allgemeiner Nahrungsmittelknappheit.

Wie wichtig die Wahrung der standesgemäßen Ordnung war, kam bei Begräbnissen von Amtsmitgliedern zum Ausdruck. Die Ämter finanzierten eine Bestattung durch eigene Totenkassen, die sich aus Beiträgen der einzelnen Meister speisten[35]. Die Witwe des Verstorbenen durfte den Betrieb weiterführen. Das Amt bevorzugte sie bei der Vermittlung von Gesellen. Dem sozialen Schutz der Hinterbliebenen diente auch die Vorschrift oder zumindestens die Ermunterung von Amtsbewerbern, eine verwitwete Meisterin zu heiraten[36].

Die Krise der Zunftökonomie und landesherrliche Eingriffe

Die wirtschaftliche Blütezeit der Zünfte endete zu Beginn der frühen Neuzeit. Erkennbar wurde die Trendwende an der Verschärfung der Auflagen zur "Gewinnung des Handwerks". Auf dem Höhepunkt der Zunftkrise im 17. und 18. Jahrhundert erreichten sie eine solche Schärfe, daß die Erlangung der Meisterwürde nahezu unmöglich war. Die Ursache dieser negativen Entwicklung lag im sich verändernden wirtschaftlichen, sozialen und politischen Umfeld der Handwerkerkorporationen begründet.

Der erste Krisenfaktor war die seit Mitte des 15. Jahrhundert allmählich anwachsende Bevölkerung. Überdeckt von kurzfristigen Konjunkturen begann sich infolgedessen eine Preisschere zwischen den handwerklich-gewerblichen Waren und den Agrarprodukten zuungunsten der ersteren zu öffnen. Die wachsende Bevölkerung ließ die Nachfrage nach Nahrungsmitteln ansteigen. Außerdem suchte eine zunehmende Anzahl von Bewerbern um die Amtsmitgliedschaft nach.

---

[33] NHStA Hann.93, 38c, Nr.84: "Wie weit die Handwerker auf dem Lande zuzulassen", v. 30.1.1749.

[34] Sigrid Fröhlich, Die soziale Sicherung bei Zünften und Gesellenverbänden, Berlin 1976, S. 79.

[35] StAH UXI 0095: Totenkassenprivilegium für das Schuhmacheramt v. 1.9.1759.

[36] StAH B. 8431 M: Amtsordnung der Schuhmacher v. 24.7.1677, Art. 27.

Für Hannover und andere norddeutsche Städte kam im 16. Jahrhundert die Verlagerung der europäischen Handelswege als weiterer krisenverschärfender Faktor hinzu[37]. Infolge der Entdeckung und Erschließung Amerikas begann sich der Handelsschwerpunkt in Richtung Westeuropa zu verlagern. Niedersachsen wurde zum halbperipheren Raum, dessen wirtschaftlicher Schwerpunkt im Agrarbereich lag (z.B. Ostfriesland: Viehmast, Getreideproduktion)[38]. Die Absatzgebiete lagen bei den kolonialen Mächten Westeuropas, vor allem in Holland und Großbritannien.

Vollends in die Stagnation getrieben wurde das Handwerk durch den Dreißigjährigen Krieg[39]. Zwar konnte Hannover als "Wohlbefestigter Ort" nicht militärisch eingenommen werden, doch verwüsteten umherziehende Söldnerscharen das Umland. Alte wirtschaftliche Verbindungen rissen ab. Zudem mußte Hannover viele Flüchtlinge aufnehmen. Sie wollten hier ihr gelerntes Handwerk fortsetzen, was die Konkurrenzsituation für die Einheimischen verschärfte.

Der letzte krisenbeeinflussende Faktor lag in der Aufhebung der traditionellen Abhängigkeiten zwischen Stadt und Land[40]. Das sich seit dem 16. Jahrhundert entwickelnde Verlagssystem ließ die Zahl der auf dem Lande produzierenden Handwerker rasch ansteigen. Sie arbeiteten zunächst für einen frühkapitalistischen Unternehmer; doch später machten sich viele selbständig. Nicht gebunden durch zünftige Beeinträchtigungen konnten sie marktkonform produzieren. Diese zum Teil von Regierung und adeliger Grundherrschaft gedeckte Konkurrenz wurde durch außerzünftige Handwerker innerhalb der Stadt verstärkt. Bei ihnen handelte es sich meist um Gesellen oder fremde Meister, die die Eintrittsbedingungen der Ämter nicht erfüllen konnten.

Die organisierten Handwerker reagierten auf die Krise mit traditionellen Maßnahmen, d.h. sie verschlossen sich mehr und mehr vor Aufnahmeanträgen und versuchten, die Außerzünftigen zu vertreiben. Es wurden regelmäßig sogenannte "Bönhasenjagden" veranstaltet[41]. Alle Mitglieder eines

---

[37] Carl-Hans Hauptmeyer, Die Residenzstadt Hannover im Rahmen der Frühneuzeitlichen Stadtentwicklung, in: Niedersächsisches Jahrbuch für Landesgeschichte 6, 1989, S. 61-85, hier S. 64.

[38] Friedrich Ahrends, Ostfriesland und Jever in geographischer, statistischer und besonders landwirtschaftlicher Hinsicht, Bd, I-III, Emden 1818-1820, ND Leer 1974.

[39] Hermann Schmidt, Die Stadt Hannover im Dreißigjährigen Krieg, in: Zeitschrift des hist. Vereins zu Niedersachsen, 1895, S. 164-206, hier S. 183.

[40] Hauptmeyer, Residenzstadt (wie Anm. 37), S. 70.

[41] StAH B 8431 M: Amtsordnung der Schuhmacher vom 24.07.1677, Art. 28.

Amtes durchstöberten die Straßen Hannovers nach illegalen Handwerksbetrieben. Diese wurden ausgehoben, indem die Amtsmeister das Werkzeug
und die Ware konfiszierten und zerschlugen. Daß es dabei zu Gewalttätig-
keiten gegen die Außerzünftigen kam, war eine logische Konsequenz.

Doch nicht nur das Stadtgebiet sollte von nichtorganisierten Handwerkern
gesäubert werden. Die Ämter dehnten ihre Verfolgungsmaßnahmen auch auf
das hannoversche Umland aus. Sie beanspruchten eine Bannmeile rund um
die Stadt. Damit versuchten die Handwerkerkorporationen die Grundlage
ihres Wirschaftssystems, nämlich die Arbeitsteilung zwischen Stadt und
Land, zu konservieren. Solange die Stadt Hannover einem schwachen Landesherrn gegenüberstand, konnte sie die Forderungen der Ämter (sie waren
schließlich im Rat vertreten) erfüllen und deren Maßnahmen decken. Die
Autonomie Hannovers schützte die Ämter vor landesherrlichen Eingriffen,
umso mehr, als die Erhebung der Calenberger Hauptstadt zur Freien
Reichsstadt vor dem Ausbruch des Dreißigjährigen Krieges nur noch eine
Frage der Zeit zu sein schien. Dokumentiert wurde dieser Prozeß durch die
kaiserliche Verleihung der Hohen Gerichtsbarkeit im Jahre 1619. Der
Machtgewinn Hannovers war Folge der Schwächung der welfischen Landesherrschaft durch ständige Erbteilungen. Hinzu kamen besonders unter der
Herrschaft des Herzogs Erich II. (1540-1584) hohe Schulden der Regierung[42] . Immer wieder mußte sie von den Ständen Steuern beantragen, die
diese nur gegen Zusicherung weitgehender Privilegien gewährten.

Ab 1636 war es mit der Autonomie Hannovers vorbei. Mit dem Einzug Herzog Georgs begann eine neue Epoche, die ganz im Zeichen des erstarkenden
Territorialstaates und des absolutistischen Regiments stand. Dabei mußte die
Landesherrschaft drei Hauptprobleme lösen, um ihre Machtposition zu un-
termauern:

1. Der wirtschaftliche Wiederaufbau nach Ende des Dreißigjährigen Krieges,

2. die Neuorganisation der Landesverteidigung; statt einer auf Zeit an-
   geworbenen Truppe ein stehendes Heer (Miles perpetuus),

3. die Unterhaltung eines prunkvollen Hofes, um die neue Machtposition
   auch nach außen zu dokumentieren.

Zur Lösung dieser Probleme wandten die Fürsten der großen deutschen
Territorien die gleichen Mittel an, was letztendlich auf einen Umbau der bis-

---

[42] Carl-Hans Hauptmeyer, Calenberg. Geschichte einer Landschaft, Hannover 1983, S.
58.

herigen Strukturen hinauslief. Die einzelnen Schritte liefen nach folgendem Schema ab:

1. Zentralisierung der staatlichen Verwaltung, z.b. in Hannover durch die Einrichtung des Collegiums der Geheimen Räthe,

2. Zerschlagung der ständischen Autonomie, z.b. durch die 1699 im Kurfürstentum Hannover erlassene Stadtverfassungsreform, die die Ratsgremien abschaffte und durch auf die Landesherrschaft vereidigte Magistrate ersetzte,

3. Umstrukturierung der Wirtschaft im Sinne des Merkantilismus, z.b. durch den Ersatz der direkten durch indirekte Steuern (Akzise), deren Ertrag von der Produktivität abhängig war, aktive Exportpolitik, "Peuplierung".

Die Neuorientierung der Wirtschaftspolitik lief der zünftigen Produktionsauffassung entgegen. Eine Belebung der Wirtschaft blieb aber schon aufgrund der hohen Unterhaltungskosten des Heeres und des ab 1692 kurfürstlichen Hofes unabdingbar. Dem radikalen Schritt des dänischen Königs, nämlich die Abschaffung des Zunftwesens[43], folgten die anderen Souveräne nicht. Das organisierte Handwerk hatte aus ihrer Sicht durchaus Vorteile. Es ließ eine effektivere Kontrolle der Einzelbetriebe zu, übte soziale Schutzfunktionen aus und garantierte die Qualität der Ware. So war es das Ziel der Landesherrschaft, die Handwerkerorganisationen in ihren Staat zu integrieren. Sie sollten zu Institutionen öffentlichen Rechts werden. Zunächst erfolgten partielle Schritte, um die hannoverschen Handwerksämter zu veranlassen, sich den neuen Gegebenheiten freiwillig anzupassen. Die Herzöge Johann Friedrich, Georg Wilhelm und Kurfürst Ernst August erweiterten den Kreis der Amtsfähigen, indem sie die Gruppe der "Unehrlichen" per Gesetz neu definierten. Daneben versuchten sie, das Monopol der Ämter durch die Einrichtung einer Gewerbefreiheitszone in der Calenberger Neustadt zu umgehen[44]. Der erste welfische Kurfürst Ernst August ging nach seinem Regierungsantritt energischer gegen die organisierten Handwerker seines Territoriums vor. Zunächst versuchte er zusammen mit seinem Lüneburger Bruder Georg Wilhelm und dem brandenburgisch-preußischen Kurfürsten Friedrich Wilhelm (der Große Kurfürst) eine Zunftreform auf Reichsebene durchzusetzen. 1672 wurde diese nach langen Beratungen durch die meisten deutschen Fürsten gebilligt und dem Kaiser zur Ratifikation vorgelegt. Allerdings

---

[43] Ruth Mohrmann, Handwerk und Obrigkeit. In: Kieler Blätter zur Volkskunde 10, 1978, S. 29-48, hier S. 29.

[44] Siegfried Busch, Hannover, Wolfenbüttel und Celle, Stadtgründungen und Stadterweiterungen der drei Welfischen Residenzen vom 16. bis zum 18.Jahrhundert, Hildesheim 1969.

verweigerte er diese, so daß die Reform keine Gesetzeskraft erlangte. Die welfischen Herzöge hatten die Reichslösung angestrebt, da sie fürchteten, daß die zünftigen Handwerker die Reformstaaten meiden würden und ein akuter Arbeitskräftemangel eintreten würde. Als die Reforminitiative auf Reichsebene gescheitert war, mußte die Regierung des Kurfürstentums Hannover eine eigene Reform durchführen. Sie orientierte sich am Entwurf der Reichsordnung und an den brandenburgischen Zunftgesetzen. Nach der Hauskonferenz der welfischen Herrscher in Burgdorf am 10. August 1687[45] war der Weg frei für eine Zunftreform im gesamten welfischen Raum Niedersachsens. Im Gildereglement von 1692 fand sie ihre gesetzliche Form. Die Hauptbestimmungen waren[46]:

1. Oberhoheit der Landesregierung über die Handwerksämter und Gilden,

2. Abschaffung der zünftigen Sonderjurisdiction,

3. Kontrolle der "Morgensprache" oder sonstiger Amtsversammlungen durch einen kurfürstlichen Beamten,

4. Verbot der zünftigen Kultur, Abschaffung der Feiertage ("Blauer Montag"),

5. Reform der Eintrittsmodalitäten, insbes.: Abschaffung aller Zeremonien wie "Meisteressen", Abschaffung der "Muthzeit", das Meisterstück soll der gängigen Mode entsprechen und nicht zu "kostbar" sein,

6. Abschaffung der Unterscheidung zwischen "ehrlich" und "unehrlich".

De jure wurden die Ziele der Reform erreicht. Doch schon die Regierung des Kurfürsten Georg Ludwig verwässerte die Bestimmungen des Gildereglements. Als Georg Ludwig die britische Krone annahm (1714), setzte sich diese Entwicklung beschleunigt fort. Die Personalunion mit Großbritannien machte aus dem Kurfürstentum Hannover ein Nebenland. Das Interesse der Nachfolger Georgs I. an dem Stammland ihrer Dynastie sank auf den Nullpunkt. Die eingesetzte Regierungsbehörde der "Geheimen Räte" entwickelte nicht den Druck auf den fernen König, der nötig gewesen wäre, um die Verhältnisse im Kurfürstentum weiterzuentwickeln. Sie ließ die Zustände auf sich beruhen. Zwar fragten die Geheimen Räte wegen jeder noch so geringen Kleinigkeit nach Befehlen aus London, dennoch wurden wichtige Entscheidungen verschleppt. Die aus dem hohen Adel stammenden Mit-

---

[45] NHStA Hann. 93 38 c Nr. 30: "Wie die Gilden hinfüro einzurichten", Protokoll der welfischen Hauskonferenz zu Burgdorf vom 8.12.1687.

[46] Vgl. Anm. 13.

glieder des Kollegiums waren erzkonservativ[47] und nicht an Veränderungen überkommener Strukturen interessiert. Folge einer solchen Haltung war die Verlangsamung der wirtschaftlichen Entwicklung des Kurfürstentums Hannover. Das Ende der aktiven Gewerbepolitik gab den durch das Gildereglement geschwächten Handwerksämtern die Möglichkeit, ihre alte Autonomie wenigstens teilweise wieder zu erlangen. Doch dauerte die Strukturkrise der Zunftökonomie weiter an. Respektive Maßnahmen gegen deren Symptome (Zunahme der außerzünftigen Konkurrenz, Absatzrückgang der von den Amtsbetrieben produzierten Waren) behoben sie nicht, sondern bremsten nur den weiteren Fortgang. Gerade die Weigerung, sich marktkonform zu verhalten (d.h. Einführung einer Massenproduktion und ihre Ausrichtung an der Nachfrage), stärkte die ländliche Konkurrenz. Viele abgelehnte Amtsbewerber ließen sich im Umland der Stadt Hannover nieder. Doch was blieb den Ämtern anderes übrig, als auf ihre traditionellen Abwehrstrategien zurückzugreifen?

Eine Anpassung an die Bedürfnisse des Marktes gefährdete den inneren Zusammenhang der Handwerksverbindungen, weil sie die Konkurrenz der Amtsmeister untereinander voraussetzte. Außerdem verstieß eine marktorientierte Produktionsweise gegen das Nahrungsprinzip, d.h. gegen den Grundsatz, daß jedes Amtsmitglied sein standesgemäßes Auskommen haben müsse.

Darüber hinaus erzeugte der Wettbewerb am Markt Gewinner und Verlierer. Der Verlierer war in Gefahr, nicht nur in die materielle Armut abzustürzen, sondern auch seine mit dem Vermögen verbundene Ehre zu verlieren, während ein erfolgreicher Amtsmeister schon allein gegen die Moralgrundsätze seines Handwerks verstieß, indem er "die Nahrung an sich zog". Wie groß die Macht der Moralischen Ökonomie (Polanyi) war, zeigt die Geschichte der Calenberger Neustadt. Schon bald nach ihrer Ansiedlung strebten die dortigen Handwerker eigene Amtsprivilegien an, um nicht länger von ihren Altstädter Standesgenossen als Bönhasen angesehen und damit in ihrer Ehre gekränkt zu werden. Landesherrliche Polizeimaßnahmen zu ihrem Schutz (Privilegierung als Hofhandwerker) reichten ihnen nicht.

Die hannoverschen Handwerksämter befanden sich im 17. und 18. Jahrhundert somit in einem unauflöslichen Dilemma: Veränderungen des Umfeldes und der Druck von seiten der landesherrlichen Gewerbepolitik, die nicht von vorneherein eine marktwirtschaftliche Produktion anstrebte, ihr aber unbeabsichtigt den Weg ebnete, verlangten eine Veränderung traditioneller

---

[47] Klaus Püster, Möglichkeiten und Verfehlungen merkantiler Politik im Kurfürstentum Hannover unter der Berücksichtigung der Personalunion mit dem Königreich Großbritannien, Diss. Hamburg 1965, S. 55.

Strukturen und Denkweisen. Eine solche stellte jedoch die Zunft als Verband in Frage. Deshalb entschieden sich ihre Mitglieder gegen Reformen und kämpften gegen die fürstliche Gewerbepolitik. Dieser Kampf äußerte sich in einer Flut von Supplikationen gegen staatliche Maßnahmen oder einer schlichten Ignorierung landesherrlicher Befehle. Solange der handwerkliche Ehrenkodex von allen Amtsmitgliedern anerkannt wurde, gelang wenigstens eine partielle Bewahrung der zünftigen Autonomie. Doch im Laufe des 18. Jahrhunderts begannen die Traditionen des "Ehrbaren Handwerks" abzubröckeln, was sich an immer strengeren Vorschriften der hannoverschen Ämter, Amtsversammlungen vollzählig zu besuchen oder sich an Sammlungen für in Not geratene Handwerksgenossen zu beteiligen, aufzeigen läßt. Es setzte eine fast unmerkliche Auflösung der Zunftgemeinschaft ein, welche ihre Widerstandsfähigkeit schwächte. Den Kampf gegen die neue Zeit konnten die Handwerker nicht gewinnen.

Rolf Kohlstedt

"Zu einer elenden Krämerey heruntergesunken"[1] oder an der Schwelle zur Industrialisierung?
Hannovers Wirtschaft am Ende des 18. Jahrhunderts

"Bekanntlich ist es der städtischen Verfassung in Teutschland von ihrem Ursprung an wesentlich, daß Handlung und Handwerk von den Bürgern, mit Ausschluß der Landleute, allein geführet werde, und es beruhet dieser Grundsatz nicht auf einer Willkür der Gesetzgeber, sondern auf der Natur der Sache und Beschaffenheit der wechselseitigen Verhältnisse zwischen den Städten und dem platten Lande: Dem Bürger wird durch das Gegentheil seine Nahrung entzogen, der Bauer, der es ungleich bequemer findet, in seiner Wohnung Handlung und Handwerk zu treiben, als sich den manigfaltigen Beschwerlichkeiten des Landlebens auszusetzen, wird zum größeßten Nachtheil des ganzen gemeinen Wesens vom Ackerbau abgehalten"[2].

Mit diesen Worten beschwerte sich 1786 die Verwaltung der Altstadt Hannover stellvertretend für die Gewerbetreibenden der Residenzstadt beim soeben von der Landesregierung zur Förderung der Wirtschaft ins Leben gerufenen Commerz-Collegium über die Eingriffe des Militärs, der Hausierer und der Landleute in ihre bürgerliche Nahrung[3]. Diese in dem Bericht der Altstadt Hannover über die Gewerbebetriebe der Stadt vorgetragene Klage über das konkurrierende Landhandwerk, die ein hohes Maß städtischer Ignoranz und Borniertheit verrät, veranschaulicht einen charakteristischen Aspekt der gewerblichen Wirtschaft frühneuzeitlicher Städte, die sich am Ausgang des 18. Jahrhunderts ebenso wie eine Reihe tradierter Lebens-, Arbeits- und Herrschaftsformen bzw. -normen in einer Phase der allmählichen Umbrüche und Veränderungen befand. Ein spannungs- und konfliktreiches Verhältnis zwischen Tradition und Innovation kennzeichnete die öko-

---

[1] Neue öffentliche Anstalten. In: Annalen der Braunschweig-Lüneburgischen Churlande 1, 1787, 1. Stück, S. 34-39, hier S. 35.

[2] StA Hannover B 8142 m, ebenso alle folgenden Zitate ohne Quellenangabe.

[3] Ebd. Das Kommerzkollegium, erste zentrale Behörde des Kurfürstentums Hannover zur Wirtschaftsförderung, begann seine Arbeit 1786 mit einer Umfrage zur ökonomischen Situation in den Städten, Ämtern und Gerichtsbezirken; bezeichnenderweise antwortete nur die Hälfte der angeschriebenen Behörden. Während die Unterlagen des Kommerzkollegiums 1943 im Hauptstaatsarchiv Hannover zerstört wurden, liegt mit dem vorhandenen Bericht der Altstadt im Stadtarchiv Hannover eine bedeutende wirtschaftsgeschichtliche Quelle vor. Ein Vergleich mit einer Beschreibung der städtischen Verhältnisse, 1757 angefertigt auf Anfrage des französischen Kommissars de la Porte, ließ neben den Strukturen insbesondere die Veränderungen im ökonomischen Gefüge Hannovers deutlich werden.

nomische Situation in den Städten. Neben die durch das Zunfthandwerk repräsentierten Prinzipien der überlieferten Bedarfsdeckungswirtschaft traten
durch Manufakturen nun zunehmend auf Profitinteressen beruhende Produktionsweisen. Die ehemals im Idealfall autonome städtische Wirtschaft
wurde einer merkantilistischen Territorialwirtschaft untergeordnet, hinzu
kam die umfangreiche Ausdehnung der ländlichen Gewerbe. Für die Zeitgenossen der Französischen Revolution ergaben sich auch und gerade in ökonomischer Hinsicht zahlreiche Widersprüche und Konflikte, die sich zum
Ende des 18. Jahrhunderts hin zuspitzten und in den Klagen der Betroffenen
sogleich existenzbedrohendes Ausmaß annahmen. Standen aber Handwerker, Händler und andere Gewerbetreibende in Hannover kurz vor dem un-
vermeidlichen Ruin, oder gehörte die Mitleid erheischende Selbstdarstellung
der beklagenswerten Situation zu einem Repertoire standardisierter Floskeln, in denen sich konservatives Unbehagen gegenüber ökonomischen Veränderungen äußerte, sobald sich eine Relativierung städtischer Privilegien
und Monopole andeutete?[4] Wie sahen die Strukturen der gewerblichen
Wirtschaft am Ausgang des 18. Jahrhunderts in Hannover aus, wie veränderte sich das ökonomische Gefüge seit der Mitte des Jahrhunderts, welche
Spannungen und Konflikte ergaben sich?

Die gewerblichen Strukturen in Hannover

Hannover bestand am Ende des 18. Jahrhunderts aus zwei Städten: der Altstadt (einschließlich der Aegidienneustadt) und der Neustadt. Beide bildeten
getrennte Gerichtsbezirke mit jeweils eigener Finanz-, Gewerbe- und Polizeiverwaltung, waren aber als Wohnsiedlung und Wirtschaftsgemeinschaft
fest zusammengewachsen. Um 1770 umgaben insgesamt 58 selbständige
Dörfer mit zusammen ca. 14.000 Einwohnern die Residenzstadt, in der
Mitte des 17. Jahrhunderts hatte vor dem Aegidien-, Stein- und Clevertor
eine vermehrte Ansiedlung von Gartenleuten eingesetzt, die dort vor allem
Obst und Gemüse anbauten[5]. Die ca. 17.000 Einwohner der Residenzstadt

---

[4] Auch Klagen gehörte zum Handwerk konstatiert Kaufhold und weist damit auf die
Übertreibungen in den Beschwerden hin: Karl Heinrich Kaufhold, Wirtschaft und Gesellschaft im südlichen Niedersachsen im 18. und frühen 19. Jahrhundert. In: Hermann
Kellenbenz (Hrsg.), Weltwirtschaftliche und währungspolitische Probleme seit dem Ausgang des Mittelalters (= Forschungen zur Sozial- und Wirtschaftsgeschichte 23), Stuttgart, New York 1981, S. 205-225, hier S. 215.

[5] Zwischen Hannover und den umliegenden Dörfern entzündeten sich im 18. Jahrhundert
vielfache Streitigkeiten um die Hude- und Weiderechte, vgl. Andrea Hesse, Olaf Mußmann, Sozialer Wandel und soziale Konflikte von der Mitte des 18. Jahrhunderts bis in
die zwanziger Jahre des 20. Jahrhunderts in den Dörfern um die Altstadt Hannover, unter
besonderer Berücksichtigung von Hainholz. Hannover 1987 (masch. Mskr., Magisterarbeit), S. 108 f.

betrieben Ackerbau und Viehzucht allenfalls als Nebengewerbe, die landwirtschaftliche Produktion spielte in der hannoverschen Wirtschaft nur eine marginale Rolle. Der größte Teil der Erträge gelangte nicht auf den Markt, sondern diente der Eigenversorgung; dies gilt nicht für die Gartenvorstädte, für deren Bewohner der Verkauf von Obst, Gemüse und Milch eine eminent wichtige Einnahmequelle darstellte. Die lebensnotwendige Versorgung der Residenzstadt mit landwirtschaftlichen Produkten hing von Einfuhren ab: Während die Vorstädte und das nähere Umland die Versorgung mit Obst und Gemüse sicherstellten, stammten die Getreidelieferungen aus entfernteren Regionen[6].

Das Handwerk - einschließlich des Landhandwerks - war am Ende des 18. Jahrhunderts in den deutschen Territorien der größte gewerbliche Produzent und bildete mit deutlichem Abstand zur Landwirtschaft den zweitwichtigsten Sektor der Wirtschaft[7]. Die Anzahl der selbständigen Meister in Stadt und Land lag ungefähr gleich hoch, einschließlich nebengewerblicher Handwerker überwog das Landhandwerk, so daß von einem städtischen Monopol und der von den Zünften proklamierten Stadt-Land-Arbeitsteilung kaum noch die Rede sein konnte[8]. Das nur selten zünftig organisierte Landhandwerk lag hinter dem städtischen Handwerk, das gewöhnlich auch mehr Hilfskräfte beschäftigte, in Warenqualität, Produktdifferenzierung und Marktposition weit zurück, die Herstellung von Luxuswaren und Spezialitäten konzentrierte sich auf die Städte[9]. Nach Gerteis arbeiteten durch-

---

[6] 1785 bezog Hannover Getreide aus den Regionen um Hildesheim, Halberstadt und Wolfenbüttel sowie aus Calenberg und Schaumburg und konsumierte 14.872 Malter Weizen, 24.000 Malter Roggen, 8.000 Malter Gerste und 20.000 Malter Hafer (StAH B 8142 m).

[7] Karl Heinrich Kaufhold, Umfang und Gliederung des deutschen Handwerks um 1800. In: Wilhelm Abel (Hrsg.), Handwerksgeschichte in neuer Sicht (= Göttinger handwerksgeschichtliche Studien 16), Göttingen 1970, S. 26-64, hier S. 62 ff.

[8] Karl Heinrich Kaufhold, Das deutsche Gewerbe am Ende des 18. Jahrhunderts. Handwerk, Verlag, Manufaktur. In: Helmut Berding, Hans-Peter Ullmann (Hrsg.), Deutschland zwischen Revolution und Restauration, S. 311-327, hier S. 313. - Hans-Ulrich Wehler, Deutsche Gesellschaftsgeschichte 1, Vom Feudalismus des Alten Reiches bis zur Defensiven Modernisierung der Reformära 1700-1815, München 1987, S. 91.

[9] Klaus J. Bade, Altes Handwerk, Wanderzwang und Gute Policey: Gesellenwanderung zwischen Zunftökonomie und Gewerbereform. In: Vierteljahrsschrift für Sozial- und Wirtschaftsgeschichte 69, 1982, S. 1-37, hier S. 8 f.

schnittlich ca. 40% der berufstätigen männlichen erwachsenen Stadtbewohner im Handwerk[10].

Aus überwiegender Handarbeit und fehlender Arbeitsteilung, die Betriebs-
führung sowie Herstellung prägten, resultierte ein arbeitsintensiver Produk-
tionsablauf. Weil ein Handwerker diese Produktion von Anfang bis Ende
zumeist allein bewerkstelligte, ermöglichte dies eine Arbeitsteilung nur als
Berufsteilung, das heißt als Spezialisierung auf bestimmte Erzeugnisse[11].
Diese starke Spezialisierung und Differenzierung in eine Vielzahl ähnlicher
Berufe mit eng beieinander liegenden Arbeitsbereichen zeichnete das Handwerk am Ausgang des 18. Jahrhunderts insbesondere in großen Städten aus,
konnte aber auch den Spielraum einzelner Betriebe reduzieren[12]. Die klein-
gewerblich organisierten Handwerksbetriebe produzierten Gebrauchsgüter
des täglichen Bedarfs zum Absatz auf dem lokalen Markt. Hinzu kamen Lu-
xusgewerbe (z.B. Posamentiere, Perückenmacher), die häufig in Zusammenhang mit den fürstlichen Höfen standen, sowie Gewerbe, die für eine
städtische Oberschicht arbeiteten (z.B. Buchbinder, Goldschmiede). Mit der
Orientierung an den Grundbedürfnissen Nahrung und Kleidung dominierte
im Handwerk am Ende des 18. Jahrhunderts ein Grundelement vor-
kapitalistischer Produktionsformen[13]. Konservatismus und Stabilität prägten
das Handwerk - vor allem in Hinsicht auf kleine Betriebsgrößen sowie un-
veränderte Produktionstechnik und -organisation[14]. Die ungünstige wirtschaftliche Situation des Handwerks tendierte am Ende des 18. Jahrhunderts
zu weiterer Verschlechterung; je nach angebotenen Erzeugnissen, Tüchtig-
keit des Handwerkers, lokaler Lage etc. bestanden selbst innerhalb einzelner
Berufsgruppen erhebliche zeitliche, örtliche und betriebliche Differenzen in
der Einkommenssituation[15].

---

[10] Klaus Gerteis, Die deutschen Städte in der Frühen Neuzeit. Zur Vorgeschichte der
"bürgerlichen Welt", Darmstadt 1986, S. 137. Diese Angabe ist zwangsläufig ungenau,
veranschaulicht jedoch die Größenordnung des städtischen Handwerks.

[11] Kaufhold (wie Anm. 7), S. 314.

[12] Gerteis (wie Anm. 10), S. 137.

[13] Andreas Grießinger, Das symbolische Kapital der Ehre. Streikbewegungen und kollektives Bewußtsein deutscher Handwerksgesellen im 18. Jahrhundert (= Ullstein Materialien, Sozialgeschichtliche Bibliothek), Frankfurt/M., Berlin, Wien 1981, S. 237.

[14] Friedrich Lenger, Die handwerkliche Phase der Arbeiterbewegung in England, Frankreich, Deutschland und den USA - Plädoyer für einen Vergleich. In: Geschichte und Gesellschaft 13, 1987, S. 232-243, hier S. 237.

[15] Kaufhold (wie Anm. 8), S. 315.

Unter den gewerblichen Produktionsformen dominierte am Ende des 18. Jahrhunderts auch in Hannover das Handwerk deutlich. Von sämtlichen 1786 als Hauptgewerbe geführten gewerblichen Betrieben entfielen in der Altstadt 73,8%, in der Neustadt 74,2% auf das Handwerk[16]. Da der Handwerkeranteil 1757 in der Altstadt noch 86,6% betragen hatte, verdeutlichen diese Zahlen, daß die Dominanz des Handwerks zum Ende des 18. Jahrhunderts zugunsten von Handel und Manufakturen zwar merklich zurückging, aber weiterhin bestand. Die Ursache dieser Verschiebung lag nicht in einem Rückgang des Handwerks, sondern in dem geringeren Wachstum: Während die Handelsbetriebe im angegebenen Zeitraum von 92 auf 240 (= das 2,6-fache), die Manufakturen von 2 auf 23 (= das 11,5-fache) zunahmen, stieg die Anzahl der Handwerksbetriebe lediglich von 602 auf 920 (= das 1,5-fache).

Nach Berufsgruppen geordnet, ergibt sich für Hannover folgendes Bild: Die größte Gruppe des Handwerks bildete das Leder-, Textil- und Bekleidungshandwerk (Altstadt: 40,0%, Neustadt: 42,3%), gefolgt vom Nahrungsmittelhandwerk, dessen Anteil in der Neustadt deutlich höher lag (Altstadt: 21,2%, Neustadt: 31,1%). Mit einem Anteil von 61,2% (Altstadt) bzw. 73,4% (Neustadt) arbeitete demnach weit über die Hälfte aller Handwerksbetriebe für die Deckung des Grundbedarfs an Kleidung und Nahrung. Die hohe Anzahl der Schuster (Altstadt: 110, Neustadt: 85) und Schneider (Altstadt: 125, Neustadt: 47) bei den Einzelberufen bekräftigt die Bedeutung dieser Berufsgruppen. Die drittgrößte Handwerkergruppe stellte das metallverarbeitende Handwerk (Altstadt: 11,3%, Neustadt: 7,6%), gefolgt von dem holzverarbeitenden Handwerk (Altstadt: 10,1%, Neustadt: 5,5%) und den sonstigen Handwerken (Altstadt: 9,1%, Neustadt: 4,7%). Die - zumindest nach der Anzahl der Betriebe - kleinsten Berufsgruppen bildeten der Bereich Gesundheit und Körperpflege (Altstadt: 5,2%, Neustadt 6,4%) sowie das Bauhandwerk (Altstadt: 3,0%, Neustadt 2,4%). Die Gliederung des Handwerks in Hannover entsprach tendenziell den allgemeinen Verhältnissen des städtischen Handwerks am Ausgang des 18. Jahrhunderts.

In dem Anteil der einzelnen Berufsgruppen an allen Handwerksbetrieben zeigen sich für den Zeitraum von 1757 bis 1786 in der Altstadt deutliche Veränderungen: Das Leder-, Textil- und Bekleidungshandwerk ging von 49,8% auf 40,0% zurück, während der Anteil des Nahrungsmittelhandwerks

---

[16] Hier und im weiteren gelten, sofern nicht anders angegebenen, folgende Quellen: StAH B 8075 m (Altstadt 1757), StAH B 8142 m (Altstadt 1786). - Notizen vom Gewerbe-Stande der Stadt Hannover im Jahre 1786. In: Annalen der Braunschweig-Lüneburgischen Churlande 8 (1794), 4. Stück, S. 626-641 (Neustadt 1786). - Die Angaben für 1757 beziehen sich also lediglich auf die Altstadt!

von 7,3% auf 21,2% stieg; der Anteil des metallverarbeitenden Handwerks (von 13,0% auf 11,3%) sank ebenso wie der des holzverarbeitenden Handwerks (von 13,8% auf 10,1%) sowie der Bereich Gesundheit und Körperpflege (von 7,3% auf 5,2%). Die sonstigen Handwerke nahmen spürbar zu (von 6,6% auf 9,1%), der Anteil des Bauhandwerks (von 3,5% auf 3,0%) blieb nahezu konstant. Auch hier gilt, daß es sich um Veränderungen in der Relation der einzelnen Berufsgruppen handelt; in absoluten Zahlen stieg die Anzahl der Betriebe von der Mitte bis zum Ende des 18. Jahrhunderts in sämtlichen Berufsgruppen des Handwerks in der Altstadt.

Daß das Nahrungsmittelhandwerk seinen Anteil so drastisch steigern konnte, lag vor allem daran, daß 1786 zahlreiche neue, 1757 noch nicht genannte Berufe ihr Gewerbe in der Residenzstadt ausübten. Während andere Bereiche des Handwerks trotz eines Gesamtwachstums bei diversen Einzelberufen einen Rückgang verzeichneten, stellte das Nahrungsmittelhandwerk ausschließlich expandierende bzw. neue Berufe. Die deutliche Zunahme des Nahrungsmittelhandwerks ließe sich auf die gewachsene Nachfrage nach Grundnahrungsmitteln zurückführen, die den Anteil der Haushaltsausgaben für Lebensmittel bei den Konsumenten enorm steigerte, gleichzeitig aber die Nachfrage für gewerbliche Produkte spürbar reduzierte, so daß sich dieser veränderte Bedarf in der beruflichen Gliederung niederschlug. Außerdem sank der Selbstversorgungsanteil der Bewohner größerer Städte. Auch die geringe Anzahl an Konflikten und Beschwerden korrespondiert mit der konjunkturell günstigen Lage des Nahrungsmittelhandwerks.

Das metallverarbeitende Handwerk in der Altstadt Hannover zeigte am Ausgang des 18. Jahrhunderts die für diese Zeit charakteristischen Differenzierungs- und Spezialisierungsprozesse. Während die "klassischen" Berufe dieses Bereiches (Schlosser, Schmiede etc.) von 1757 bis 1786 stagnierten oder leicht zurückgingen, traten am Ende des Jahrhunderts zahlreiche neue, hochspezialisierte Berufe auf: Messer-, Nagel- und Sägeschmiede, Büchsenmacher, Büchsenschäfter etc. Diese Berufe verdeutlichen eine Verschiebung im Kundenkreis, denn während die traditionellen Berufe überwiegend Geräte für die Landwirtschaft produzierten, lassen die Berufsangaben der neugegründeten Handwerksbetriebe auf städtische Konsumenten schließen. Daß die ländlichen Gewerbe den Absatz der Stadthandwerker schmälerten, unterstützte den Trend zu städtischer Kundschaft. Vor allem im metallverarbeitenden Handwerk war der Einfluß der Residenzfunktion Hannovers mit den Tendenzen des "feineren" Geschmacks und dem Hang zu Luxusartikeln deutlich in einer Zunahme entsprechender Berufe wie Uhrmacher, Vergolder etc. zu spüren.

Die traditionellen Berufe des metallverarbeitenden Handwerks litten sowohl unter einer Konkurrenz der benachbarten Zünfte als auch der Händler und auswärtigen Anbieter. Daß der Wettbewerb zwischen Gewerben mit ähnlichem Warenangebot sehr hart sein konnte, verdeutlichen die Klagen der Kupferschmiede, die sich durch die Beckenschläger, den Hausierhandel und den Handel der Kaufleute mit Schlosser- und Schmiedewaren in ihrem Absatz beeinträchtigt fühlten; zusätzlich bemängelten sie das miserable Verzinnen der Beckenschläger und befürchteten, daß deren schlechte Arbeit als die ihre angesehen werde.

Auch das sonstige Handwerk zeigte am Ausgang des 18. Jahrhunderts eine außerordentlich hohe Differenzierungs- und Spezialisierungstendenz, die die Ursache für die Zunahme am betrieblichen Anteil sämtlicher Gewerbezweige darstellte. Für das holzverarbeitende Handwerk gilt das Gegenteil: Von 1757 bis 1786 etablierte sich in diesem Sektor kein neuer Beruf.

Eine bemerkenswerte Entwicklung zeigt das Baugewerbe in Hannover. Während 1786 in der Altstadt neue, spezialisierte Handwerker ihr Gewerbe betrieben und in dieser Branche für Wachstum sorgten, nahm die Anzahl der Betriebe im traditionellen Baugewerbe (Dachdecker, Maurer, Zimmerleute) durchweg ab, die Anzahl der Gesellen, Tagelöhner etc. jedoch deutlich zu, z.B. bei den Dachdeckern von 21 auf 44. Dies spricht trotz sinkender Betriebsanzahl dieser Berufe für eine gute konjunkturelle Situation sowie florierenden Umsatz und veranschaulicht darüberhinaus einen in diesem Bereich herrschenden Trend zu wenigen, monopolisierten Betrieben, deren Betriebsform und -organisation mit den tradierten kleingewerblichen Produktionsverhältnissen des Handwerks wenig übereinstimmte, sondern eine hohe Affinität zu Verlagswesen und Manufakturen aufwies.

Das Aufkommen vielfältiger Spezialberufe kennzeichnete das hannoversche Leder-, Textil- und Bekleidungshandwerk; allerdings nahm auch in vielen Berufen (Färber, Gürtler, Sattler etc.) die Anzahl der Betriebe ab. Die Entwicklung der Betriebszahlen bei den Schustern (1757: 90, 1786: 110) und Schneidern (in Alt- und Neustadt von 126 auf 172 Betriebe) läßt auf eine Übersetzung dieser Handwerke schließen; ihre Zunahme entstand aber vermutlich auch durch die auf der Residenzfunktion basierende Ausdehnung der Nachfrage nach luxuriösem und modischem Bekleidungsbedarf. Dieser modeabhängige Markt barg vielfältige Risiken: Während noch bis zur Mitte des 18. Jahrhunderts über 20 Posamentierer und Schnurmacher mit ca. 60 bis 70 Gesellen eines blühenden Vertriebes sich erfreuten, sank deren Anzahl durch Auftragsrückgänge (z.B. wegen geänderter Militäruniformen) bis 1796

auf 15 Meister und 11 Gesellen[17]. Das Leder-, Textil- und Bekleidungshandwerk wies in der zweiten Hälfte des 18. Jahrhunderts die geringsten
Wachstumsraten des gesamten hannoverschen Handwerks auf - entsprechend zahlreich waren die Klagen und Beschwerden.

Die Anzahl der Gesellen und Lehrlinge entsprach mit nur unerheblichen pro-
zentualen Abweichungen dem Anteil der Betriebe an den einzelnen Berufsgruppen[18]. Deutliche Unterschiede traten im Bauhandwerk, das mit 3,0%
der Meister, aber 27,7% der Gesellen sowie 7,9% der Lehrlinge die für dieses Gewerbe charakteristischen Differenzen aufwies, und im Leder-, Textil-
und Bekleidungshandwerk, das 38,2% der Meiser, 28,5% der Gesellen sowie 46,1% der Lehrlingen stellte, auf[19]. In sämtlichen Berufsgruppen des
Handwerks wuchs die Anzahl der Gesellen von 1757 bis 1786 von 469 auf
734 (= das 1,6-fache) und stieg in der gleichen Größenordnung wie die Anzahl der Betriebe.

Im Handwerk der Altstadt Hannover dominierte am Ende des 18. Jahrhunderts - mit Ausnahme des Bauhandwerks - die kleinbetriebliche Produktionsweise: 1786 betrug die durchschnittliche Betriebsgröße 2,1 Personen.
Somit arbeitete also jeder Meister im allgemeinen mit einem Gesellen oder
einem Lehrling. Oberhalb dieses Mittelwertes lag das Bauhandwerk, das
durch die zahlreichen Gesellen eine durchschnittliche Betriebsgröße von
9,1 Personen erreichte sowie der Bereich Gesundheit und Körperpflege, in
dem durch eine relativ hohe Lehrlingsanzahl je Betrieb 2,4 Personen arbeiteten. Die mittlere Betriebsgröße der anderen Betriebe lag zwischen 1,4 und
2,0 Personen[20].

Auch im ausgehenden 18. Jahrhundert organisierte sich das Handwerk in
Hannover in Zünften. Die besonderen hannoverschen Verhältnisse kennzeichnete die Polarisierung zwischen Alt- und Neustadt, die sich seit der Ernennung Hannovers zur Residenz aus dem ökonomischen Konkurrenzverhältnis beider Städte ergeben hatte; am Ende des 18. Jahrhunderts überwo-

---

[17] August Jugler, Beiträge zur Geschichte der Stadt Hannover, Hannover 1865, S. 87. -
Auch für die Gerber wirkte sich die Abschaffung der ledernen Beinkleider beim Militär
negativ aus.

[18] Die Angaben zu den Gesellen und Lehrlingen beziehen sich nur auf die Altstadt.

[19] Wegen der aus arbeitsorganisatorischen Gründen fehlenden zünftlerischen Beschränkung der Lehrlings- und Gesellenanzahl lag deren Anteil hier besonders hoch.

[20] Nahrungsmittelhandwerk: 2,0; Leder-, Textil- und Bekleidungshandwerk: 1,9; me-
tallverarbeitendes Handwerk: 1,9; holzverarbeitendes Handwerk: 1,6; sonstiges Handwerk: 1,4 Personen.

gen durch die zunehmende Annäherung von Alt- und Neustadt die vereinig-
ten Handwerkerkorporationen[21].

Die Abnehmer für die handwerklichen Erzeugnisse fanden sich in Hannover
sowie in der näheren Umgebung; Absatz in entferntere Gebiete kam selten -
vor allem in Luxus- und Spezialhandwerken -, Großhandel nicht vor. Die
Gold- und Silberschmiede sowie Juweliere der Altstadt verkauften ihre Artikel zumeist nicht in Hannover, sondern an Landleute aus dem Hildeshei-
mischen. Der "vornehmere Stand" in der Residenzstadt bevorzugte Gold-
und Silberwaren aus England und Frankreich, obwohl die hannoverschen
Juweliere die Gleichwertigkeit und Billigkeit des Preises ihrer Artikel ausdrücklich betonten. Vor allem in diesen und ähnlichen Handwerken war der
Einfluß der Residenzfunktion Hannovers mit dem Trend zu Luxusartikeln
deutlich zu spüren, ansonsten dominierten im hannoverschen Handwerk die
traditionellen Gewerbe und Berufe des allgemeinen Massenbedarfs. Die
Mehrheit der Handwerker arbeitete in kleinbetrieblicher Form, ca. ein Drittel
sogar als Alleinmeister. Mit den für den gehobenen Bedarf arbeitenden
Handwerkern und wenigen Spezialisten besaß das hannoversche Handwerk
zwar spezifische lokale Merkmale, zeigte aber keine signifikanten Eigenar-
ten: In Umfang und Gliederung entsprach es den für das Ende des 18. Jahrhunderts typischen Verhältnissen.

Charakteristisch für den überregionalen Handel in der frühen Neuzeit war
dessen zunehmende Verknüpfung mit der Produktion: Der Typus des Groß-
händlers wandelte sich zum Verlegerkaufmann, der mit seinem Kapital in
den Bereichen Verlags- und Kaufsystem in die gewerbliche Herstellung ein-
drang und nicht nur durch den Absatz, sondern auch über Kredite und Roh-
stofflieferungen in seine Abhängigkeit brachte[22]. Die Entwicklung des Fern-
handels zeigte Berührungspunkte mit der staatlichen Gewerbepolitik: Beider
Interesse richtete sich gegen Zunftmonopole, und protektionistische Maßnahmen, wie Schutzzölle und Einfuhrverbote, kamen den Kaufleuten ebenso
zugute wie der Ausbau des Verkehrswesens. Während der Fern- und Au-
ßenhandel bis ca. 1700 auf niedrigem Niveau lag, nahm im 18. Jahrhundert

---

[21] Vgl. für eine Übersicht der gemeinsamen und separaten Zünfte: Ein Handbuch der
Stadt Hannover für das Jahr 1771. In: Hannoversche Geschichtsblätter 8, 1905, S. 49-
84, hier S. 67-74. - Trotz vereinigter Zünfte besaßen die Handwerker der Neustadt al-
lerdings keinerlei Rechte in der Altstadt sowie keinen Anspruch auf Teilnahme an der
Stadtverwaltung; auch geschah es nur selten, daß ein Handwerker der Neustadt zum
Vorsteher einer gemeinsamen Zunft gewählt wurde. - Vgl. Burchard Christian von
Spilcker, Historisch-topographisch-statistische Beschreibung der königlichen Residenzstadt Hannover, Hannover 1813, S. 193.

[22] Gerteis (wie Anm. 10), S. 159.

der internationale Warenaustausch erheblich zu[23]. Der Exporthandel bildete eine wichtige Quelle für die Akkumulation bürgerlichen Geldvermögens, dessen Existenz wiederum eine der Voraussetzungen für die Entstehung des Kapitalismus bildete. Der Wachstum von Handel und Verkehr unterstreicht die steigende Funktion der Stadt als Versorgungszentrum; der Selbstversorgungsanteil der Stadtbewohner ging vor allem in großen Städten zurück, die Integration in das Marktgeschehen nahm zu[24].

Die günstige Verkehrslage prädestinierte Hannover sowohl für den regionalen als auch überregionalen Handel. Dieser Warenaustausch in Hannover konzentrierte sich insbesondere auf den Verkauf von Landesprodukten und den Speditionshandel[25]. Das Schwergewicht lag im 17. und 18. Jahrhundert in den Beziehungen der Stadt zu ihrem Umland; der Warenaustausch zwischen der Residenzstadt und den umliegenden Dörfern entsprach in diesen Jahrhunderten noch der typischen Aufgabenverteilung: Während die Stadt ihr Umland vor allem mit höherwertigen gewerblichen Produkten versorgte, konsumierte die hannoversche Bevölkerung die Lebensmittel ihres agrarischen Hinterlandes[26].

1786 betrug der Anteil der hauptberuflichen Kaufleute, Hoken, Kramer und Händler an sämtlichen Gewerbebetrieben in der Altstadt 19,3%, in der Neustadt einschließlich der Juden 22,9%; 1757 belief sich in der Altstadt der Anteil aller Händler noch auf 13,1%, somit spricht die Zunahme für eine günstige konjunkturelle Entwicklung. Während von 1757 bis 1786 in Hannover bei den traditionellen Kaufmannsberufen die Anzahl der Hoken leicht zurückging, verzeichneten sowohl die Kramer als auch die Kaufleute deutlichen Zuwachs. Ebenso wie beim Handwerk basierte die Zunahme im kaufmännischen Sektor auf einer starken Differenzierung und Spezialisierung; 1786 existierten in Hannover zahlreiche neue Händler, deren Warenangebot sich auf den gehobenen Bedarf (z.B. Bilder-, Buch-, Glas- und Por-

---

[23] Friedrich-Wilhelm Henning, Das vorindustrielle Deutschland 800 bis 1800 (= Wirtschafts- und Sozialgeschichte 1), Paderborn usw. 1985, S. 268.

[24] Herman Diederiks, Leiden im 18. Jahrhundert oder: Gibt es Grenzen des Niedergangs? In: Wilhelm Heinz Schröder (Hrsg.), Moderne Stadtgeschichte (= Historischsozialwissenschaftliche Forschungen 8), Stuttgart 1979, S. 145-178, hier S. 158.

[25] Christian Ludwig Albrecht Patje, Kurzer Abriß des Fabriken-, Gewerbe- und Handlungszustandes in den Chur-Braunschweig-Lüneburgischen Landen, Göttingen 1796, S. 239.

[26] Siegfried Busch, Hannover, Wolfenbüttel und Celle. Stadtgründungen und Stadterweiterungen in drei welfischen Residenzen vom 16. bis zum 18. Jahrhundert (= Quellen und Darstellungen zur Geschichte Niedersachsens 75), Hildesheim 1969, S. 233 ff.

zellanhändler) oder Lebensmittel (z.B. Zichorien-, Federvieh-, Fischhändler) konzentrierte.

Die durchschnittliche Betriebsgröße des Handels von 1,5 Personen je Betrieb bildete die zweitniedrigste überhaupt, sämtliche 33 Hoken und sieben Kaufleute arbeiteten 1786 in der Altstadt gänzlich ohne Hilfskräfte, lediglich die 89 Kramer wiesen eine mittlere Betriebsgröße von 2,2 Personen auf. Den Ähnlichkeiten in der Gewerbestruktur von Alt- und Neustadt standen Unterschiede in der Funktionalität entgegen: Der Fernhandel spielte in der Altstadt eine weitaus größere Rolle als in der auf den Bedarf des Hofes eingestellten Neustadt, da in der Altstadt ältere Handelstraditionen sowie eine festere Bindung an das Umland fortlebten[27]. Dies galt noch am Ausgang des 18. Jahrhunderts, denn in der Neustadt arbeiteten nur Hoken und Kramer, während Groß- und Fernhändler sowie Kaufleute ihr Gewerbe in der Altstadt ausübten.

Viele der Großhändler handelten mit hochwertigen Tuchen und Stoffen aus Wolle, Chintz, Kattun, seidenen Bändern etc. Während sie ihre Textilien auf dem internationalen Markt bezogen (z.B. Wollstoffe aus England und Holland, Seidenbändler aus der Schweiz), belieferten sie mit diesen Materialien das Kurfürstentum Hannover sowie angrenzende Länder[28]. Im Gegenzug führten die hannoverschen Großhändler die Garne nach London und Amsterdam aus[29]. Die Händler der Altstadt Hannover exportierten also die im Kurfürstentum hergestellten Garne zur Weiterverarbeitung nach England und Holland und importierten die fertigen Tücher und Stoffe, um sie in Hannover und den angrenzenden Ländern zu verkaufen.

Auch andere Großhändler in der Altstadt Hannover bezogen ihre Waren auf dem internationalen Markt und verkauften sie in der Residenzstadt, dem Kurfürstentum und den umliegenden Ländern: Wein z.B. kam überwiegend aus Spanien und Frankreich und ging nach Calenberg, Göttingen, Hildesheim, Bückeburg, Braunschweig und Hessen; Fettwaren aus England, Irland, Frankreich, Holland sowie Rußland gingen nach Hannover, Hildesheim und Hessen[30]. Die Größe des Kurfürstentums Hannover reichte für den Warenabsatz der Großhändler aus deren Sicht nicht aus; einer Ausdehnung des Handels stünden außerdem der Lizent und die preiswerten Angebote der

---

[27] Busch (wie Anm. 26), S. 243.

[28] Z.B. wurden die Wollstoffe nach Westfalen, Hessen, Preußen, Sachsen, Braunschweig und Hildesheim geliefert.

[29] Die Garne gingen direkt, zum Teil aber auch über Zwischenhändler in Hamburg und Bremen dorthin.

[30] Sofern Städte genannt werden, bezieht sich der Warenabsatz auf die ganze Region.

Schleichhändler entgegen - namentlich die herumreisenden Kaufleute aus Bremen verärgerten die Händler in Hannover. Der Hausierhandel bildete eine lästige Konkurrenz, weil die Hausierer ihre Waren (z.b. Bekleidungsstücke, Tee, Kaffee etc. und somit Artikel, die die Bewohner aus dem hannoverschen Umland vormals in der Stadt eingekauft hatten) durch geringere Unkosten durchweg billiger anboten[31]. Trotz wiederholter Verbote des Hausierhandels konnten die Hausierer zumindest mit der Duldung der Behörden rechnen und profitierten von der Tatsache, daß für die Bewohner des Umlandes ein Besuch in Hannover mit Umständen verbunden war, und das auf zahlungskräftige Kundschaft ausgerichtete Warenangebot der Residenzstadt für sie wenig verlockend erschien[32].

Zunächst durch das Verlagswesen, das in den Städten wegen der Zunftbarrieren kaum eine Rolle spielte, später durch die im 18. Jahrhundert ihre Blütezeit erlebenden Manufakturen etablierten sich in der Wirtschaft neue, auf Massen- und Fernabsatz gerichtete Produktionsformen. Die Entstehung von Manufakturen ermöglichten Kaufleute oder Verleger (seltener staatliche Unternehmer), die das benötigte Kapital zur Verfügung stellten, sowie ein durch das Bevölkerungswachstum verursachtes Überangebot an Arbeitskräften. Charakteristisch für eine Manufaktur waren die Arbeitsteilung, die eine Koordination der Teilarbeiten bedingte und strikte Qualitätskontrollen sowie eine Standardisierung der Produkte ermöglichte, und eine Beschäftigung von Lohnarbeitern, die mit gestellten statt eigenen Produktionsmitteln arbeiteten. Die Manufakturarbeiter standen außerhalb jeglicher Zunftreglementierungen und fristeten ein elendes Dasein; in der Textilherstellung überwogen die ländlichen, vormals heimgewerblich tätigen Unterschichten mit hohem Frauen- und Kinderanteil, ähnliches galt für die arbeitsintensive Nahrungs- und Genußmittelproduktion[33]. Die Löhne wiesen beträchtliche Diskrepanzen auf: Werkmeister oder leitende Personen bezogen höchste Einkommen, ehemals selbständige Handwerker erhielten mehr Lohn als ungelernte Arbeiter, Frauen rangierten stets am unteren Ende der Lohnskala[34].

---

[31] Oskar Ulrich, Die Anlage der Aegidienneustadt zu Hannover. In: Zeitschrift des Historischen Vereins für Niedersachsen 1893, S. 165-200, hier S. 175.

[32] Reinhard Oberschelp, Niedersachsen 1760-1820. Wirtschaft, Gesellschaft, Kultur im Land Hannover und Nachbargebieten, Bd. 1 (= Quellen und Untersuchungen zur allgemeinen Geschichte Niedersachsens in der Neuzeit 4,1), Hildesheim 1982, S. 222 ff.

[33] Wolfram Fischer, Wirtschaft und Gesellschaft im Zeitalter der Industrialisierung (= Kritische Studien zur Geschichtswissenschaft 1), Göttingen 1972, S. 251.

[34] Rita Bake, Zur Arbeits- und Lebensweise von Manufakturarbeiterinnen im 18. Jahrhundert. In: Hans Pohl (Hrsg.), Die Frau in der deutschen Wirtschaft (= Zeitschrift für

Für die Unterschichten und ungelernten Arbeitskräfte erweiterten die Manufakturen das Stellenangebot, trotzdem blieb deren Situation unverändert kritisch: Die Manufakturen konnten die Lücke zwischen Überangebot an Arbeitskräften und offenen Stellen nicht schließen, so daß sich Löhne leicht drücken ließen und entsprechend niedrig lagen[35]. Da Manufakturen den Bedarf finanzkräftiger Gesellschaftsschichten an Luxuserzeugnissen befriedigten, den Landesherren neue Steuerquellen eröffneten, gleichzeitig die fortschrittlichste Betriebsform darstellten, erschien eine Förderung aus staatlicher Sicht vielversprechend. Daher unterstützten die Territorialherren die Manufakturen durch Absatzbegünstigungen und rigorose Importbeschränkungen für Konkurrenzerzeugnisse, gewährten günstige Kredite und setzten Zwang- und Bannrechte außer Kraft - staatlich subventioniertes Manufakturwesen war für das 18. Jahrhundert charakteristisch. Die eigentliche Bedeutung der Manufakturen lag weniger in deren Umfang, vielmehr in der neuen Form der Arbeitsorganisation, da sich erstmals der zentralisierte und arbeitsteilig organisierte Großbetrieb mit den Gegenpolen Unternehmer und abhängige Lohnarbeiter durchsetzte[36].

1757 bestanden in der Altstadt Hannover lediglich eine Goldtressenmanufaktur mit 22 sowie eine Gold- und Silbermanufaktur mit 21 Arbeitern; außerhalb der Stadt wurden Anfänge zu einer Fabrique von gedruckten Linnen gemacht, dem Armenhaus war eine Parchentmacherei angeschlossen[37]. Bis 1786 stieg die Anzahl der Manufakturen auf 30, von denen nur 23 hauptberuflich betrieben wurden; in der Neustadt existierten in diesem Jahr zehn Manufakturen[38].

In der zweiten Hälfte des 18. Jahrhunderts befanden sich in Hannover auch die Manufakturen in einem Aufwärtstrend, der Anteil an sämtlichen gewerblichen Produktionsformen blieb hingegen verschwindend gering: Von den als Hauptberuf geführten Gewerbebetrieben entfielen 1786 in der Alt-

---

Unternehmensgeschichte, Beiheft 35), Stuttgart 1985, S. 54-64. - Bei gleichwertiger Arbeit erhielten die Frauen ca. 40% bis 50% weniger Lohn.

[35] Karl Heinrich Kaufhold, Das Gewerbe in Preußen um 1800 (= Göttinger Beiträge zur Wirtschafts- und Sozialgeschichte 2), Göttingen 1978, S. 370.

[36] Kaufhold (wie Anm. 8), S. 322.

[37] Der zeitgenössische Sprachgebrauch kannte keine Unterscheidungskriterien zwischen den synonym verwendeten Begriffen Manufaktur, Fabrik oder Industrie; die Differenzierung erfolgte erst im 19. Jahrhundert. Daher werden die im folgenden behandelten Betriebsformen als Manufaktur bezeichnet, da sie nach heutigen Maßstäben keine industriellen Fabriken darstellen.

[38] Da zu den Manufakturen der Neustadt keine weiteren Angaben vorliegen, bezieht sich die folgende Darstellung nur auf die Altstadt.

stadt lediglich 1,9% (1757 noch 0,3%), in der Neustadt 1,9% auf die Manufakturen. Am Anteil der Beschäftigten wird die zunehmende Bedeutung der
Manufakturen evident: Während 1757 in der Altstadt noch 3,4% aller Meister, Gesellen, Lehrlinge und sonstigen Arbeiter ihr Einkommen in Manufakturen verdienten, arbeiteten 1786 13,7%, ohne die Lehrlinge und Betriebsin-
haber bereits 30,4% aller unselbständigen Lohnarbeiter in Manufakturen[39].
Vor allem für Gesellen, Tagelöhner, Knechte etc. zeigte das drastisch expandierende Manufakturwesen beschäftigungswirksame Folgen.

Gegenüber Handwerk und Handel lag die durchschnittliche Betriebsgröße
der hauptberuflich geführten Manufakturen mit 16,4 Personen je Betrieb
deutlich höher; eine Gold- und Silbermanufaktur mit 90 sowie eine Strumpf-
manufaktur mit 80 Beschäftigten bildeten die größten Unternehmen. Ähnlich
dem Bauhandwerk wirkte sich bei den Manufakturen die fehlende Reglementierung der Beschäftigtenanzahl aus; Folgen zeigte allerdings das Aus-
bildungsmonopol der Zünfte, denn die Anzahl der Lehrlinge in Manufakturen blieb minimal. Dies verdeutlicht, wie massiv die restriktiven Zunftre-
geln dem ökonomischen Wachstum im Wege stehen konnten bzw. welche
enormen betrieblichen Entfaltungsmöglichkeiten sich ohne Zunftbarrieren
boten.

Die Manufakturen in der Altstadt Hannover verarbeiteten meistens fremde
und nur wenig einheimische Produkte. Bemerkenswert ist, daß ein Großteil
der Manufakturen seine Rohstoffe außerhalb des Kurfürstentums, häufig sogar via Hamburg, Bremen oder Amsterdam über den internationalen Markt
bezog. Besonders intensive Beziehungen zu England, die aufgrund der Personalunion vermutet werden könnten, bestanden nicht. Von der Lackmanu-
faktur, die ausschließlich für den Weltmarkt produzierte, einmal abgesehen,
setzten die hannoverschen Manufakturen ihre Erzeugnisse dort ab, wo sie
die Rohstoffe bezogen: auf dem überregionalen und internationalen Markt[40].

Nahezu alle Manufakturen stellten Artikel des gehobenen Bedarfs her, die
nicht unter die Privilegien der Zünfte fielen - veränderte Konsumentenbe-
dürfnisse und betriebstechnischer Wandel führten zu einer Warenproduk-

---

[39] Da die tatsächliche Anzahl der Tagelöhner weit über der angegebenen lag (wegen der
beträchtlichen Schwankungen bezifferten mehrere Manufakturen deren Anzahl mit null,
obwohl sie welche beschäftigten), muß der Anteil der Manufakturen an den abhängig
Beschäftigten noch höher gewesen sein.

[40] Die Darstellung von Hoppe, die in den Manufakturen produzierten Waren dienten vor
allem dem Konsum in der Stadt, und bei Auslandsabsatz gerieten die Betriebe in Abnahme, entbehrt jeder Grundlage und beruht vermutlich auf lokalpatriotischem
Wunschdenken. - Rudolph Ludwig Hoppe, Geschichte der Stadt Hannover, Hannover
1845, S. 233.

tion, die die alten Bannrechte der Handwerker kaum berührte[41]. Die Manufakturen konkurrierten mit den Großhändlern und Kaufleuten, da sich sowohl räumlich (überregionaler Markt) als auch sachlich (gehobener Bedarf, Textilproduktion) Überschneidungen im Warenangebot wie im Kundenkreis ergaben. Es ließe sich noch spekulieren, ob nicht die Manufakturen, indem sie überwiegend Gesellen, Tagelöhner etc. beschäftigten, dem Handwerk partiell dadurch nützten, daß sie den "Übersetzungsdruck" durch eine Verminderung der Arbeitslosigkeit reduzierten - und sich so zusätzlich noch im Einklang mit den Interessen landesherrlicher Beschäftigungs- und Armenpolitik befanden.

Als einzige Manufaktur machte die Kattundruckerei Angaben über die Löhne, deren Abstufung die charakteristischen Differenzierungen zeigt: Der Meister, der die ganze Arbeit dirigierte, erhielt jährlich 500 Rtlr. Die Tagelöhner bekamen, abgesehen von den fünf Druckern (5 Rtlr. wöchentlich) und den zwei zum Glätten eingesetzten Arbeitern (2,5 Rtlr. wöchentlich), zwischen 1,5 Rtlr. und 24 Mgr. wöchentlich, die als Mägde titulierten Arbeiterinnen bildeten die niedrigste Lohngruppe. Dieses breite Spektrum der Löhne, die selbst innerhalb der Tagelöhner erhebliche Unterschiede aufwiesen, verdeutlicht die starke Hierarchisierung der Beschäftigten.

Der 1786 geschriebene Bericht der Altstadt erwähnt mehrere Schwierigkeiten, "welche dem Flor einheimischer Fabriken, insonderheit in hiesiger Stadt" entgegenstehen. Zunächst wies die Stadtverwaltung auf den hohen Arbeitslohn hin; verstärkend wirke sich der schwere Münzfuß und das Kopfgeld aus. Auch die Genügsamkeit der Stadtbewohner trug nicht zur Förderung der Manufakturen bei, "denn auf Erwerbung zukünftigen Wohlstandes gerichtete Tätigkeit, ... scheinet der größte Theil der hiesigen Einwohner, die in Fabricken zu gebrauchen sind, wenig aufgelegt." Außerdem betonte die Altstadt, daß die gesellschaftlichen Vorzüge der Manufakturbesitzer nicht ausreichten, um vermögende Bürger von den positiven Seiten des Manufakturwesens zu überzeugen. Der Besitz einer Manufaktur war der Reputation geradezu abträglich: Während die wohlhabenden Großhändler traditionell ein hohes Ansehen genossen, galten Manufakturunternehmer als Emporkömmlinge.

---

[41] Hans Mauersberg, Wirtschafts- und Sozialgeschichte zentraleuropäischer Städte, dargestellt an den Beispielen von Basel, Frankfurt/M., Hamburg, Hannover und München, Göttingen 1960, S. 341.

Stagnation und Wandel

Seit dem Mittelalter hatte die penible Abgrenzung unter den Zünften und die
Sicherung von Einflußsphären einen komplizierten sozialen und wirtschaftlichen Mechanismus städtischer Gesellschaften gebildet, der in der frühen
Neuzeit zunehmend aus der Balance geriet. Das für die Absicherung der
"ehrlichen Nahrung" bedrohliche Spannungsverhältnis zwischen schlechter
Auftragslage und zunehmendem Konkurrenzdruck bei störanfälliger, tendenziell zurückgehender Nachfrage wirkte sich besonders in großen Städten
mit hohem Gewerbeanteil und starkem Zustrom von Gesellen aus: Die Einkommen der Handwerker stagnierten oder sanken, der Reformdruck der
Obrigkeit wuchs ebenso wie der Konkurrenzdruck durch Landhandwerker,
Händler oder verbilligtes Transportwesen[42]. Folgerichtig an traditionelle
Vorgaben anknüpfend, sahen die Zünfte ihre Aufgaben in der Konservierung
überkommener Verhältnisse, der Fernhaltung jedweder Konkurrenz, der Sicherung des Einkommens und einer Verhinderung von Kapitalkonzentratio-
nen. Aus diesem Grunde legten sie die Produktionsmenge fest, disziplinier-
ten die Gesellen (z.b. durch Pflicht zur Ehelosigkeit, Wanderzwang etc.),
reglementierten den Wettbewerb, behinderten innovative Ansätze, kontrollierten den Markt und versuchten, auf den Einkaufs- und Absatzmärkten als
Monopolisten aufzutreten[43].

Da die Zünfte den Arbeitsmarkt in den Städten erheblich begrenzten, wichen
Verleger und Kaufleute auf ländliche Regionen aus. Die im Zunfthandwerk
dominante Vorstellung der "gerechten Nahrung" lief im 18. Jahrhundert auf
eine rigorose Beschränkung der Anzahl der Arbeitskräfte hinaus, wozu neben der Limitierung der Gesellen und Lehrlingszahlen auch ein Verbot der
Frauen- und Kinderarbeit gehörte[44]. Die Abschließung der Zünfte konnte
sogar soweit gehen, daß nur noch Meistersöhne oder Gesellen, die eine
Meisterwitwe geheiratet hatten, zu Meistern aufstiegen, während den übrigen als "lebenslange Gesellen" nur die Möglichkeit blieb, ihre Einkommen
illegal als Landhandwerker, Bönhasen oder Pfuscher zu sichern, sofern sie
nicht in Manufakturen arbeiten konnten. Diese Abschließung der Zünfte war
für die Situation des Handwerks am Ende des 18. Jahrhunderts von aller-
größter Bedeutung, weil sie die Lage zahlreicher Handwerker dadurch bestimmte, daß die Zunftordnung sie aus den Korporationen ausschloß und

---

[42] Bade (wie Anm. 9), S. 22-25.

[43] Peter Kriedte, Die Stadt im Prozeß der europäischen Proto-Industrialisierung. In: Die
alte Stadt 9, 1982, S. 19-51, hier S. 29 f.

[44] Arno Herzig, Kinderarbeit in Deutschland in Manufaktur und Proto-Fabrik (1750-
1850). In: Archiv für Sozialgeschichte 23, 1983, S. 311-376, hier S. 313.

damit rechtlich, gesellschaftlich und wirtschaftlich deklassierte[45]. Aus den Zunftprinzipien resultierte eine spürbare Minimierung der beruflichen Chancen derjenigen, denen der Einstieg in das Zunftsystem verwehrt blieb, und beinhaltete noch nicht einmal eine Erfolgsgarantie für die Mitglieder dieses Systems[46].

Obwohl die Zünfte sich gegen die lästige unzünftige Konkurrenz vehement, durch "Bönhasenjagden" auch handgreiflich, wehrten[47], schreckte diese rabiate Vorgehensweise weder die Bönhasen noch ihre Kunden ab. Die Zunahme des Landhandwerks im Kurfürstentum Hannover geschah entweder illegal, aber mit Duldung der Behörden, oder sie basierte auf großzügiger Auslegung der gesetzlichen Regelungen, nach denen im Einzelfall - der sich zum Regelfall entwickelte - eine Konzessionierung möglich war[48]. Ob und wie diese außerzünftige Konkurrenz überhaupt ins Gewicht fiel, läßt sich durch die Quellenlage nur schwer beantworten[49].

In den 80er und 90er Jahren des 18. Jahrhunderts stieg die Zahl der innerstädtischen Konflikte sprunghaft an. Städtische Handwerker versuchten, mit traditionellen Konfliktstrategien ihre Rechte, Monopole und Privilegien zu konservieren und hatten erheblichen Anteil an den vielfältigen Formen frühneuzeitlichen Protestes: Gesellenaufstände stellten ein verbreitetes Phä-

---

[45] Hans Haussherr, Wirtschaftsgeschichte der Neuzeit vom Ende des 14. bis zur Höhe des 19. Jahrhunderts, Köln, Wien, 1981, S. 303.

[46] Ulrich-Christian Pallach, Materielle Kultur und Mentalitäten im 18. Jahrhundert. Wirtschaftliche Entwicklung und politisch-sozialer Funktionswandel des Luxus in Frankreich und im Alten Reich am Ende des Ancien Régime (= Ancien Régime. Aufklärung und Revolution 14), München 1987, S. 283.

[47] Zu Bönhasenjagden in Hannover vgl. Rolf Uphoff, Probleme des Funktionswandels von Zünften, dargestellt am Beispiel der Alt- und Neustadt Hannovers im ausgehenden 17. und 18. Jahrhundert (masch. Mskr., Magisterarbeit), Hannover 1986, S. 47-52.

[48] Karl Heinrich Kaufhold, Wirtschaft und Gesellschaft im südlichen Niedersachsen im 18. und frühen 19. Jahrhundert. In: Hermann Kellenbenz (Hrsg.), Weltwirtschaftliche und währungspolitische Probleme seit dem Ausgang des Mittelalters (= Forschungen zur Sozial- und Wirtschaftsgeschichte 23), Stuttgart, New York 1981, S. 207-225, hier S. 215. - Warum etwa sollte ein Calenberger Amtmann einem Dorfschuster die Arbeit verbieten, wenn er dort günstig seine Schuhe erhielt?

[49] Bernd Habicht, Stadt- und Landhandwerk im südlichen Niedersachsen im 18. Jahrhundert. Ein wirtschaftsgeschichtlicher Beitrag unter Berücksichtigung von Bedingungen des Zugangs zum Markt (= Göttinger Beiträge zur Wirtschafts- und Sozialgeschichte 10), Göttingen 1983, S. 83.

nomen dar, die Konfliktbereitschaft im Handwerk lag hoch und nahm im Verlauf dieses Jahrhunderts zu[50].

Auch für die Residenzstadt Hannover lassen sich für das 18. Jahrhundert mehrere Handwerkerunruhen nachweisen. Schädlicher Mißbrauch und Unordnung sei nach Darstellung der Behörden 1723 bei den Handwerkern eingerissen, die Gesellen würden "landesherrlichen Untersuchungen sich straffbahrer Weyse widersetzen, ... verbotene Complots machen, ... Verbündnisse mit einander aufrichten, in großer Zahl sich zusammen rottieren, ... auch eher nicht wieder in die Arbeit treten wollen, bis die Obrigkeit ihrem Willen ein Genügen gethan"[51]. Derlei unliebsame Aktivitäten stellte Georg I. rigoros unter "Leib- und nach befinden Lebens-Straffe"[52]. Argwöhnisch beobachteten die Behörden die von den Handwerksgesellen gepflegten Traditionen des "geselligen" Zusammenseins, verboten Zechgelage und sahen bei Arbeitsunruhen stets in den Gesellen die Schuldigen[53].

Da die Zimmer- und Maurergesellen für ihren bisherigen Lohn nicht weiter arbeiten wollten, kam es 1763 zu einer Gesellenaufruhr in Hannover[54]. Gerade in den letzten Jahrzehnten des Jahrhunderts traten weitere Konfrontationen auf. 1778 zeigten die Hannoverschen Anzeigen die Bestrafung von Bäckergesellen an[55], 1790 warnten die Behörden die Handwerksgesellen und Lehrlinge in Hannover eindringlich vor Tumulten und drohten mit schweren Strafen[56]. Der an mehreren Orten des Kurfürstentums von Handwerksgesellen erregte "mancherley Unfug" führte 1792 zu einer Verordnung für wandernde Gesellen; insgesamt 98 in Hannover arbeitende Schneidergesellen ließen die Behörden 1797 außer Landes bringen, da sie die Arbeit niedergelegt und den Schlüssel der Gesellenlade entwendet hätten[57]. Diese

---

[50] Vgl. Grießinger (wie Anm. 13) und ders., Handwerkerstreiks in Deutschland während des 18. Jahrhunderts. Begriff-Organisationsformen-Ursachenkonstellationen. In: Ulrich Engelhardt (Hrsg.), Handwerker in der Industrialisierung. Lage, Kultur und Politik vom späten 18. bis ins frühe 20. Jahrhundert (= Industrielle Welt 37), Stuttgart 1984, S. 407-434.

[51] NHStA Hann. 93, Nr. 1405. Anlaß der Unruhen war die Arrestierung eines Schneidergesellen.

[52] Ebd.

[53] Oberschelp (wie Anm. 32), S. 273 f., 295-299.

[54] Wie Anm. 53.

[55] Vollzogene Strafen. In: Hannoverische Anzeigen, 1778, 49. Stück, Sp. 795 f.

[56] Reinhard Oberschelp, Politische Geschichte Niedersachsens (= Veröffentlichungen der Niedersächsischen Landesbibliothek Hannover), Hildesheim 1983, S. 127.

[57] NHStA Cal. Br. 23 b, Nr. 417.

vermutlich unvollständige Aufzählung verdeutlicht die hohe Konfliktbereitschaft, die in diesem labilen Bereich durch gesellschaftliche Spannungen, wirtschaftliche Not und sozialen Tiefstand am Ausgang des 18. Jahrhunderts herrschte.

Während die Stadt-Land-Arbeitsteilung das Wachstum der gewerblichen Produktion ursprünglich gefördert hatte, entwickelte sie sich wegen der strukturell niedrigen Angebotselastizität der städtischen Wirtschaft, deren mögliche Steigerung die Zunftbarrieren verhinderten, zusehends zum Hemmschuh; die vorindustrielle Warenproduktion in der Stadt war der seit der Ausdehnung des Welthandelssystems steigenden Nachfrage nicht gewachsen und forcierte die Mobilisierung des ländlichen Arbeitskräftepotentials[58]. Auf dem Lande entstanden Produktionszonen, in denen familienwirtschaftlich organisiertes Kleingewerbe in Abhängigkeit von handelskapitalistischen Verlegern für überregionale Märkte produzierte. Die dynamisierende Wirkung dieser protoindustriellen Produktionsform bestand darin, daß sie das zünftige Prinzip der Bedarfsdeckungswirtschaft durch nunmehr profitorientierte Unternehmungen ablöste und dadurch sozioökonomische Veränderungen vorantrieb[59]. Die ländlichen Gewerbe verschoben die Relation von Stadt und Land, das Ergänzungsverhältnis wandelte sich zum Konkurrenzverhältnis.

Verlagerte sich neben dem Gewerbe auch der Handel auf das Land und erweiterte dort durch Verleger die Warenproduktion, stiegen die Funktionseinbußen der Städte beträchtlich. Vor allem die sich aus der Residenzfunktion ergebenden ökonomischen Impulse, etwa der hohe Geldumlauf oder die Güternachfrage von Hof, Militär und Verwaltung, begrenzten für Hannover eine solche Abwanderung. Nach Kriedte ist die Reduktion städtischer Funktionen die zentrale Ursache für die Krise der Städte als Zentren der gewerblichen Produktion: Städtisches Gewerbe florierte nur dort, wo sich das Handelskapital gegen die Zünfte durchsetzte, folglich in der Stadt blieb und seine Erwerbsmöglichkeiten dort erweitern konnte[60]. War dies der Fall, führte es zu einer räumlichen Schichtung der Gewerbe in kleine Produktionsgebiete mit städtischen Zentren und einer dazugehörigen, gewerblich abhängigen Landschaft[61]. So ließen in Hannover die wohlhabenden Kaufleute

---

[58] Vgl. Peter Kriedte, Hans Medick, Jürgen Schlumbohm, Industrialisierung vor der Industrialisierung. Gewerbliche Warenproduktion auf dem Land in der Formationsperiode des Kapitalismus, Göttingen 1978, S. 28-57.

[59] Wehler (wie Anm. 8), S. 99.

[60] Kriedte (wie Anm. 43) S. 50 f.

[61] Wolfgang Mager, Protoindustrialisierung und Protoindustrie. Vom Nutzen und Nachteil zweier Konzepte. In: Geschichte und Gesellschaft 14, 1988, S. 275-303, hier S. 280.

und Großhändler ihre Garne zumeist in Heimarbeit in und vor der Stadt spinnen; verwoben wurde ein Teil der Garne dann in den Gärten vor Hannover sowie in Linden und Limmer[62].

Die Gewerbetreibenden in Hannover verspürten die gewerbliche Durchdringung ländlicher Räume als lästige Konkurrenz. Die städtische Verwaltung argumentierte, es wäre wünschenswert, "daß unsere ländlichen Nachbarn, eine unsere Privilegien und den allgemeinen städtischen Rechten und Befugnissen angemessene gleiche Enthaltung von städtischer Nahrung, der Brauerei zum feilen Verkauf, der Handwerke und Handelsschaft bewiesen und sich auf den, ihren Gerechtsamen und Verhältnissen angemessenen Land- und Ackerbau beschränkten". Diese Argumentation verrät ebenso wie die eingangs zitierte Klage die Ignoranz, die die Stadtverwaltung an den Tag legte. Der Tatsache, daß sich die Relationen nachhaltig verschoben hatten und ländliches Gewerbe einen enormen Wirtschaftsfaktor darstellte, begegnete sie mit naturrechtlichen Argumenten. Das mittelalterliche Weltbild einer hierarchischen, gottgewollten und unveränderbaren Sozialstruktur mit starren ökonomischen Strukturen taugte in Hannover noch immer als Begründung gegen wirtschaftliche Veränderungen.

Während die städtischen Gewerbetreibenden sich auf jahrhundertealte Verordnungen und die traditionelle Stadt-Land-Arbeitsteilung beriefen, zeigt folgendes Beispiel, daß es den Hannoveranern dabei weniger um die Bewahrung überlieferter Strukturen als um ökonomische Vorteile ging. 1762 erhielten die Landschlächter "und wer sonst noch zum Schlachten und Vieh-Handel aufgeleget ist, auch die vergeleiteten Juden nicht ausgeschlossen", plötzlich die Erlaubnis zum unbegrenzten Handel mit Kalb-, Hammel- und Schweinefleisch in der Alt- und Neustadt von Hannover[63]. Diese überraschende Freizügigkeit gegenüber den hart bekämpften Konkurrenten hatte seine Ursache in den hohen Fleischpreisen, die jedwedes Konkurrenzdenken vergessen ließen; Hannover lud die sonst als Pfuscher und Nahrungsstörer titulierten Gewerbetreibenden geradezu in die Stadt ein. Dieser Vorgang zeigt deutlich, wie ökonomische, auf finanziellen Gewinn gerichtete Interessen im städtischen Denken und Handeln dominierten, wie schnell die von städtischer Seite proklamierte, "naturgegebene" und unabänderliche Stadt-Land-Arbeitsteilung in Vergessenheit geriet; die vielbeschworene Bewah-

---

[62] Eine genauere Bewertung des ländlichen Gewerbes in Hannovers Umland ist nicht möglich, da in den Quellen die Angaben für das Handwerk, falls überhaupt vorhanden, zu ungenau und für das Neben- und Heimgewerbe fast gar nicht vorhanden sind. Vgl. Hesse, Mußmann (wie Anm. 5), S. 88 f.

[63] StAH B 8091 m. Einzig auf die ordnungsgemäße Bezahlung des Lizentes legten die Behörden Wert.

rung mittelalterlicher Traditionen entlarvt sich als probates Mittel zum wirtschaftlichen Zweck.

Die hannoversche Verwaltung zeigte sogar einmal ein gemeinsames Interesse mit den ländlichen Gewerben, indem sie auf die Nachteile, "die insonderheit durch Ausdehnung der Verwaltung allerhöchst dero Domainen im Handel und Nahrungsgewerbe" aufkamen, hinwies. Die dadurch entstandenen Nachteile für die Stadt- und Landbewohner widersprachen aus der Sicht der Altstadt dem Prinzip der Emporbringung des allgemeinen Nahrungsstandes. Diese Solidarität mit den Landbewohnern und die geschilderte Zulassung von Landschlächtern verdeutlichen opportunistisches Verhalten: Je nach wirtschaftlicher Lage änderte sich die städtische Meinung. Dieser schnelle Sinneswandel zeigt, daß die beklagten Mängel so gravierend nicht sein konnten, da sonst eine derartig flexible Anpassung nicht möglich gewesen wäre.

Das Gewerbe in Hannover - "... theils in Abnahme, theils ganz in Stillestand geraten"[64]?

Wohl kaum! Diese Auffassung mochte für vereinzelte Gewerbezweige gelten, insgesamt gesehen erging es Hannovers Wirtschaft relativ gut. Weil die Industrie, der Verkehr und die Volksmenge sichtbar zugenommen hat, zählte 1769 G. L. Woempner die Residenzstadt zu den aufblühenden Städten[65]. Die ökonomischen Strukturen und Entwicklungen von der Mitte zum Ende des 18. Jahrhunderts zeigen deutlich, daß Handwerk, Handel und Manufakturen expandierten. Zwar dominierte die vorindustrielle Produktionsweise, innovative ökonomische Organisationsformen aber drängten massiv auf Veränderungen, was insbesondere das traditionelle Zunfthandwerk spürte und sich in Spannungen, Konflikten und überzogenen Reaktionen äußerte. Noch waren die jahrhundertealten Zunftbarrieren nicht gefallen, aber der Wind des Wandels bließ den kleinbürgerlich denkenden und kleingewerblich-zünftlerisch organisierten Gewerbetreibenden in Hannover bereits kräftig ins Gesicht: Manufakturunternehmer und handelskapitalistische Großhändler, konkurrierendes Landhandwerk, Einordnung in eine - nach 1714 schwache - Territorialwirtschaft, Abhängigkeit vom internationalen Markt - ein umfassender ökonomischer und sozialer Wandel kündigte sich an, vermochte aber am Ausgang des 18. Jahrhunderts noch keinen tiefgreifenden strukturellen Umbruch in die Wege zu leiten. Um Mißverständnissen vorzubeugen: Natürlich war Hannover keine fortschrittliche Industriestadt, son-

---

[64] Wie Anm. 1.

[65] G. L. Woempner, Der Spaziergang um Hannover. In: Neues Hannöverisches Magazin, 1800, 73. Stück, Sp. 1353-1366, 74. Stück, Sp. 1377-1382, hier Sp. 1381 f.

dem Zentralort eines in der Halbperipherie gelegenen, wirtschaftlich unbedeutenden Kurfürstentums, das auf vorindustriellem Niveau hinter richtungsweisenden Ländern wie den Niederlanden oder England mindestens ebensoweit zurückblieb wie seine Residenzstadt hinter Bremen oder Hamburg, gar London oder Amsterdam. Nichtsdestotrotz - ökonomisch, aber auch städtebaulich, kulturell etc. ging es in Hannover im Gegensatz zu zahlreichen Städten, die unter den wirtschaftlichen Bedingungen des 18. Jahrhunderts arg litten, allmählich voran. Vor allem von der Residenzfunktion, die z.B. den Geldumlauf erheblich beflügelte und so die katastrophale Handelsbilanz der Stadt mehr als ausglich, profitierte Hannover.

Viele Fragen indes bleiben unbeantwortet. Während die Stadtgeschichte des Mittelalters und des 19./20. Jahrhunderts sich allgemeiner Beliebtheit erfreuen, lassen sich für die Erforschung der frühen Neuzeit - sowohl allgemein wie speziell zu Hannover - zahlreiche Defizite benennen. Auch die vorgelegten Ergebnisse werfen eher Fragen auf, als sie zu beantworten; viele wirtschafts- und sozialgeschichtliche Untersuchungen zur Stadtgeschichte, gerade zum 18. Jahrhundert, stehen noch aus[66]. Detaillierte Forschungen zum Manufakturwesen, zu den Stadt-Umland-Beziehungen, zur Lage sozialer Randgruppen wie Manufakturarbeiterinnen, zu Handwerkerunruhen etc. gibt es kaum. Welcher Systemzusammenhang existierte im 18. Jahrhundert zwischen vorindustrieller Prosperität, materiellem Wohlstand und sozialem Elend? Wer partizipierte an Hannovers günstiger Situation, wer nicht? Diese und viele andere Fragen gilt es zu beantworten, und zwar im Rahmen einer vergleichenden historischen Städteforschung, die über die Feststellung hinaus, "in diesem Ort arbeiteten 27 Schuster, in jenem aber nur 23", wichtige Entwicklungen und Tendenzen, vor allem deren Ursachen und Folgen aufzeigt und schließlich bei der Untersuchung sozial- und wirtschaftsgeschichtlicher Leitlinien frühneuzeitlicher Stadtgeschichte einmal über den lokalen Tellerrand hinausblickt.

---

[66] Prägnanter Überblick bei Carl-Hans Hauptmeyer, Die Residenzstadt Hannover im Rahmen der frühneuzeitlichen Stadtentwicklung. In: Niedersächsisches Jahrbuch für Landesgeschichte 61, 1989, S. 61-85.

Christiane Schröder

"Die Welt kann des Weibervolks nicht entbehren!"
Geschlechterbeziehungen und Eheleben im Hannover des 17. Jahrhunderts

"Wolan, wenn man dies Geschlecht, das Weibervolk, nicht hätte, so fiele die Haushaltung und Alles, was dazu gehöret, läge gar darnieder; darnach das weltliche Regiment, Städte und die Polizey. Summa, die Welt kann des Weibervolkes nicht entbehren, da gleich [wenn nicht] die Männer selbs könnten Kinder tragen"[1].

Diese hohe Meinung vom weiblichen Geschlecht vertrat zu Beginn des 16. Jahrhunderts Martin Luther. Als Kritiker der katholischen Kirche setzte er sich nicht nur mit Glaubensdogmen und dem Verhalten des Klerus auseinander, sondern überdachte gleichfalls die Anforderungen, die die Gläubigen zu erfüllen hatten, um gottgefällig zu leben. Dabei reflektierte er auch Geschlechterrollen und -beziehungen. Ihm galt nicht mehr die von der katholischen Kirche am meisten geschätzte Jungfräulichkeit als höchstes Weiblichkeitsideal. An ihre Stelle trat der Ehestand. Als Matrone sollte jede Frau an der Seite ihres Mannes einem Haushalt vorstehen; ohne sie sei das gesamte Staats- und Gesellschaftsgefüge vom Chaos bedroht.

Knapp dreihundert Jahre später - das sogenannte bürgerliche Zeitalter war gerade angebrochen - sinnierte der Braunschweiger Hofrat Pockels:

"Es ist für einen gebildeten Mann keine grössere Strafe und Pein auf Gottes Erdboden, als, mit Ehren zu melden, ein Klotz von Weibe. Und, wenn die Frau noch so viel Geld hat, noch so wohlschmeckend kocht, und noch so fleissig spinnt, und sie hat kein Gefühl für Wahres, Grosses und Schönes, und sie kann mit uns darüber nicht sympathisieren, und wir können nichts über küchliches und über spinnrockiges ... mit ihr reden; so ist sie den ganzen Tag für uns nichts mehr, als eine Wanduhr, die wir bisweilen schlagen, oder singen hören, und diese Vorstellung macht uns auch sogar ihres nächtlichen Niessbrauchs bald überdrüssig"[2].

Von dem Respekt, den Luther den Frauen zollte, ist hier keine Spur vorhanden. Die von der Ehefrau erbrachte Arbeitsleistung wird als selbstverständlich angesehen, die einstige Garantin für die Weltordnung - wenn sie sich

---

[1] D. Martin Luthers Werke. Kritische Gesamtausgabe. Tischreden 1531-46, Bd. 2: Tischreden aus den dreißiger Jahren, Weimar 1913, S. 166, Nr. 1658.

[2] Carl Friedrich Pockels, Versuch einer Charakteristik des weiblichen Geschlechts. Ein Sittengemälde des Menschen, des Zeitalters und des geselligen Lebens, Bd. 1-5, Hannover 1797-1802, hier Bd. 2, 1798, S. 321 f.

nicht männlichen Vorstellungen entsprechend verhält - zu einem Einrich-
tungs- und Gebrauchsgegenstand degradiert.

Die beiden Zitate implizieren, daß in dem durch sie umrissenen Zeitraum,
der frühen Neuzeit, ein tiefgreifender Wandel der Geschlechterbeziehungen
stattgefunden haben muß. Solch ein Gedanke war der Geschichtswissenschaft lange Zeit fremd, nahm man doch an, Geschlechterrollen und Geschlechterbeziehungen beruhten auf biologisch bestimmten "Geschlechts-
charakteren". Diese werden seit dem ausgehenden 18. Jahrhundert von
Verfechtern einer bürgerlichen (Familien-)Ideologie propagiert. Ihrer Auffassung nach sind Männer rational bestimmt und somit für eine dominierende Stellung innerhalb ihres Haushaltes und das Agieren im öffentlichen
Raum prädestiniert, während Frauen als gefühlsbegabten Wesen von Natur
aus die mütterliche Pflege ihrer Familie und die Unterordnung unter Väter
bzw. Gatten zu eigen sei. Die polar angelegten Geschlechtscharaktere sollten innerhalb der Ehe ihre komplementäre Ergänzung finden[3]. Die bürgerlichen Rollenvorstellungen als Bestandteil der scheinbar ahistorischen Pri-
vatheit haben sich in unserem Denken so sehr durchgesetzt, daß die Vorstellung ihrer historischen Prägung und Veränderbarkeit lange Zeit abwegig erschien. Der Blick der historischen Zunft auf Fragestellungen benachbarter
Disziplinen wie der Kunstgeschichte oder der Literaturwissenschaft[4] und
nicht zuletzt Impulse aus der Neuen Frauenbewegung durchbrachen diese
Denkblockaden. Nun geht es bei der Beschäftigung mit den Beziehungen
zwischen den Geschlechtern nicht allein darum, durch den Blick auf das
"Private" den weiblichen Anteil an der Geschichte herauszuarbeiten. Vielmehr soll die Verwobenheit und gegenseitige Abhängigkeit weiblicher und
männlicher Geschichte dargestellt werden. Eine Einbeziehung frauenge-
schichtlicher Arbeitsergebnisse in die historische Forschung wird vermutlich
den Blick auf einzelne Phänomene verändern, bislang "allgemeingültig" formulierte Erkenntnisse einer Erweiterung oder Revision unterziehen müssen.

---

[3] Zur Herausbildung und Durchsetzung dieser Ideologie: Barbara Duden, Das schöne
Eigentum. Zur Herausbildung des bürgerlichen Frauenbildes an der Wende vom 18. zum
19. Jahrhundert. In: Kursbuch 47 (1977), S. 125-140. - Ute Frevert, Bürgerliche Mei-
sterdenker und das Geschlechterverhältnis. Konzepte, Erfahrungen, Visionen an der
Wende vom 18. zum 19. Jahrhundert. In: Dies. (Hrsg.), Bürgerinnen und Bürger. Ge-
schlechterverhältnisse im 19. Jahrhundert. Göttingen 1988 (= Kritische Studien zur Geschichtswissenschaft 77), S. 17-48. - Karin Hausen, Die Polarisierung der "Geschlechtscharaktere". Eine Spiegelung der Dissoziation von Erwerb und Familienleben. In: Heidi
Rosenbaum (Hrsg.), Seminar: Familie und Gesellschaftsstruktur. Materialien zu den sozio-ökonomischen Bedingungen von Familienformen, Frankfurt/Main 1978, S. 161-191.

[4] Vgl. die Einleitung in Heide Wunder, Christina Vanja (Hrsg.), Wandel der Geschlechterbeziehungen zu Beginn der Neuzeit, Frankfurt/Main 1991, S. 7-11, hier S. 7 f.

Die nachfolgende Skizze wird dies beispielhaft demonstrieren sowie weiterführende Fragen aufwerfen[5].

Soll die bisher unterstellte Ahistorizität der Geschlechterbeziehungen durchbrochen werden, reicht der Rückgriff auf Äußerungen einiger Kleriker, Aufklärer oder Bildungsbürger nicht aus. Solche Zitate zeigen, welche Diskurse über das Geschlechterverhältnis in verschiedenen Zeiten geführt wurden. Sie geben jedoch keinen Hinweis darauf, welche wirtschaftlichen, sozialen, politischen oder kulturellen Bedingungen bzw. Veränderungen der Gesellschaft die Diskussion entfachten und bestimmten; wie die theoretisch formulierten Forderungen und Bedürfnisse einiger exponierter Männer - Äußerungen von Frauen zu diesem Sujet sind für den Untersuchungszeitraum kaum überliefert - in die scheinbar private Sphäre der Familie Einzug hielten. Die Voraussetzungen für das Entstehen der Diskurse und die Nacheiferung in vielen Familien müssen also in Quellen aufgespürt werden, die Einblick in das Alltagsleben, die Gedanken- und Gefühlswelt ganz "normaler" Frauen und Männer geben. Ihnen kann man sich am ehesten in einer auf einen kleinen Raum begrenzten Studie nähern, in der die Aussagen verschiedener Quellentypen unterschiedlicher Provenienz zusammengedacht und in Bezug zu der allgemeingesellschaftlichen Situation dieses Raumes gesetzt werden können.

Die hier entwickelten Fragestellungen sind von der Forschung bislang kaum behandelt worden. Fehlende Vorarbeiten über frühneuzeitliche Geschlechterbeziehungen[6] machen folgende Begrenzungen der Lokalstudie notwendig:

- Die Untersuchung bezieht sich beispielhaft auf die (damalige Alt-)Stadt Hannover. Ihre Ergebnisse sind damit räumlich auf städtische Verhältnisse beschränkt. Aufgrund der hohen Mobilität vieler Menschen, die für Arbeitsverhältnisse oder Eheschließungen den Wohnort wechselten und somit Wertvorstellungen transportierten, gelten die für Hannover gewonnenen Ergebnisse bedingt auch für andere norddeutsche protestantische Städte.

- Inhaltlich erfolgt eine Eingrenzung auf eheliche Beziehungen. Die Ehe galt als einzig legitime Beziehungsform für erwachsene Frauen und Männer. Dementsprechend sind eheliche Verhältnisse in den Quellen weitaus besser dokumentiert als außereheliche.

---

[5] Ich danke Karin Ehrich für die kritische Durchsicht meines Manuskriptes.

[6] Erst jüngst erschien als umfassende Grundlage Heide Wunder, "Er ist die Sonn', sie ist der Mond": Frauen in der Frühen Neuzeit, München 1992.

– Diese Skizze nimmt nur augenfällige Phänomene frühneuzeitlicher Geschlechterbeziehungen wahr. Sie konzentriert sich zeitlich auf das 17. Jahrhundert, in dem sich Umbrüche durch die Reformation bereits gefestigt haben, die Vorstellungswelt der bürgerlichen Gesellschaft sich aber noch nicht durchgesetzt hat. Notwendige Differenzierungen innerhalb der frühneuzeitlichen Zeitspanne können erst bei weitergehenden Forschungen herausgearbeitet werden.

An folgenden Leitfragen orientiert sich die Studie:

– Welche Motivation hatte ein Mensch, eine Ehe einzugehen? Ließ er sich von seinen Gefühlen leiten? Waren diese verschränkt mit sozialen und ökonomischen Interessen?

– Welche Kriterien lagen der individuellen Partnerin- bzw. Partnerwahl zugrunde? War diese vor allem von Gefühlen bestimmt oder unterlag sie eher äußeren Einflüssen wie Mitsprache der Familie, Traditionen, Gesetzen?

– Was schließlich erwarteten Verheiratete voneinander? Wie sahen sie ihre eigene Rolle als Ehefrau bzw. Ehemann? Wie waren Arbeiten verteilt, wer hatte welche Entscheidungskompetenz? Welche Gefühle hegten die Eheleute füreinander?

Eine Vielzahl frühneuzeitlicher Quellen wurde hinsichtlich ihrer Aussagen über Geschlechterbeziehungen und Eheleben befragt und die gewonnenen Ergebnisse miteinander verknüpft. Allgemein-normative Quellen wie die Stadtrechte und -kündigungen, Luxus- und Kirchenordnungen sowie Zunftstatuten gewähren die Rekonstruktion des Normengebäudes, in dem sich die Menschen bewegen sollten. Die Auswertung von individual-normativen Quellen, nämlich Eheverträgen, Eheklagen und Testamenten, erlaubt kritische Blicke auf die Durchsetzungskraft der gesetzten Normen. Narrative Quellen schließlich, also Bittgesuche, Leichenpredigten oder Diarien, schildern subjektive Sichtweisen jenseits obrigkeitlicher Einflußnahme.

Motive einer Eheschließung

Eine bestimmte, kollektiv immer wiederkehrende Handlung wird individuell nur dann vollzogen, wenn sie sich entweder als eine ideelle oder materielle Bereicherung oder aber als selbstverständlicher Teil des Lebenslaufs darstellt.

Die Wertvorstellungen waren in hohem Maße von der protestantischen Kirche geprägt. Der Ehestand galt als von Gott eingesetzt; sein Zweck war fest umrissen: Er diente der züchtigen Vermehrung des Menschengeschlechts und der Erziehung der Kinder im kirchlichen Sinne, der kanalisierten sexuellen Befriedigung zur Vermeidung von Promiskuität, nicht zuletzt aber auch der gegenseitigen Unterstützung und Hilfe der Eheleute[7]. Viele protestantische Ausführungen verankerten im Bewußtsein der Gläubigen die Ehe als einzig legitime Form des Zusammenlebens. Dies geschah zumeist nicht durch inhaltliche Argumentationen, sondern durch die Androhung von Sanktionen bei normabweichendem Verhalten[8].

Die weltliche Obrigkeit Hannovers bekannte sich zu den kirchlich gesetzten Ehenormen. Dies äußerte sich ebenfalls eher in der Verfolgung nicht-ehelicher Lebensformen als in argumentativen Überzeugungsstrategien[9]. Ein Beispiel sei genannt: Bei Unzucht Ertappte konnten ihren Fehltritt nicht mehr wie in vorreformatorischen Zeiten mit einer Geldbuße vergessen machen, sondern wurden "tho Schande der gantzenn Welt" in die neben dem Rathaus befindliche, von jedermann einsehbare Kohlenkammer eingesperrt[10]. Dieses neuartige Disziplinierungsmittel förderte die Entwicklung eines bis dahin unbekannten Schuldgefühls und somit die Durchsetzung restriktiver Sexualnormen[11].

Doch allein die Bemühungen der kirchlichen und weltlichen Obrigkeiten, Sexualität nur innerhalb einer rechtmäßigen Ehe dulden zu wollen, konnten noch nicht den Anstoß für die Mehrzahl der Erwachsenen zu ihrer Vermählung gegeben haben. Einen großen Einfluß auf die Entscheidung von Frauen nahm ihre Erziehung. Im Handwerksmilieu beschränkte sich die schulische Ausbildung in der Regel auf einen kurzen Elementarunterricht; die Söhne traten im Alter von etwa elf Jahren eine handwerkliche Ausbildung an[12], die

---

[7] Hartwig Dieterich, Das protestantische Eherecht in Deutschland bis zur Mitte des 17. Jahrhunderts (= Jus Ecclesiasticum 10), München 1970, S. 172 ff. - Emil Sehling (Hrsg.), Die evangelischen Kirchenordnungen des 16. Jahrhunderts, Bd. 6: Niedersachsen, 1. Teil: Die Welfischen Lande, 2. Halbband: Die Fürstentümer Calenberg-Göttingen und Grubenhagen mit den Städten Göttingen, Northeim, Hannover, Hameln und Einbeck. Die Grafschaften Hoya und Diepholz, Tübingen 1957, S. 944-1017, hier S. 1012 f.

[8] Vgl. beispielsweise die Aufzählung von Formen der verfemten außerehelichen Sexualität und das jeweilige Strafmaß bei Johann Karl Fürchtegott Schlegel, Churhannöversches Kirchenrecht, Teil 1, Hannover 1801, S. 292-310.

[9] StA Hannover, alte Abtlg., B 8254 m, fol. 4v f.; B 8255m, fol. 14r-27r.

[10] Ebd., B 8254m, fol. 5v.

[11] Siegfried Müller, Die Sittenaufsicht des hannoverschen Rates über Laien in Spätmittelalter und früher Neuzeit. Ein Versuch. In: Hannoversche Geschichtsblätter, NF. 37, 1983, S. 1-43, hier S. 18.

[12] Heide Wunder, Frauen in der Gesellschaft Mitteleuropas im späten Mittelalter und in der Frühen Neuzeit (15. bis 18. Jahrhundert). In: Helfried Valentinitsch (Hrsg.), Hexen

Töchter verdingten sich als Magd[13] oder blieben im elterlichen Haushalt, um Hausarbeiten zu verrichten und im Betrieb mitzuhelfen. Eine professionelle Ausbildung erhielten sie nicht. Hätte ein Meister ihnen diese bieten wollen, wären ihm Bestrafungen durch seine Zunft sicher gewesen[14]. Ebenso erging es Töchtern aus den besseren Kreisen. Während ihre Brüder weiterführende Schulen und Universitäten besuchten, wurden sie im Elternhaus zu "jungfräulicher Arbeit und Haußhaltung mit allem Fleiß" angehalten[15]. Frauen der unteren oder mittleren Schichten stand somit die schlecht entlohnte Erwerbstätigkeit als Tagelöhnerin oder Magd offen; für Frauen aus den oberen Schichten galt jede Form von Erwerbsarbeit als unschicklich. Unabhängig von der sozialen Herkunft bot die Ehe für Frauen eher als das Ledigen-Leben einen gesicherten Lebensunterhalt.

Weitere Faktoren machten die Eheschließung - und nicht nur für Frauen - attraktiv: Die Zeit vor der Verehelichung war durch eine hohe Abhängigkeit und Rechtlosigkeit geprägt, da sich Kinder oder Gesinde in die Autorität des Hausvaters zu fügen hatten[16]. Die Position der Hausmutter bzw. des Hausvaters mit dem ihr immanenten größtmöglichen Maß an Entscheidungsfreiheit und Ansehen für das jeweilige Geschlecht war nur über die Heirat zu gewinnen. Die rechtliche Position einer verheirateten Frau veränderte sich im Gegensatz zum sozialen Status zwar nicht grundlegend; sie unterstand immer noch der Autorität eines Hausvaters. Dieser überließ seiner Frau jedoch bestimmte Aufgaben der Haushaltsführung, so daß sie eigene Kompetenzbereiche erhielt.

Nahezu alle Handwerksämter forderten von einem Meisteranwärter die Erfüllung unterschiedlicher Aufnahmevoraussetzungen. Unter diesen war im-

---

und Zauberer. Die große Verfolgung - ein europäisches Phänomen in der Steiermark, Graz, Wien 1987, S. 123-154, hier S. 133.

[13] Vgl. StAH, alte Abtlg., XVII G 2, Vertrag Bartels/Bornemann, Vertrag Günther/Haverkamp.

[14] Hannoversche Schnurmachermeister und -gesellen wurden bestraft, wenn sie eine "Weibs-Persohn auf dem Stuhle, wircken zu lernen", setzen würden. Hutmachermeister durften ihre Dienstmägde nicht an die Walkbank stellen, um sie dort arbeiten zu lassen. StAH B 8040m, fol. 500v f., 277v. - Vgl. überregional die rigiden zünftischen Ausgrenzungen von Frauen bei Rudolf Wissell, Des alten Handwerks Recht und Gewohnheit, 3 Bde. Berlin 2 1971-1981 (= Einzelveröffentlichungen der Historischen Kommission zu Berlin 7).

[15] NLB Cm 159, Leichenpredigt auf Dorothea Bünting, S. 53.

[16] Peter Laslett, Familie und Industrialisierung: eine "starke Theorie". In: Werner Conze (Hrsg.), Sozialgeschichte der Familie in der Neuzeit Europas. Neue Forschungen (= Industrielle Welt 21), Stuttgart 1976, S. 13-31, hier S. 14 f.

mer die Eheschließung vertreten: "Kein fremder, noch Meisters Sohn, kann ehender vollständiger Ambts bruder werden ..., noch Nahrung treiben, bis er sein eigen Feuer und Herd ... erhalten"[17]. Die Eheschließung läßt sich als Teil eines "Initiationsrituals" betrachten, ohne dessen Vollzug kein Handwerker vollwertiges Mitglied seiner Zunft und der Bürgerschaft werden konnte. Das Erreichen des höchstmöglichen Status in seinem Milieu war daran gekoppelt, geheiratet zu werden.

Der durch die Heirat mögliche Statuszuwachs läßt sich für beide Brautleute anhand ihrer Neueinordnung in die städtische Ständehierarchie verdeutlichen. Als Mägde und Gesellen gehörten sie grundsätzlich dem untersten Stand an[18]. Die erfolgte Hochzeit eröffnete ihnen die in der Regel auch wahrgenommene Möglichkeit zur Selbständigkeit, so daß das Paar mindestens eine Stufe in der Ständehierarchie emporkletterte. Die Eheschließung war umso begehrter, weil sie nicht allein von der individuellen Entscheidung abhing: Frauen und Männer, die zu arm zum Kauf des Bürgerrechts waren, durften nicht heiraten.

Die geschilderten sozialen und ökonomischen Verbesserungen, die nach der Heirat zu erwarten waren, legen nahe, daß Heiratsabsichten nicht vorrangig auf individuellen Gefühlen basierten. Auf eine mögliche Eheschließung zu verzichten, bedeutete, die Chance des gesellschaftlichen Aufstiegs nicht wahrgenommen zu haben.

Kriterien der Partnerin- und Partnerwahl

Bei den bisherige Überlegungen, welche Motive eine Ehe prinzipiell begehrenswert machten, bleibt unbeantwortet, wie die Paare tatsächlich zusammenfanden. Ehe ich mich den "subjektiven" Faktoren der Entscheidung, den Gefühlen füreinander, zuwende, klopfe ich die möglichen "objektiven" Momente ab: Kamen die Brautleute aus identischen sozialen Milieus, verfügten sie über annähernd gleiche finanzielle Mittel?

Werden die ständische Hierarchie und im Handwerksmilieu das unterschiedliche Ansehen der einzelnen Gewerke entsprechend ihrer politischen Mitspracherechte und der Höhe ihrer Aufnahmegelder zugrunde gelegt, lassen sich vorsichtige Rückschlüsse auf die soziale Herkunft von Braut und Bräutigam ziehen. Die hierzu ausgewerteten Quellen für insgesamt 76 Paare

---

[17] StAH B 8040m, fol. 117r f.

[18] Siehe hierzu die städtischen und landesherrlichen Luxusordnungen des 17. Jahrhunderts: NHStA Hannover, Cal. Br. 8, 613.

aus den Kreisen der städtischen Eliten und des Handwerks[19] zeigen, daß die Partnerin- bzw. Partnerwahl vorrangig im gleichen sozialen Milieu stattfand. In den Oberschichten schafften es nur wenige Frauen, durch ihre Heirat sozial aufzusteigen (11%), mehrere mußten einen Abstieg auf der Prestige-Skala hinnehmen (17%). Im Handwerk entstammte immer noch gut die Hälfte der Partner aus dem gleichen sozialen Umfeld wie die Braut. Hier näherte sich auch die vertikale soziale Mobilität der Frauen und Männer an; letztere nahmen für die Ehe fast eben so oft wie Frauen einen Abstieg auf der sozialen Stufenleiter hin. Dieses für eine ständische Gesellschaft charakteristische "Gebot der sozialen Gleichrangigkeit" zeigt, daß die Eheschließung über den persönlichen Statusgewinn hinaus auch eine soziale Funktion inne hatte. Ein Indiz ist die in allen Schichten häufige Übereinstimmung des ausgeübten Berufes bzw. Amtes von Brautvater und Bräutigam. Die Töchter bzw. Ehefrauen fungierten also als Vermittlerinnen beruflicher, wirtschaftlicher und politischer Kontakte. Sie unterlagen - ebenso wie die ehewilligen Männer - einer Heiratspolitik der Eltern bzw. der gesamten Familie, die auf den kontinuierlichen Erhalt und Ausbau von nützlichen Beziehungen zielte[20].

Während es der wirtschaftlich und politisch tonangebenden Schicht vor allem darum ging, durch die gezielte Heiratspolitik ein dichtes Netz zu knüpfen, das sie alle wichtigen Ämter und Positionen innehaben ließ, legte das Handwerksmilieu aus anderen Gründen Wert auf die Berufsgleichheit von Brautvater bzw. verstorbenem Mann und Bräutigam. Die Aufnahme in die Zunft gestaltete sich erheblich kostengünstiger, wenn der angehende Meister sich mit der Tochter oder Witwe eines Zunftbruders vermählte[21]. Darüber hinaus arbeitete eine Ehefrau trotz ihres offiziellen Ausschlusses aus der Zunft informell im Betrieb mit, so daß sie seine Arbeitsprozesse kannte und daher als kostenlose Kraft im Betrieb ihres zukünftigen Mannes zur Verfü-

---

[19] Als Basis dienten eine Auswahl von Leichenpredigten: NLB Cm 51, Cm 159, Cm 162, Cm 204 und die erhaltenen Altstädter Eheverträge: StAH alte Abtlg., XVII G 2. - Hinzugezogen wurden die dazu vorliegenden genealogischen Auswertungen: Helmut Zimmermann, Die Eheverträge im Stadtarchiv Hannover. In: Heinz Reise (Hrsg.), Quellen zur Genealogie, Bd. 1: Niedersachsen, Göttingen 1965, S. 81-124.

[20] Vgl. Hermann Mitgau, Geschlossene Heiratskreise sozialer Inzucht. In: Hellmuth Rössler (Hrsg.), Deutsches Patriziat 1430-1740. Büdinger Vorträge 1965. Limburg/Lahn 1968 (= Schriften zur Problematik der deutschen Führungsschichten in der Neuzeit 3), S. 1-25. - Konkret für Hannover siehe Siegfried Müller, Kontinuität und Wandel innerhalb der politischen Elite Hannovers im 17. Jahrhundert. In: Kersten Krüger (Hrsg.), Europäische Städte im Zeitalter des Barock. Gestalt - Kultur - Sozialgefüge (= Städteforschung, Reihe A: Darstellungen 2), Köln, Wien 1988, S. 223-269.

[21] Siehe hierzu die Zunftstatuten aller hannoverschen Ämter: StAH B 8040m.

gung stand[22]. Gerade in Zeiten wirtschaftlicher Stagnation, wie sie die Altstadt in der ersten Hälfte des 17. Jahrhunderts erfuhr, konnte dies von existentieller Bedeutung für einen Betrieb sein, wenn die Beschäftigung eines Gesellen zu teuer war[23].

Vor jeder Eheschließung mußten die von beiden beteiligten Familien geführten Verhandlungen über die Brautschätze abgeschlossen sein. Der Kapitalbedarf eines heiratswilligen Paares war hoch, denn neben dem eventuell notwendigen Kauf des Bürgerrechts und der Einrichtung des Haushaltes, unter Umständen auch der Werkstatt, mußte die aufwendige Hochzeitsfeier mit der Familie, dem Freundeskreis, der Nachbarschaft und gegebenenfalls mit der Zunft bzw. der Kaufmannsinnung ausgerichtet werden. Braut und Bräutigam bemühten sich, daß die Höhe der jeweils eingebrachten Brautschätze in einem ausgewogenen Verhältnis zueinander stand. 22 Eheverträge[24] geben Aufschluß über die Vermögenskonstellationen: In knapp der Hälfte der untersuchten Ehen (46%) brachte der Bräutigam mehr Vermögen als seine Braut ein. Dieses sah der öffentliche Diskurs als optimal an - brachte eine Frau mehr in die Ehe ein als ihr zukünftiger Gatte, wurde vor ihrer daraus resultierenden Herrschsucht und Widerspenstigkeit gewarnt[25]. In 14% der Ehen verfügten die Brautleute über ein annähernd gleiches Vermögen. In allen diesen Fällen war die Braut bereits einmal verheiratet gewesen. Annähernd die Hälfte der Bräute (41%) verfügte über mehr oder sogar wesentlich mehr Kapital. In diesen Beziehungen floß kaum noch Bargeld; das Heiratsgut bestand z.B. in der Übernahme des Elternhauses auf Kreditbasis oder sogar nur in dem Recht auf mietfreie Wohnung in einem der Elternhäuser. Besonders Männer aus den "besseren" Handwerkskreisen, die Angehörigen der ratsfähigen "vier großen Ämter" und die der "kleinen Ämter", deren Zugehörigkeit zu der Übernahme städtischer Posten berechtigte,

---

[22] Merry E. Wiesner, Working Women in Renaissance Germany, New Brunswick, New York 1986, S. 155 f., 168.

[23] Die durchschnittliche Haushaltsgröße war mit ca. vier Personen so gering, daß nur wenige Betriebe Lehrlinge oder Gesellen beschäftigt haben konnten: Siegfried Busch, Hannover, Wolfenbüttel und Celle. Stadtgründungen und Stadterweiterungen in drei welfischen Residenzen vom 16. bis zum 18. Jahrhundert (= Quellen und Darstellungen zur Geschichte Niedersachsens 75), Hildesheim 1969, S. 152. - Hans Mauersberg, Wirtschafts- und Sozialgeschichte zentraleuropäischer Städte in neuerer Zeit. Dargestellt an den Beispielen von Basel, Frankfurt am Main, Hamburg, Hannover und München, Göttingen 1960, S. 62.

[24] Vgl. Anm. 19.

[25] Wolfgang Harms (Hrsg.), Beate Rattay (Bearb.), Illustrierte Flugblätter aus den Jahrhunderten der Reformation und der Glaubenskämpfe (= Kataloge der Kunstsammlungen der Veste Coburg 40), Coburg 1983, passim.

konnten am ehesten mit einer geringen Mitgift zur Ehe schreiten. War der zukünftige Ehemann jedoch Böttcher oder Glaser, Maurer oder Schnurmacher und somit Mitglied der niederen Stände, mußte er unausweichlich Bargeld bzw. Immobilien mitbringen und konnte - anders als ein Bäcker, Fleischer, Schmied oder Schuster - seine Braut nicht mit dem Versprechen auf zukünftigen Verdienst gewinnen. Die Mitgiften der Bräute lassen sich in keiner Weise kategorisieren; eine erkennbare Übereinstimmung zwischen Stand und Vermögen ist nicht gegeben. Auch scheint die Möglichkeit für Frauen, sich über das Ausmaß ihres Brautschatzes "nach oben" zu verehelichen, nicht groß gewesen zu sein.

Über die geschilderten Faktoren hinaus können weitere Überlegungen die Partnerin- bzw. Partnerwahl beeinflußt haben. Diese mußten vor allem die angehenden Handwerksmeister anstellen: Nahezu alle Zünfte forderten, daß die Frauen ihrer Mitglieder vollkommen unbescholten in die erste Ehe gingen. Die Schuster in Bremen ordneten - jedenfalls auf dem Papier - sogar ihre jeweils gewählten Amtsmeister ab, vor jeder angestrebten Eheschließung die Braut "mit ihren eidtlichen Handen zur Anzeig ihrer unbefleckten Jungfrawschaft antasten oder begreiffen" zu müssen. Konstatierten die gynäkologisch wohl kaum kundigen Zunftmeister ein nicht intaktes Hymen, konnten weder Braut noch Bräutigam das Amt gewinnen[26]. Die in Hannover vorgesehenen Sanktionen gegen die voreheliche Sexualität von Frauen trugen weniger entwürdigende Züge. Vor allem die Kirche gab Bestrafungsmuster vor, indem die betreffenden Bräute von mehreren Teilen des kirchlichen Zeremoniells ausgeschlossen wurden[27]. Doch auch hier unterstützten das Bürgertum und das Handwerk den Anspruch, Frauen sollten jungfräulich in die Ehe gehen. Als der Landesherr, um den Pomp bei Familienfeiern zu reduzieren, das Vorantragen von Fackeln für jungfräuliche Bräute verbot, beschwerten sich Handwerker und Mitglieder der Gemeinde beim Rat: Die Brautfackeln seien ein Kenn- und Lobzeichen der "biß inß Ehebeth erhaltene[n] Jungferschafft". Ihre Abschaffung könnte zur Folge haben, daß "manniche unkeusche Dirne hirselbst ... auff ein reines keusches Ehebethe wenig achten würde". Die Eltern würden es als "Schimpff" betrachten; Handwerksgesellen könnten in der Fremde schwer ihre eheliche

---

[26] Wissell (wie Anm. 14), Bd. 1, S. 263. Scheinbar sahen die Statuten aller Bremer Zünfte dieses Verfahren vor.

[27] Schlegel (wie Anm. 7), S. 297. - Städtische Hochzeitsordnung vom 4.4.1651 (wie Anm. 19).

Geburt nachweisen, wenn der Geburtsschein nicht vermerke, daß die Mutter mit Fackeln zur Kirche gegangen sei[28].

Eine in 14 Fällen vorgenommene Berechnung der verstrichenen Frist zwischen Trauung und Taufe des ersten Kindes[29] zeigt, daß die Beschwerden tatsächlich weit verbreiteten Normvorstellungen entsprangen. Zwei Drittel der Kinder waren eindeutig nach der kirchlichen Trauung gezeugt worden; in den anderen Fällen erfolgte die Zeugung zwischen der Eheberedung und der Trauung. Das Verhalten der Bevölkerung und die obrigkeitlich ausformulierten Normen deckten sich; der Wert der Jungfernschaft wurde grundsätzlich akzeptiert, anderenfalls hätten sich mehr Trauungen schwangerer Frauen nachweisen lassen müssen. Der Zeitpunkt des legitimen Geschlechtsverkehrs war jedoch oft noch ein anderer als in obrigkeitlicher Auffassung. In vielen Fällen konstituierte - wie vor der Reformation - die Eheberedung und nicht die kirchliche Trauzeremonie die eheliche Lebensgemeinschaft. Nichtsdestotrotz war die Bewahrung der Jungfräulichkeit von eminenter Bedeutung für jede heiratswillige Frau.

Den Ausschlag für die Wahl der Partnerin bzw. des Partners konnten also mehrere mögliche Kriterien geben. Doch wer trug Sorge für ihre Beachtung? Die hannoverschen Quellen geben keinen Hinweis darauf, ob Paare sich aufgrund des Engagements ihrer Familien und eines Werbers[30] oder auf eigene Initiative hin fanden[31]. In keinem Fall darf der unausgesprochene Einfluß des sozialen Verbandes, in dem ein Mensch sich bewegte, unterschätzt

---

[28] Brief der Ehrlichen Gemeinde an den Rat vom 14.6.1658, Brief der Freykünstler und Geschenckte[n] Handwerke an den Rat vom 9.7.1658: NHStA Cal. Br. 8, 613.

[29] Die von Zimmermann (wie Anm. 19) zu den Altstädter Eheverträgen aufgestellten genealogischen Tafeln vermerken bei 14 Paaren sowohl das Datum der Eheschließung als auch das Taufdatum des ersten Kindes.

[30] Diese Ansicht vertreten: August Jugler, Beitrag zur Geschichte der geselligen Verhältnisse, insbesondere der Familienfeste in der Stadt Hannover. In: Zeitschrift des Historischen Vereins für Niedersachsen 1873, S. 1-41, hier S. 5. - Siegfried Müller, Leben im alten Hannover, Hannover 1986, S. 89. - Das Tagebuch des Hildesheimer Ratsherrn Brandis bestätigt diese Annahme: M. Buhlers (Hrsg.), Joachim Brandis' des Jüngeren Diarium, ergänzt aus Tilo Brandis' Annalen. 1528-1609, Hildesheim 1903, S. 243 ff.

[31] Normierende Quellen des 16. und 17. Jahrhunderts befehlen nicht nur dem Paar den Konsens ihrer Familien, sondern ermahnen auch letztere, ihre Zustimmung nicht unbegründet vorzuenthalten. Das deutet an, daß Paare sich auch ohne Vorwissen ihrer Familien finden konnten: NHStA Cal. Br. 8, 613; StAH B 8052m, B 8053m. - Christian Hermann Ebhardt, Gesetze, Verordnungen und Ausschreiben für den Bezirk des Königl. Consistorii zu Hannover, welche in Kirchen- und Schulsachen ergangen sind, Bd. 1, Hannover 1845, S. 142. - Sehling (wie Anm. 7), S. 805. - Vgl. zur Diskussion innerhalb der Kirche über die Konsenspflicht der Kinder Dieterich (wie Anm. 7), S. 197-200.

werden. Die Vermählung bestimmte das Verhältnis einer Person zu ihrer Umwelt von neuem. Diesen "rite de passage"[32] beging sie angemessen durch eine große öffentliche Feier. Die Hochzeitsordnungen vermitteln ein Bild von der Gestaltung dieses üppigen Festes. Dem untersten Stand waren - je nach Ordnung - immerhin zwischen 60 und 72 Gäste für eine zweitägige Feier erlaubt, während der erste Stand drei Tage mit 100 bis 288 Personen prassen durfte. Der Landesherr schränkte die überschäumende Üppigkeit und die daraus resultierende Verschuldung seiner Untertanen gesetzlich ein, worauf sich die Handwerke beschwerten: Die Zahl der nun erlaubten Gäste reiche nicht mehr aus, "all' die Personen einzuladen, welche bißhero in Freüwde undt Leidt bey Hochzeiten und Begrebnüßen ein dem andern Getreüwlich beygestanden" wären. Eine Beschränkung der Geldgeschenke nähme dem Paar darüber hinaus eine wichtige finanzielle Grundlage für den gemeinsamen Lebensbeginn[33]. Dem Brautpaar lag also aus sozialen und finanziellen Gründen daran, daß die Öffentlichkeit an seiner Vermählung teilnahm. Die Anwesenheit möglichst vieler Personen versinnbildlichte die Ehrenhaftigkeit der Verbindung und garantierte dem Paar, von der Gesellschaft akzeptiert und unterstützt zu werden[34]. Die Ausgangsfrage nach einer individuell getroffenen Entscheidung in der Partnerin- bzw. Partnerwahl ist somit falsch gestellt.

Der Ehealltag

Das vorige Kapitel benannte vor allem die von der Gesellschaft gestellten Erwartungen an ein Paar. Individuelle Erwartungen und Gefühle der Brautleute blieben bislang im Hintertreffen. Aus einer Zeit, in der die schriftliche Kultur noch keine große Rolle spielte, sind kaum Selbstzeugnisse überliefert, die persönliche Wünsche und Hoffnungen offenbaren. Berichte über den Ehealltag sind vor allem in Akten der Zivil- und Strafgerichtsbarkeit erhalten. Sie spiegeln das Denken, Fühlen und Handeln ihrer Akteure nicht ungebrochen wider. Vielmehr richteten diese ihre Argumentation auch an vorherrschenden Diskursen über Geschlechterrollen aus, um die angestrebte obrigkeitliche Unterstützung zu erhalten.

---

[32] Ursula Kubach-Reutter, Rituale zur Offenkundigmachung der Ehe. In: Gisela Völger, Karin von Welck (Hrsg.), Die Braut. Geliebt - verkauft - getauscht - geraubt. Zur Rolle der Frau im Kulturvergleich, 2 Bände, Köln 1985, Bd. 1, S. 294-298, hier S. 297.

[33] Brief der Freykünstler und Geschenckte[n] Handwerke an den Rat vom 9. Juli 1658 (wie Anm. 28).

[34] Richard van Dülmen, Fest der Liebe. Heirat und Ehe in der Frühen Neuzeit. In: Ders. (Hrsg.), Armut, Liebe, Ehre. Studien zur historischen Kulturforschung, Frankfurt/ Main 1985, S. 67-106, 280-283, hier S. 68 f., 104 f. - Kubach-Reutter (wie Anm. 31), S. 296.

Gerd Schild klagte 1566 zum zweiten Mal dem Rat der Stadt Hannover seine ehelichen Nöte[35] : Oft sei die Tür seines Hauses verschlossen, wenn er
abends nach Hause käme, und er müsse dann im Hause seines Vaters übernachten. Ließe seine Frau ihn hinein, würde sie ihn dermaßen ausschelten,
daß er sich vor den Nachbarn schämte. Wenn er schliefe, nähme sie ihm sein
ganzes Geld aus den Taschen. Das, was er ihr für Besorgungen gäbe, behiel-
te sie für sich; Einkäufe ließe sie anschreiben, und er werde daraufhin angesprochen, die von ihr unnötigerweise gemachten Schulden zu bezahlen. Eines Tages sei ihm die Hutschnur geplatzt und er hätte ihr "den Puster
[Blasebalg] up dem Koppen entwei geslagenn". Dafür sei er vom Rat in die
Kohlenkammer eingesperrt worden. Er bat nun, seine Frau möge angehalten
werden, daß sie ihn "in Frede late wen ich des Avends innkome" oder ihn
anderenfalls von ihr zu scheiden.

In dieser kurzen Geschichte zeigen sich mehrere Erwartungen eines Ehemannes an seine Frau. Einen zentralen Stellenwert nahm die Beschwerde
über das "Übel-Hausen", also die Verschwendung von Geld, ein. Kritisiert
wurde nicht nur, daß die Ehefrau es nicht sparsam verwendete, sondern
durch nicht gemachte Besorgungen auch die Familie vernachlässigte. Einen
zweiten Komplex machte die Verletzung der männlichen Ehre aus. Das
Verhalten der Gattin demütigte den Beschwerdeführer, denn ihre Zänkereien
waren in der Nachbarschaft bekannt und Schild dadurch lächerlich gemacht.
Zudem kam der Hausvater nicht mehr in sein eigenes Haus und mußte wie
ein kleiner Junge zu seinen Eltern gehen! Die auf ökonomisches Wohlverhal-
ten und die Wahrung der Ehre gerichteten Erwartungen vermischten sich,
denn Schild war es peinlich, in der Stadt auf die Schulden seiner Frau angesprochen zu werden. Seine Erwartungen richteten sich also nicht allein auf
das private Verhältnis der Eheleute, sondern auch auf die Darstellung des
Paares nach außen.

Elisabeth Goying, Frau eines Tischlers, beklagte sich 1677 vor dem Rat[36].
Seit mehr als fünfzehn Jahren sei sie verheiratet, "aber Gott erbarm es, leider
in stetem Unfrieden und Widerwillen gelebet". Ihr Mann habe ihre Mitgift
durchgebracht (und damit ihre Altersversorgung nach seinem Tod) und ver-
schwende "weiterhin täglich das wenige Übrige ... dahero ich in die eüßerste
Armuth gerathe". Vor wenigen Tagen habe er sich "so boßlich erzeiget, daß
er mich geschlagen, daß ich noch die Mahlzeichen darvon am Gesicht tra-
ge". Deshalb bat sie nun den Rat um Schlichtung. Er sollte dem Ehemann
das Versprechen abnehmen, seine Frau zukünftig "alß eine Ehefrau hinführ

---

[35] StAH, alte Abtlg., A 690.

[36] Ebd.

zu halten, und mich nicht schlagen ..., auch das er sein Handwerck ... zu unser aller Vortheil fortzusetzen ... müße". Goying beklagte nicht nur die Ver-
schwendungssucht ihres Mannes, sondern darüber hinaus die Vernachlässigung seiner Pflicht als "Ernährer" der Familie. Beides nahm sie scheinbar
viele Jahre - freiwillig oder notgedrungen? - hin. Als er sie schlug und damit
ihre Ehre verletzte, konnte sie auf die Unterstützung des Rates zählen.

Die Akten berichten nicht nur von Enttäuschungen. Hans Sedler bedachte
seine Gattin 1596 in seinem Testament mit der doppelten Summe des von ihr
eingebrachten Brautschatzes, einigem Hausrat und der ganzen Scheune mit
dem halben Hof als Behausung auf Lebenszeit. Zwei Jahre später erweiterte
er sein Vermächtnis zugunsten seiner "lieben Hausfrawen ..., wegenn Ihr mir
erzeigten ehelichen Liebe, Trew und vleissiger meiner Wartung in meiner
Schwacheitt auß schuldiger Dangbarheitt", um einen Malter Roggen und den
ganzen Vorrat Mehl und Salz, der sich zum Zeitpunkt seines Todes im
Haushalt befände[37]. Diesem Testament zufolge scheint es nicht die Regel
gewesen zu sein, daß eine Frau sich um ihren kranken Gatten kümmerte -
wobei diese Hoffnung sicherlich ein häufiges Motiv von Witwern war, wenn
sie in bereits sehr hohem Alter zur zweiten oder dritten Ehe schritten.

Viele Scheidungsklagen erzählen eine immer gleiche Geschichte: Eine Frau
verließ den Ehemann gemeinsam mit ihrem Liebhaber, obwohl der Gatte
sich benommen hatte, "wie es einem Christlichen Ehemann gebürth, sie mit
aller Nothdurft, meinem Vermögen nach, versorget, sie auch also gehalten,
daß sie des geringsten sich ... nicht zu beschweren oder zubeklagen hatt"[38].
Doch nicht in jedem Fall ist es nur die sexuelle Untreue der Frau, die als
Trennungsgrund angeführt wurde. Aus der Klage eines Mannes, er müsse
"in bludsaurer Arbeidt, ja in Schne, Regen und Winde das meine erwerben,
und sowohl er als auch seine armen Kinder seien der Leibes Warttung
uberaus sehr bedurfftig"[39], klingt an, Ehefrauen hätten für das leibliche
Wohl ihrer Familie und die Pflege der Kleidung und Wohnung zu sorgen. In
den von Frauen eingereichten Scheidungsklagen wird ebenso wenig über die
Motive für das Scheitern der Ehe spekuliert wie in den Schriftsätzen der
Männer. Frauen unterstützten die Legitimität ihres Begehrens mit dem Hinweis, ein (sinngemäß) armes, schwaches Weib zu sein, das - unter Umständen mit unerzogenen Kindern - verlassen wurde[40]. Nun müßten sie sich mit

---

[37] StAH, Testament 148.

[38] NHStA Cal. Br. 21, 1998, fol. 48r.-Vgl. ebd., fol. 177r ff., 215r f.; Cal. Br. 21, 2010.

[39] NHStA Cal. Br. 21, 1998, fol. 48r. - Vgl- ebd., fol. 177r f., 215r; Cal. Br. 21, 2010.

[40] Ebd., Cal. Br. 21, 1998, fol. 25r f., 159r f.; StAH, alte Abtlg., A 1412, A 1655.

Arbeit und Almosen frommer Leute[41] unterhalten. Dieser Hinweis auf die Vernachlässigung der Unterhalts- und Fürsorgepflicht reichte aus, eine Frau als unschuldigen Teil zu scheiden. Sexuelle Untreue des Mannes wurde in keinem Fall als zusätzlich unterstützendes Argument in die Waagschale geworfen.

Die Richter achteten die weibliche Ehre sehr hoch. Schwangere, die die Einhaltung eines gegebenen Eheversprechens per Prozeß einforderten, bekamen in der Regel Recht[42]. Sie konnten glaubhaft machen, daß ihr Kontakt zu Männern im Rahmen dessen geblieben war, was einer ehrlichen Jungfer gebühret hätte[43]. Der Geschlechtsverkehr erfolgte ihren Angaben zufolge erst nach dem Eheversprechen des Mannes oder gar während einer Vergewaltigung. Die Männer stritten diese oder die klandestine Verlobung ab, doch die Richter schenkten ihren Beteuerungen keinen Glauben. Der Schritt zur Klageführung legt nahe, daß sich für Frauen mit einem unehelichen Kind die Chancen auf dem Heiratsmarkt erheblich verschlechterten. Diese Auffassung muß auch die Justiz vertreten haben, denn sie verurteilte einen Schwängerer entweder zur Eheschließung oder zur finanziellen Entschädigung der Frau in Höhe eines standesgemäßen Brautschatzes. Doch die juristische Parteinahme für die Interessen der Frau schloß ihre Benachteiligung nicht aus: Gehörte sie einem niederen Stand an, war sie billig abzufinden; gehörte sie einem höheren Stand an, entschied sich der Schwängerer zur Eheschließung. Der damit verbundene soziale Abstieg für die Mutter war jedoch nicht so gravierend wie der Makel eines unehelichen Kindes[44].

Die Rollenvorstellungen, die sich aus der Interpretation von Gerichtsakten herauskristallisieren, decken sich mit denen, die bei den Überlegungen zur Partnerin- bzw. Partnerwahl bereits anklangen: Beide Eheleute mußten auf die Wahrung der Ehre der Partnerin bzw. des Partners achten. Die männliche Ehre war dabei wesentlich stärker auf das öffentliche Ansehen ausgerichtet als die weibliche. Erst in dem Moment, in dem ein Mann einer Frau mit oder ohne ihrem Einverständnis sexuell zu nahe trat, ohne sie dafür in akzeptabler Weise mit der Eheschließung zu entschädigen, war ihr öffentliches Ansehen in Mitleidenschaft gezogen. Männern wurde in den hier vorgestellten Argumentationen die Rolle als "Ernährer" ihrer Familien zugewiesen; von Frauen erwartete man die Übernahme der "Hausarbeiten". Der für die bürgerliche Gesellschaft als charakteristisch bewertete Diskurs über

---

[41] NHStA Cal. Br. 21, 1998, fol. 45r.

[42] NHStA Cal. Br. 23, 257.

[43] Ebd., Herbst contra Fahrenkohl.- Vgl. ebd., Jahns contra Flohrens.

[44] NHStA Cal. Br. 23, 276.

Geschlechterrollen wird schon in der frühen Neuzeit vorbereitet. Die Übereinstimmungen sind jedoch noch stark auf die diskursive Ebene beschränkt. Ein Blick auf tatsächlich ausgeübte Arbeitsrollen zeigt, daß sich eine zunehmende Trennung männlicher und weiblicher Sphären anbahnte, Frauen aber für die von ihnen geleistete Arbeit noch eine hohe gesellschaftliche Wertschätzung gewiß war.

Wie waren nun innerhalb einer Ehe die Arbeitsrollen verteilt? Seit dem ausgehenden Mittelalter erhielten immer mehr Söhne aus Patriziatsfamilien eine akademische Ausbildung, die dann in eine Laufbahn als höherer Lokal- oder Territorialbeamter mündete. Verdienten diese Familien vorher ihren Lebensunterhalt als Kaufleute oder lebten von den Erträgen ihres Kapitals, gründeten sie nun ihr Einkommen und ihre gesellschaftliche Position auf der Bildung und Lohnarbeit des Ehemannes[45]. In Hannover setzte sich diese Entwicklung, die die Männer regelmäßig beruflich außer Haus sein ließ, vermehrt seit der Residenzwerdung von 1636 durch. Frauen waren in ihrer Jugend in die Führung des Haushaltes eingewiesen worden, dem sie nach ihrer Vermählung selber vorstanden. Neben dieser Arbeit war die Reproduktionsarbeit im eigentlichen Sinne, also das Gebären und die Erziehung der Kinder, die wichtigste Arbeitsrolle. Die gesellschaftliche Wertstellung dieser Arbeit läßt sich nicht mit ökonomischen Kriterien erfassen, da die Kinder im Patriziat nicht als Altersversorgung der Eltern gezeugt wurden. Vielmehr sicherten sie, sofern sie den Wertvorstellungen der Elite gemäß erzogen waren, in Verbindung mit einer geschickten Heiratspolitik die soziale Position der Familie ab. Frauen erfuhren für die von ihnen geleistete Generationsarbeit durchaus Anerkennung. Dies äußert sich in den Ahnentafeln der Leichenpredigten, die die mütterliche und väterliche Linie stets gleichberechtigt aufführen. Der Anteil beider Elternteile an der sozialen Herkunft und der Erziehung wurde demnach äquivalent bewertet. Einen großen Teil ihrer Arbeitskraft verwendeten Frauen für die Sorge um das physische und psychische Wohl der Familie und besonders des Ehemannes. In kaum einer Leichenpredigt fehlt der Hinweis, daß eine Frau "Tag und Nacht darauf gesonnen/ wie Er wohl gepfleget und mit aller Bequemlichkeit versehen werden möchte"[46]. Einen weiteren Teil ihrer Zeit verbrachte sie mit dem Anfertigen von Textilien, um den Eigenbedarf an Kleidung und Wäsche zu decken oder die Wohnräume auszugestalten. Im Bereich der gesellschaftlichen Repräsentation deckten sich weibliche und männliche Arbeitsrollen. Feste befreundeter Familien besuchte das Ehepaar gemeinsam, aber auch der Mann oder die

---

[45] Wunder, Gesellschaft (wie Anm. 12), S. 140.

[46] NLB Cm 51, Leichenpredigt auf Margaretha Magdalene Barckhausen, S. 22 f.

Frau allein[47]. Anläßlich dieser Zusammentreffen wurden auch politische Entscheidungen oder Geschäftsabschlüsse auf informeller Ebene eingeleitet. Frauen nahmen dabei zwar keine Schlüsselpositionen ein, doch trug ihre Präsenz auf solchen Festen zur Integration des Paares in das soziale Geflecht entscheidend bei. Somit schufen auch sie die Basis, auf der erst das Familienoberhaupt tätig werden konnte[48].

Die Arbeitsrollen im Handwerksmilieu waren von denen in der Oberschicht unterschieden. Mit Ausnahme der Bauhandwerker hielten die Männer sich in ihrer Werkstatt auf, die sich im gleichen Gebäude wie die Wohnräume befand. Der seit dem ausgehenden Mittelalter von den Zünften betriebene Ausschluß der Frauen aus dem handwerklichen Arbeitsprozeß mündete in eine geschlechtsspezifische innerbetriebliche und innerfamiliäre Arbeitsteilung[49]. Trotz ihrer freigewordenen Arbeitskapazität widmeten Frauen sich nicht mit großer Begeisterung ihrem Haushalt. Ein Inventar gibt Auskunft darüber: Oberhemden waren in der "Putz Lahden" und auf vier weitere Schränke verteilt; in einer Tonne lagen neben 3 Stück "Türckenfleisch" noch ein Mantel; im "Contortisch" fanden sich eine defekte Waffe und eine alte Weste[50]. Fast alle Haushalte besaßen einen Garten, dessen Bestellung den Frauen und Mägden oblag. Die erzeugten Nahrungsmittel dienten nicht nur der Subsistenz, Überschüsse wurden auf dem Markt verkauft[51]. Darüber hinaus fertigten Frauen unabhängig vom Betrieb ihres Mannes "Lohnwerk"[52]. Trotz des von den Zünften verhängten Frauenarbeitsverbotes in

---

[47] Vgl. Buhlers (wie Anm. 30), S. 290, 519 et passim.

[48] Vgl. hierzu Wunder, Gesellschaft (wie Anm. 12).- Dies., Der gesellschaftliche Ort von Frauen der gehobenen Stände im 17. Jahrhundert. In: Journal Geschichte 7 (1985), H. 2, S. 30-35 - Dies., Zur Stellung der Frau im Arbeitsleben und in der Gesellschaft des 15.-18. Jahrhunderts. Eine Skizze. In: Bodo von Borries, Annette Kuhn, Jörn Rüsen (Hrsg.), Sammelband Geschichtsdidaktik: Frau in der Geschichte, Düsseldorf 1984 (= Geschichtsdidaktik: Studien, Materialien 25), S. 159-171.

[49] Wunder, Gesellschaft (wie Anm. 12), S. 167.

[50] StAH, alte Abt., A 2242, Nachlaß Heinrich Kobart. Erst das frühe 20. Jahrhundert erhob die rationelle Haushaltsführung zur Norm, so daß unsere Ordnungsvorstellungen kein Wertmaßstab für "hausfraulichen" Fleiß im 17. Jahrhundert sind. Das Nebeneinander von Lebensmitteln und Kleidung zeugt jedoch auch für diese Zeit von einer nicht sorgfältig ausgeübten Hausmutterrolle.

[51] StAH, alte Abtlg., A 766. - NHStA Cal. Br. 8, 907.- Ebd., Cal. Br. 8, 1069.

[52] Wunder, Gesellschaft (wie Anm. 12), S. 133. - Heidi Rosenbaum, Formen der Familie. Untersuchungen zum Zusammenhang von Familienverhältnissen, Sozialstruktur und sozialem Wandel in der deutschen Gesellschaft des 19. Jahrhunderts, Frankfurt/ Main 1982, S. 147. - In den hannoverschen Quellen ließen sich allerdings keine Hinweise für die Lohnarbeit von Ehefrauen finden.

den Werkstätten arbeiteten die Ehefrauen dort informell mit[53]. Durch diese vielfältigen Tätigkeiten beteiligten sie sich im Gegensatz zu patrizischen Frauen unmittelbar am Erwerb des Lebensunterhaltes; Aussagen über die Relation zwischen ihrem Verdienst und dem ihres Gatten sind jedoch nicht möglich. Der generativen Arbeit kam keine bedeutende Aufgabe zu; eine Übergabe der Werkstatt von einer Generation auf die nächste kam kaum vor[54]. Die Zunft, in der ein frisch vermähltes Paar seinen Platz finden muß-te, verdrängte die Familie als sozialen Bezugsrahmen, so daß Kindern keine vermittelnde Funktion zwischen den Familien zukam. Doch wie in den Oberschichten beteiligte sich auch im Handwerk eine Frau an der Repräsentation des Haushaltes. Verstieg sie sich beispielsweise in außereheliche Eskapaden, trafen die Sanktionen der Zunft auch ihren Gatten. "Meisterin-nen" beteiligten sich an vielen Geselligkeiten der Zunft, auf Hochzeiten wa-ren ihnen Ehrenplätze an der Brauttafel eingeräumt[55].

Wenn sich auch die konkrete Gestaltung der Aufgaben für Ehefrauen und Ehemänner seit dem späten Mittelalter durch gesamtgesellschaftliche sozio-ökonomische und kulturelle Wandlungen veränderte, blieb Hausmüttern im-mer noch eine der zentralen Positionen im Handwerkerhaushalt vorbehalten. Gerade die zunehmende geschlechtsspezifische Arbeitsteilung machte die Besetzung beider Pole unentbehrlich, damit das "ganze Haus", der Haushalt und die Werkstatt, als Einheit funktionieren konnte[56]. Dieses lag nicht nur im persönlichen Interesse eines Paares. Es war auch gesellschaftlich unver-zichtbar, weil durch die Vorbildfunktion des Meisterehepaares obrigkeitlich und zünftisch forcierte Normvorstellungen weitervermittelt und so die So-zialisation des gewerblichen Nachwuchses gesichert wurden[57].

Die Quellen geben selten Aufschluß über füreinander gehegte Gefühle. Wenn ein Mann beim Konsistorium um die Erlaubnis nachsuchte, die Schwester seiner kurz zuvor verstorbenen Verlobten ehelichen zu dürfen[58], spricht dies nicht gerade für tief empfundene Gefühle als Basis der Ehe. Da-von zeugt auch eine Tagebucheintragung des Hildesheimer Ratsherrn Bran-

---

[53] Wiesner (wie Anm. 22), ebd.

[54] Nur ein Ehevertrag sah vor, daß ein Sohn, sofern er es wolle, das Werkzeug seines verstorbenen Vaters erbte: StAH, alte Abtlg., XVII G 2, Vertrag Siegfried/ Duesing.

[55] Hochzeitsordnung vom 22.04.1663 (wie Anm. 17).

[56] Michael Mitterauer, Zur gesellschaftlichen Bewertung von Ehe und Elternschaft. In: Ruprecht Kurzrock (Hrsg.), Die Institution der Ehe (= Forschung und Information 24), Berlin 1979, S. 17-25, hier S. 19 f. - Rosenbaum, Formen (wie Anm. 52), S. 148.

[57] Ebd., S. 146 ff.

[58] NHStA Cal. Br. 21, 2006, fol. 60r f.

dis über seine Verlobung. Die Familien initiierten die Verbindung und warteten nur noch auf sein Einverständnis. Aus diesem Grunde besuchte er die Familie der ihm anvisierten Frau das erste Mal:

"Dar sag ik den Avent over Dischen dat erste mal mine leve Husfruwen Annen Weidemeier. Na der Maltit kam sie by mich sitten, und alse ick mit or redete und fragede, wo se to mich geneiget und to düsser Friat [Heirat] or Sin wore, gaf sie mich gude, fürnünftige und bescheidentliche Antwort, die mich wol gesellen"[59]. Damit war die Verlobung perfekt.

Dem stehen Quellen gegenüber, die eine ein- oder gegenseitige Zuneigung suggerieren. Ein Mann beschwerte sich beim Konsistorium über den verweigerten Konsens der Brautmutter, obwohl das Paar "sich mitt einander so hart verbunden hätte, das eins vom andern nit laßen könne, sondern in Lieb undt Leidt, wie eß Gott Zeit und Glück schicken werde zusamen halten möchte." Es klingt jedoch an, daß die Vermählung der "weitere[n] undt beßere[n] beforderunge geperen" möge[60]. So stellt sich die Frage, ob ein Gefühl wie "Liebe" oder aber meßbare finanzielle Vorteile im Vordergrund dieses Ehewunsches standen. Ein heimliches Liebespaar schrieb sich Briefe, in denen der Mann seine Geliebte als "auserwehltes Sehlelein und allerliebstes Hertz" titulierte. Die Empfängerin gab in einer Eheklage zu Protokoll, daß das Schreiben solcher Briefe durchaus üblich sei[61]. Ob leidenschaftliche Gefühle aber nur außerhalb der Ehe erlebt, nur dort artikuliert oder als das einzig verbindende Moment überbetont wurden, läßt sich den Quellen nicht entnehmen.

Wenn eine Ehe nicht von vorneherein auf gegenseitiger Zuneigung basierte, so konnte sich diese im Laufe der gemeinsam erlebten Zeit entwickeln. Leichenpredigten beschreiben rückblickend den emotionalen Umgang der Eheleute miteinander, auch wenn sie sich dabei durchweg formelhafter Lobesketten bedienen, die die gewünschte "Einigkeit der höchst-vergnügliche[n] Ehe betonen"[62]. Unabhängig von ihrem nicht bestimmbaren Realitätsgehalt spiegeln sie wider, wie sehr Gefühle sich sozio-ökonomischen Anforderungen unterordnen mußten. Auf Leidenschaft basierende Ehen gefährdeten die Einhaltung der gesellschaftlich geforderten innerehelichen Autoritätsstrukturen und stießen deshalb auf Ablehnung. Eine "gute" Ehe war bestimmt von den gemeinsamen Bemühungen um ein Optimum an Pre-

---

[59] Buhlers (wie Anm. 30), S. 244.

[60] NHStA Cal. Br. 21, 2008. - Vgl. ebd., 2006, fol. 20r, 90r.

[61] NHStA Cal. Br. 23, 257, Herbst contra Fahrenkohl. Die erwähnten Briefe sind nicht erhalten.

[62] NLB Cm 51, Leichenpredigt auf Anna Ilse Brinkmann, S. 43.

stige und um die Kontinuität des Besitzes. Beides konnte nur durch ein ver-
läßliches, pflichtbewußtes und rollenkonformes Verhalten erreicht werden.
Aus der Kenntnis der wechselseitigen Abhängigkeit, die Frauen und Männer
miteinander verband, läßt sich eheliche Liebe im frühneuzeitlichen Kontext
als Verpflichtung zur lebenslänglichen Solidarität und dem gegenseitigen
Bedürfnis nach Schutz definieren. "Liebe" äußerte sich nicht als subjektives
Glücksgefühl, sondern als solidarisches Verstehen und Handeln[63].

Die dargelegten Ergebnisse bedürfen einer weiteren Untersuchung, die auf
noch zu erhebenden personenbezogenen Daten basieren müßte. Doch bereits
diese erste Befragung der lokalen Quellen zu frühneuzeitlichem Alltagsleben
und besonders zu Frauenleben zeigt, daß eine Fülle von Informationen und
weiterführenden Erkenntnissen zu gewinnen ist. Von diesen kann nicht nur
die Frauengeschichtsforschung profitieren, wenn sie über Fundamente der
bürgerlichen Familienideologie nachdenkt. Diese waren, wie ich am hannoverschen Beispiel zeigen konnte, schon seit dem ausgehenden Mittelalter gelegt. Langfristige sozio-ökonomische Veränderungen machten auch innerfamiliäre Neuordnungen notwendig, die zunehmend in einer geschlechts-
spezifischen Arbeitsteilung mündeten. Mit der Verfestigung dieses Prozes-
ses erfuhren die verschiedenen Arbeitsrollen gravierende Umbewertungen,
die aus einer für die Familienökonomie unabdingbaren "Hausmutter" die un-
sichtbar arbeitende "Hausfrau" machte.

---

[63] Richard van Dülmen, Die Liebe in der frühen Neuzeit. Historische Aspekte der Emo-
tionalität. In: Forschung - Mitteilungen der DFG 3 (1989), S. 14 ff. hier S. 15 f. - Vgl.
Wunder, Stellung (wie Anm. 48), S. 165 f.

Karin Schmidtke

Verbotene Liebe und ihre Folgen
Kirchenzucht in Calenberg im 18. Jahrhundert

Mit Einführung einer landesherrlichen Kirchenordnung im Zuge der Reformation[1] gelang es dem Wolfenbüttler Landesherrn Herzog Julius, dem 1584 auch das Fürstentum Calenberg-Göttingen zufiel, wie vielen anderen Landesherrn, eine regionale Verwaltung aufzubauen und alle Bereiche des öffentlichen und privaten Lebens zu reglementieren. Das Familien- und Liebesleben seiner Untertanen war davon nicht ausgenommen.

In dem reformatorischen "Grundgesetz" wurde sexuelle Enthaltsamkeit vor und außerhalb der Ehe zum allgemeinen Moralanspruch erhoben. Dadurch galten außereheliche Sexualkontakte, sofern sie zu Schwangerschaften führten und ein uneheliches Kind geboren wurde, als "öffentliches Ärgernis", das weder vom Staat noch von der Kirche gebilligt wurde. Die ledigen Mütter und auch die ledigen Väter mußten sich sogar einer zweifachen Bestrafung stellen: Die weltliche Obrigkeit bürdete ihnen eine Gefängnisstrafe auf, während die Kirche Verstöße gegen die christliche Moral mit dem Instrument der Kirchenzucht sanktionierte. Die von der Kirche als Sünder angesehenen Männer und Frauen mit unehelichen Kindern sollten vom heiligen Abendmahl ausgeschlossen und erst wieder in die Abendmahlsgemeinde eingegliedert werden, wenn sie eine öffentliche Kirchenbuße abgestattet hatten.

Während vor der Reformation Verlobung und Eheversprechen Bedingung für einen legitimen sexuellen Umgang von Männern und Frauen war, wurde seit Einführung der landesherrlichen Kirchenordnung die kirchliche Eheschließung von Kirche und Staat offiziell verlangt. Dadurch gelangte nicht nur der Eheschließungsvorgang unter öffentlich-obrigkeitliche Kontrolle, sondern es wurden auch alle Formen bisheriger vor- und außerehelicher Sexualität diskriminiert und kriminalisiert[2].

Wie reagierte die Dorfbevölkerung im Umland von Hannover auf diesen Eingriff in ihre privaten Angelegenheiten? Konnten Kirche und Staat ihre Moralvorstellungen gegenüber den Gewohnheiten der Bevölkerung durchsetzen?

---

[1] Calenberger Kirchenordnung (CKO) von 1569, Constitutio Calenbergicae, Tom. 1, Göttingen 1739.

[2] Richard van Dülmen, Fest der Liebe. Heirat und Ehe in der frühen Neuzeit. In: Ders. (Hrsg.), Armut, Liebe, Ehre. Studien zur historischen Kulturforschung, Frankfurt/M. 1988, S. 67-106, S. 68.

Die überlieferten Gesetzestexte geben uns nur die Normen vor, sagen aber
nichts darüber aus, wie diese den Alltag des Normalbürgers, d.h. hier der
Landbevölkerung, veränderten. Noch weniger erfahren wir aus ihnen, ob die
"einfachen Leute" die ihnen vorgegebenen Regeln angenommen, ignoriert
oder bekämpft haben. Insgesamt ist bisher wenig über die individuelle Ver-
innerlichung neuer, vom frühmodernen Territorialstaat gesetzten Normen
bekannt[3]. Ein Forschungsdefizit, das in erster Linie auf die Quellen-
problematik verweist, die die Erforschung dieser Zeit bestimmt. Aufzeich-
nungen von Zeitzeugen gibt es kaum, abgesehen von Verwaltungskorre-
spondenzen kirchlicher und weltlicher Amtsträger aus den "Archiven der
Unterdrückung". Diese geben zwar in erster Linie die offizielle obrigkeitliche Seite wieder. Auch erfährt man aus ihnen häufig nur den Normenver-
stoß[4]. Sie sind allerdings nach wie vor die wichtigsten Quellen zur Untersuchung von Untertanenverhalten.

Bezüglich der vorgegebenen landesherrlichen Sexualnormen ist es anhand
von Kirchenzuchtakten möglich, das Verhalten der Bevölkerung im Umland
von Hannover zu erforschen[5]. Insbesondere geben die Akten Einblick in die
Handhabung und Bedeutung der Kirchenzucht, also dem Gebrauch des
kirchlichen Disziplinierungsmittels zur Durchsetzung des landesherrlichen
Postulats. Aber auch das Leben der Leute im Dorf, die Konflikte und ihre
Konfliktbewältigung können durch die Akten transparent gemacht werden.
Nicht zu vergessen: Sie erhellen die Frage, inwiefern die kirchliche Sanktionsmaßnahme von der Dorfbevölkerung akzeptiert, mitgetragen oder abgelehnt wurde. Und damit werden, wie noch zu zeigen sein wird, Charak-
teristika der regionalen Verhältnisse im Raum Hannover deutlich. Kirchenzuchtakten sind für das Umland von Hannover, insbesondere für die Superintendentur Wunstorf, aus dem 18. und der ersten Hälfte des 19. Jahrhunderts überliefert. Dies allein zeigt, daß die gesetzlichen Neuerungen des
frühneuzeitlichen Staates im Calenberger Land lange brauchten, bis sie um-
gesetzt werden konnten.

---

[3] Carl-Hans Hauptmeyer, Die Residenzstadt Hannover im Rahmen der frühneuzeitlichen
Stadtentwicklung. In: Niedersächsisches Jahrbuch für Landesgeschichte 61, 1989, S. 61-
85, hier S. 84.

[4] Karl-Sigismund Kramer, Zur Erforschung der historischen Volkskultur. Prinzipielles
und Methodisches. In: Rheinisches Jahrbuch für Volkskunde 19, 1969, S. 7-41. Kramer
bescheinigt Verwaltungs- und Gerichtsakten einen geringen Zeugniswert.

[5] In der 1990 von mir eingereichten Magisterarbeit bearbeitete ich Kirchenzuchtakten
der Superintendentur Wunstorf aus dem 18. Jahrhundert: Karin Schmidtke, Die Kirchenzuchtakten der Superintendentur Wunstorf als sozialgeschichtliche Quelle: Probleme des
ländlichen Lebens im 18. Jahrhundert, Magisterarbeit Hannover 1990.

Zwar waren im Zuge der Reformation die Kirchen in Calenberg der landesherrlichen Oberaufsicht unterstellt worden und damit kirchliche, hierarchisch
organisierte Verwaltungsinstanzen geschaffen worden (Konsistorien[6], Su-
perintendenturen und Pfarren), die die landesherrlichen Neuerungen der Bevölkerung vermitteln sollten, doch wurden diese Instanzen offenbar nicht
gleich ihren Verpflichtungen gerecht. Die eigentlich vorgesehene
"öffentliche Buchführung" und Verwaltungskorrespondenz, die in letzter Instanz den Landesherren über das sittliche Leben seiner Untertanen aufklären
sollte, blieb noch lange nach Einführung der Kirchen- und Schulordnung in
Calenberg aus. Das bedeutet, daß die Pastoren auf den Dörfern auch noch
lange die eingespielten und tradierten Verhaltensweisen der Dorfbevölkerung hinnahmen, bzw. die Landbevölkerung mehr oder weniger der Willkür
der lokalen Pastoren ausgesetzt war. Effektiver wurde die Verwaltungskorrespondenz in sittlichen Angelegenheiten (Kirchenzuchtakten) erst
nach Einführung der "Kirchen-Censur-Verordnung" von 1700[7]. Zu einer
Zeit also, in der in den meisten calvinistisch reformierten Territorien[8] sowie

---

[6] "Zu den Konsistorien in Celle (1564) und Wolfenbüttel (1569) trat 1636 das in Hannover mit den beiden Generalsuperintendenturen Calenberg und Göttingen..." Siehe: Hans-
Walter Krumwiede, Kirchengeschichte. Geschichte der evangelischen Kirche von der
Reformation bis 1803. In: Hans Patze, Geschichte Niedersachsens 3, 2, Kirche und Kultur der Reformation bis zum Beginn des 19. Jhs., Hildesheim 1983, S. 1-216.

[7] Kirchen-Censur-Verordnung von 1700. In: Christian Hermann Ebhardt, Gesetze, Verordnungen und Ausschreiben für den Bezirk Hannover, welche in Kirchen- und Schulsachen ergangen sind 1, Hannover 1845.

[8] Literatur zur Kirchenzucht in deutschen calvinistischen Territorien: Paul Münch, Zucht
und Ordnung. Reformierte Kirchenverfassungen im 16. und 17. Jahrhundert (= Tübinger
Beiträge zur Geschichtsforschung 3), Stuttgart 1978 - Ders., Kirchenzucht und Nachbarschaft. Zur sozialen Problematik des calvinistischen Seniorats um 1600. In: E.W.
Zeeden, P.T. Lang, Kirche und Visitation, Stuttgart 1984, S. 216-248. - Heinz Schilling,
Reformierte Kirchenzucht als Sozialdisziplinierung? Die Tätigkeit des Emder Presbyte-
riums in den Jahren 1557-1562. In: Wilfried Ehbrecht, Heinz Schilling (Hrsg.), Niederlande und Nordwestdeutschland. Studien zur Regional- und Stadtgeschichte Nordwest-
kontinentaleuropas im Mittelalter und in der Neuzeit (= Veröffentlichungen des Instituts
für vergleichende Städtegeschichte in Münster 15), Köln 1983, S. 261-327. Literatur zu
Kirchenzucht in calvinistischen Gebieten der Schweiz: Robert Kingdon, The Control of
Morals in Calvin`s Geneva. In: P. Buck, J.W. Zophy, The Social History of the Reforma-
tion, Columbus 1972, S. 3-17. - William Monter, The Consistory of Geneva, 1559-1569.
In: Bibliothèque d`Humanisme et Renaissance 38, 1976, S. 467-484. - Heinrich Richard
Schmidt, "Gemeinde-Reformation". Das Bernische Sittengericht zwischen Sozialdiszi-
plinierung und kommunaler Selbstregulation. In: Hans von Rütte (Hrsg.) Bäuerliche
Frömmigkeit und kommunale Reformation, Basel 1988. (Hinera; 8) Literatur zur Kir-
chenzucht in Holland: Theodor van Deursen, Bavianen en Slijkgeuzen, Assen 1974. -
Mathieu Gerardus Spiertz, Die Ausübung der Zucht in der Ijsselstadt Deventer in den
Jahren 1592-1619 im Vergleich zu den Untersuchungen im Languedoc und der Kurpfalz.

in den anglikanischen Teilen Großbritanniens[9] die Kirchenzensur bereits ihr Ende gefunden hatte. Aber auch in den meisten anderen protestantischen Territorien des Deutschen Reiches kam es zwischen 1739 und 1808 zu einer gesetzlichen Aufhebung der Kirchenzucht durch den Landesherrn[10].

Dagegen blieb die Kirchenbuße als Sanktionsinstrument bei "Unzuchtsdelikten" in den althannoverschen Gebieten bis in die Mitte des 19. Jahrhunderts noch in Anwendung und wurde nicht gesetzlich aufgehoben. Man begründete die Entscheidung, die Kirchenbuße nicht völlig aufzuheben, in einem "Consistorial-Ausschreiben" vom 4. März 1793 damit, daß "die öffentliche, unvorbereitete gänzliche Abstellung althergebrachter Sitten und Gebräuche, selbst wenn sie ihrem ersten Zweck nicht mehr völlig entsprechen, oft nicht ohne bedenkliche Folgen ist, und leicht mißverstanden oder mißbraucht werden kann"[11]. Die zeitgenössische Begründung gibt zwar keinen Hinweis darauf, ob die Bevölkerung Calenbergs die Moralvorstellungen des frühmodernen Staates und der Kirche übernommen hat, wohl aber, daß die Sanktionsmaßnahme der Kirche von der Bevölkerung zum Teil akzeptiert, angenommen und vereinnahmt wurde.

Die Disziplinierungsmaßnahme - Kirchenzucht

Kirchenzucht wird auch heute noch in der hannoverschen Landeskirche angewandt. 1989 wurde ein homosexueller Pastor für die Dauer von fünf Jahren von seinem Dienst suspendiert[12]. Doch nicht nur Pastoren, die öffentlich

---

In: Rheinische Vierteljahresblätter 49, 1985, S. 139-172. - Heinz Schilling, "Geschichte der Sünde" oder "Geschichte des Verbrechens"? Überlegungen zur Gesellschaftsgeschichte der frühneuzeitlichen Kirchenzucht. In: Annali dell'Instituto storico italo-germanico in Trento 12, 1986, S. 169-192. Literatur zur Kirchenzucht in der Pfalz und des Languedoc: Jean Estebe, Bernhard Vogler, La Genèse d'une société protestante: Etude comparée de quelques registres consistoriaux Languedociens et Palatins vers 1600. In: Annales E.S.C. 31, 1976, S. 362-388.

[9] John Addy, Sin and Society in the seventeenth century, Routledge, London, New York 1989. - Martin Ingram, Church Courts, Sex and Marriage in England, 1570-1640, Cambridge 1987.

[10] Eine ausführliche Auflistung darüber, wann in welchen Territorien die Kirchenbuße aufgehoben wurde, befindet sich in: Michael Muster, Das Ende der Kirchenbuße. Dargestellt an der Verordnung über die Aufhebung der Kirchenbuße in den Braunschweig-Wolfenbüttelschen Landen vom 6. März 1775, Hannover 1983 (Diss. jur. Kiel 1982/83).

[11] Johann Karl Fürchtegott Schlegel, Churhannoversches Kirchenrecht 1, Hannover 1801, S. 325.

[12] HAZ vom 20.1.1989, "Kirchenleitung geht scheinheilig mit Homosexuellen um". - HAZ vom 21.10.1989, "Homosexueller Pastor errang Teilerfolg". - HAZ vom 26.10.1989, "Meyer muß Lebensstil ändern".

in einer homosexuellen Lebensgemeinschaft leben, werden mit Macht aus ihrem Beruf gedrängt - ein Ehebruch oder eine uneheliche Lebensgemeinschaft kann bei kirchlichen Amtspersonen, wie Pastoren und Kirchenvorständen, dazu führen, aus dem Amt entfernt zu werden[13]. Heute, wie auch schon im 18. Jahrhundert, werden Menschen wegen ihrer unangepaßten sexuellen Lebensweise von der Kirche diskriminiert, in ein diskreditierendes Verfahren verwickelt und ihrer gesellschaftlichen Position enthoben. Während es heute allerdings in erster Linie kirchliche Amtspersonen sind, die von der Kirchenzucht bedroht werden, waren im 18. Jahrhundert fast alle Gemeindemitglieder (mit Ausnahme von Militärpersonen und Personen, die öffentliche Ämter bekleideten) davon betroffen, sobald sie gegen die Sexualnormen der Kirche verstießen oder Anlaß zu einem "öffentlichen Ärgernis" im Dorf gaben.

Im 18. Jahrhundert wurden ledige Mütter und ihre "Schwängerer", egal ob sie unverheiratet, verlobt oder anderweitig verheiratet waren, vom Heiligen Abendmahl ausgeschlossen und erst nach einer öffentlichen Kirchenbuße wieder zugelassen. Während der öffentlichen Kirchenbuße mußten sie als Sünder Reue beteuern und Besserung geloben, um mit der sogenannten "geärgerten Gemeinde" versöhnt zu werden. Das geschah in einem Bußgottesdienst, bei dem der Pastor der Gemeinde die offiziellen moraltheologischen Wert- und Normvorstellungen vortrug. Die Calenberger Bußformulare des 18. Jahrhunderts lesen sich wie Anklage- und Verurteilungsschriften, die mit einem Versöhnungsteil und einer Mahnung an die übrige Gemeinde enden. Die eigentlichen Bußübungen der Betroffenen richteten sich nach der Schwere und der Häufigkeit des Vergehens. Bei einfachen, einmaligen Vergehen blieben die Büßer im Gottesdienst anonym und beim zweiten wurden lediglich ihre Namen genannt. Die schwerer bewerteten Vergehen, wie das zum dritten Mal begangene "Unzuchtdelikt" bei Unverheirateten, der einfache Ehebruch und leichte Formen von Inzest erforderten dagegen ein mehr Aufsehen erregendes und stärker diskreditierendes Bußzeremoniell. Die Bußfertigen mußten während des Gottesdienstes stehen bleiben, sich einer öffentlichen Befragung unterziehen, öffentlich ihre Reue bekunden und Besserung versprechen[14].

Von der Kirche wurde die Kirchenbuße als seelsorgerische Maßnahme verstanden, die keine sozialen Nachteile haben sollte und allein der Wiedereingliederung der Sünder diente. Dahinter stand die religiöse Auffassung, daß die Abendmahlsgemeinschaft von "unbußfertigen Sündern" reingehalten

---

[13] HAZ vom 7.5.1988, "Wilde Ehen verhinderten Wahl zum Kirchenvorsteher".

[14] Kirchen-Censur-Verordnung von 1700 (wie Anm. 7).

werden müsse, "damit nun nicht durch ein reudiges Schaff ein gantze Herde verderbt, und das böse ergerlich Exempel gemeiner Christliche Versamblung schedlich und nachteilig sey, daß auch Gottes Zorn und Straff verhütet werde"[15]. Betrachtet man jedoch die Form des Bußverfahrens, wird deutlich, daß die Ableistung der Kirchenbuße eine an Sühne und Abschreckung orientierte Strafmaßnahme war, die die weltliche Strafe ergänzte.

Die Kirchenzucht war nicht allein eine innerdörfliche Angelegenheit, bei der der Pfarrer auf den Ausschluß der Sünder vom Abendmahl achtete und die Kirchenbuße im Gottesdienst abnahm, sondern sie war ebenso hierarchisch organisiert wie die Kirche selbst. Das landesherrliche Kirchenregiment hatte das Entscheidungsmonopol über alle Zuchtangelegenheiten. Ohne die Genehmigung des Konsistoriums sollten sündige Personen weder vom Abendmahl ferngehalten noch wiederzugelassen werden. Pfarrer und Superintendenten hatten die Aufgabe, die Bevölkerung zu überwachen, sie bei sittlich-moralischem Fehlverhalten zu vermahnen und die Sittlichkeitsverstöße dem Konsistorium mitzuteilen. Abweichendes sexuelles Verhalten konnte damit zum Gegenstand einer kirchlichen Verwaltungskorrespondenz zwischen Pfarrer, Superintendent und Konsistorium werden, die zu dem Konzept der Registrierung des Untertanenverhaltens von Seiten des frühmodernen Staates gehörte. Das Verhalten der Menschen bzw. der Untertanen wurde, wie Michel Foucault sagte, zu Wissensobjekten[16].

Dörfliche Regeln contra obrigkeitliche Moralvorstellungen?

Da, wo Gesetze existieren, werden sie auch gebrochen. Moralvorstellungen werden ignoriert. Der Reiz des Verbotenen zieht besonders Jugendliche an. Sexuelle Begierden sind in bestimmten Situationen auch von der Angst vor den möglichen Folgen nicht mehr zu zügeln. Wo die Befriedigung der Lust zu erwarten ist, werden Bedenken leicht zurückgestellt. Sicher war das auch im 18. Jahrhundert mit der Liebe bzw. den sexuellen Kontakten so. Die Enge des Zusammenlebens schuf genügend Möglichkeiten für sexuelle Annäherungen. Knechte und Mägde hatten ihre Schlafgelegenheiten in unmittelbarer Nähe. Auch für die bäuerlichen Herren war der Weg zu ihrer Magd nicht weit. Sie gingen ihn insbesondere dann, wenn ihre Frauen gerade hochschwanger waren. Daneben gab es die vielen Soldaten, die in den Dörfern des Calenberger Landes im 18. Jahrhundert einquartiert waren. Sie suchten sich vor Ort ihr "Liebchen" und dachten vermutlich weniger an Heirat und väterliche Verpflichtungen, als an ihre momentane Leidenschaft.

---

[15] CKO von 1569 (wie Anm. 1), S. 265.

[16] Michel Foucault, Der Wille zum Wissen. Sexualität und Wahrheit I, Frankfurt/M. 1983.

Dazu kam, daß alte dörfliche Regeln weiterhin Gültigkeit hatten[17]. Diese sahen eine geschlechtliche Verbindung dann als legitim an, wenn ein Paar vor zwei Zeugen ein Eheversprechen abgelegt hatte und die Eltern mit einer späteren Heirat einverstanden waren. Allerdings mußten auch die ökonomischen und sozialen Umstände des Paares und ihrer Familien akzeptabel sein. Das heißt, das verheiratete Paar mußte in der Lage sein, später einen eigenen Haushalt zu führen, damit die Ökonomie des Dorfes nicht gefährdet wurde und sie nicht der Armenkasse zur Last fielen.

Wie den Kirchenzuchtakten zu entnehmen ist, war es in den Dörfern des Calenberger Landes im 18. Jahrhundert allgemein üblich, daß das verlobte Paar, das sozusagen den Segen der Eltern und Dorfgemeinschaft hatte, miteinander schlief, und ein Kind entweder noch vor der eigentlichen Eheschließung zur Welt kam oder schon bald danach[18]. Im Dorf selber wurde das offenbar hingenommen, denn die Stabilität des dörflichen Besitzes wurde nicht angetastet, ebensowenig wie die ökonomische Funktion der Familie als grundlegende gesellschaftliche Produktionseinheit, wenn das Paar tatsächlich heiratete[19].

Doch die Kirche sah das etwas anders. Auch in einem solchen Fall wurde das Paar zunächst vom heiligen Abendmahl ausgeschlossen, mußte höhere Gebühren zahlen und schließlich die Kirchenbuße abstatten. Es handelte sich zwar bei nachträglich legitimierten Sexualkontakten um eine sehr leichte Form der Buße, bei der die "Sünder" weder namentlich erwähnt wurden noch in irgendeiner Form persönlich auftreten mußten, doch bei der Transparenz der dörflichen Verhältnisse in jener Zeit wußte natürlich jeder in der Kirche beim sonntäglichen Gottesdienst, von wem der Pastor sprach, wenn er seine Bußformulare ablas. Diese beschuldigten und verurteilten die ledigen Mütter und Väter wegen ihres Vergehens. Schließlich wurden die Sünder mit der Gemeinde versöhnt und die Gemeinde selbst noch einmal vermahnt.

Beziehungen, die mit der Absicht aufgenommen wurden, eine Ehe einzugehen, oder tatsächlich eheliche wurden, waren aus dörflicher Sicht nicht sanktionswürdig, da sie die grundsätzliche Einheit von Sexualität und Öko-

---

[17] Vgl. auch Gitta Benker, "Ehre und Schande" - Voreheliche Sexualität auf dem Lande im ausgehenden 18. Jahrhundert. In: Johanna Geyer-Kirdesch, Annette Kuhn (Hrsg.), Frauenkörper, Medizin, Sexualität, Düsseldorf 1986, S. 10-27, hier S. 14. Gitta Benker spricht von einer "Disparität zwischen den obrigkeitlichen Vorstellungen von 'geschlechtlicher Sittlichkeit' und den internen Regeln der ländlichen Gesellschaft".

[18] Vgl. Ephochalarchiv Wunstorf, 343 Kirchencensuren Idensen, o.D. 1790.

[19] Benker (wie Anm. 17), Utz Jeggle, Liebe auf dem Dorf. Vom Regelwerk der bäuerlichen Welt im 19. Jahrhundert. In: Journal für Geschichte 1982, H. 4, S. 4-11.

nomie nicht leugneten[20]. Hier standen die althergebrachten Regeln des Dorfes den obrigkeitlichen Regeln der Kirche gegenüber. Deshalb mag es für viele Betroffene ganz uneinsichtig gewesen sein, überhaupt die Kirchenbuße abzustatten.

Zu Konflikten konnte der Gegensatz zwischen dörflichen Regeln und obrigkeitlichen Normen dann führen, wenn einer der Geschlechtspartner das Eheversprechen auflöste, weil er/sie in der Zwischenzeit eine bessere "Heiratspartie" gefunden hatte. Nun berief sich derjenige, der das Versprechen auflöste, auf die offiziellen obrigkeitlichen Regeln, während der andere sich auf die dörflichen Gewohnheiten stützte.

Sogenanntes "leichtsinniges" oder "leichtfertiges" Verhalten, also sexuelle Kontakte, die nicht auf die Ehe ausgerichtet waren, verurteilte das Dorf ebenso wie die Kirche. Denn die sexuellen Kontakte zwischen Unverheirateten oder Verheirateten, die nicht in die Ehe mündeten und keine finanzielle Basis hatten, widersprachen der ökonomischen Ordnung des Dorfes. Eine selbständige Unterhaltsmöglichkeit lediger Mütter und unehelicher Kinder war selten gegeben. Beide fielen früher oder später der Armenkasse zur Last. Es kam daher dem dörflichen Interesse nahe, die sozial und ökonomisch konfliktreichen sexuellen Verbindungen zu sanktionieren[21]. In solchen Fällen wurden die Sanktionsmaßnahmen der Kirche im Dorf voll akzeptiert und vereinnahmt.

Vermutlich kam es ganz entscheidend auf den Umgang der Pastoren mit der Kirchenbuße an, inwieweit die Sanktionsmaßnahme im Interesse des Dorfes war, oder aber als obrigkeitlich oktroyierte Strafmaßnahme verstanden wurde[22]. Während die kirchenzuchtlichen Maßnahmen offiziell zur Aufrechterhaltung der guten Sitten dienten, waren sie im Sinne des Dorfes wohl eher dazu bestimmt, den ökonomischen und innerdörflichen und -familiären Interessen entgegenzukommen.

---

[20] Rainer Beck, Illegitimität und voreheliche Sexualität auf dem Land. Unterfinning, 1671-1770. In: Richard van Dülmen (Hrsg.), Kultur der einfachen Leute. Bayerisches Volksleben vom 16. bis zum 19. Jahrhundert, München 1983, S. 112-150, hier S. 138.

[21] Vgl. auch Susanne Keunecke, Zur Rekonstruktion von Alltag im 18. Jahrhundert: Zucht und Unzucht im Kirchspiel Heiligendorf. Eine mentalitätsgeschichtliche Fallstudie, Soziologie-Diplomarbeit eingereicht bei Prof. Dr. Wolf Lepenies, Berlin 1982. (Einzusehen im Landeskirchenarchiv in Hannover).

[22] Zur Bedeutung der Pastoren bzw. Pfarrer im Dorf vgl. Rainer Beck, Der Pfarrer und das Dorf. Konformismus und Eigensinn im katholischen Bayern des 17./18. Jahrhunderts. In: Richard van Dülmen (Hrsg.), Armut, Liebe, Ehre. Studien zur historischen Kulturforschung, Frankfurt/M. 1988, S. 107-143.

Die meisten vorehelichen Beziehungen Unverheirateter führten allerdings in die Ehe[23]. Ehekonflikte und Ehebrüche gehörten ebensowenig zu den üblichen Vergehen wie häufige uneheliche Geburten einer ledigen Mutter. Meist blieb die sexuelle Abweichung in Calenberg ein einmaliges Zwischenspiel, so daß viele der ledigen Mütter und Schwängerer nicht dauerhaft ehelos blieben.

Die Kirchenbuße wurde als "öffentliche Rüge" angesehen, die nicht nur das Ansehen der Betroffenen beeinträchtigte, sondern zugleich ein schlechtes Licht auf die gesamte Familie oder das "ganze Haus" warf. Doch letzten Endes entschied die Reaktion des Dorfes darüber, ob die Kirchenbuße als Sanktionsmaßnahme abgelehnt oder anstandslos abgestattet wurde[24]. Erwarteten die Betroffenen Neugier, Schadenfreude und Selbstgerechtigkeit von der Gemeinde, versuchten sie sich eher von der Buße befreien zu lassen. In schweren Fällen, in denen die Buße nicht anonym war, wurde sie als äußerst ehrenrührig empfunden und löste nach Aussagen einiger zukünftiger lediger Mütter Todesängste aus. Die Frauen fürchteten offenbar "Schimpf und Schande" von der Öffentlichkeit.

Akzeptanz der Kirchenzucht

Die Akzeptanz der Kirchenzucht innerhalb der dörflichen Bevölkerung Calenbergs basierte auf der individuellen Bedeutung des Abendmahls für die Gemeindemitglieder. Wollte man auf Dauer in einer Gemeinde bleiben oder war man durch die immobile Habe zur Seßhaftigkeit genötigt, konnte man höchstens eine Zeitlang dieser gesellschaftlichen Pflichtübung des Abendmahls aus dem Wege gehen. Eine Ignorierung der kirchlichen Sanktionsgewalt kam dann kaum in Frage.

Besondere Begebenheiten, wie die Niederkunft der Schwangeren oder die Heirat, machten den Empfang des Abendmahls für viele Betroffene im Calenberger Land notwendig, so daß auch das Verlangen nach der Sündenvergebung und der Ableistung der Kirchenbuße aufkam. Gewöhnlich veranlaßten im 18. Jahrhundert noch ungleich höhere Sterberaten bei einer Niederkunft hochschwangere Frauen dazu, vor der Geburt ihres Kindes noch einmal zum Abendmahl zu gehen. Schied sie während der Geburt oder kurz danach aus dem Leben, konnte sie sich nach den damaligen Anschauungen von ihrer Schuld gereinigt fühlen. Bei der Heirat entsprach es eher der gesellschaftlichen Erwartungshaltung, am Abendmahl teilzunehmen. Gerade

---

[23] Rainer Beck, Illegitimität (wie Anm. 20), S. 116.

[24] Über die Bedeutung des "Geredes" im Dorf vgl. Regina Schulte, Bevor das Gerede zum Tratsch wird. Das Sagen der Frauen in der bäuerlich dörflichen Welt Bayerns im 19. Jahrhundert. In: Journal für Geschichte Bd. 2, 1985, S. 16-21.

bei den Schwängerern und ledigen Vätern war es weniger das Sündenbe-
wußtsein als die dörfliche Erwartungshaltung, die sie wieder zum Abendmahl trieb. Für viele jedoch, die nicht an einen Ort gebunden waren oder
ihren Aufenthaltsort ohnehin ständig wechselten, hatte das Abendmahl und
damit auch die Abstattung einer Kirchenbuße kaum eine Bedeutung. Längst
nicht jeder verspürte die Notwendigkeit, sich der kirchlichen Disziplinierung
zu unterwerfen und Kirchenbuße abzustatten.

So war die Ausübung der Kirchenzucht nach meinen Untersuchungen im
Calenberger Land keine alltägliche bzw. allsonntägliche Erscheinung in den
Dörfern, auch wenn die unehelichen Geburten in der zweiten Hälfte des 18.
Jahrhunderts stark anstiegen. Ein erheblicher Teil der ledigen Eltern konnten
der Kirchenbuße ausweichen, sei es, daß sie von den Pastoren gar nicht erst
belangt wurden, sei es, daß sie dem Ausschluß vom Abendmahl als Sanktionsmaßnahme gleichgültig gegenüberstanden. Trotz aller Vorgaben und
hierarchischer Überwachungen waren es immer noch die Pastoren in den
Dörfern, die das Geschehen am Ort im Auge hatten und in erster Instanz für
die Ausübung der Kirchenzucht verantwortlich waren. Ihrer Willkür und ihrer ökonomisch-materiellen Abhängigkeit von der Gemeinde war es zuzuschreiben, inwiefern der Disziplinierung Wirkung verschafft wurde. Der Zu-
griff der Kirche auf sexuelle Abweichler war somit nur in eingeschränktem
Maße möglich. Von einer konsequenten kirchlichen Verfahrenspraxis, die
den Ausschluß vom Abendmahl sowie die Kirchenbuße beinhaltete und aus-
nahmslos angewandt wurde, kann im 18. Jahrhundert in Calenberg keine
Rede sein.

Doch es gab offenbar eine kleine konstante Gruppe in der dörflichen Bevölkerung, die sich den Moralstandards der Kirche anpaßte und etliche
"Sünder", die sich vorbehaltlos der kirchlichen Sanktionierung unterstellten.
Hier wurde die Sanktions- und Reintegrationsmaßnahme Kirchenzucht benutzt, um die durch sexuelle Freizügigkeit entstandenen Konflikt- und Pro-
blemsituationen auszutragen. Zu diesem "harten Dorfkern" gehörten insbesondere diejenigen, die durch ihren Besitz oder ihre Arbeit an das Dorf gebunden waren und sowohl ihre ökonomische als auch ihre soziale Stellung
im Dorf zu verteidigen hatten. Soldaten, die weder durch ökonomische noch
familiäre Abhängigkeiten an das Dorf gebunden waren, standen dem "festen
Dorfkern" gegenüber. Sie erreichten weder die Moralstandards des Dorfes
noch jene der Kirche, weil Soldaten allgemein von der Kirchenzucht ausgenommen waren und zudem den Geschlechtsverkehr mit Frauen des Dorfes
leicht leugnen konnten. Obwohl auch die übrige männliche Bevölkerung im
Dorf leicht die Vaterschaft zu einem unehelichen Kind abstreiten konnte,
war diese doch einem stärkeren dörflich-sozialen Druck ausgesetzt. In der
bäuerlichen Welt funktionierte schon aufgrund der Enge des Zusammenle-

bens ein innerhäusliches und -dörfliches Beobachtungs- und Überwachungssystem, so daß das sexuelle Verhalten der Männer nicht unbeachtet blieb. Jedoch war die Akzeptanz der Kirchenbuße im Umland von Hannover nicht sozial-, sondern geschlechtsspezifisch unterschiedlich. Während gleichermaßen Vollmeier und Knechte von der Kirchenbuße befreit wurden, die einen gegen eine Geldbuße von 3 Talern, die anderen umsonst oder nach Zahlung eines Talers, statteten Mägde, Beamten- und Halbmeierstöchter oft ganz selbstverständlich die Kirchenbuße ab. So wurde insbesondere gegen Ende des 18. Jahrhunderts die Kirchenzucht immer mehr zu einer frauentypischen Sanktionsmaßnahme, die unabhängig von der sozialen Zugehörigkeit zu einer bestimmten Schicht verhängt wurde. Die Geburt eines unehelichen Kindes erforderte offenbar ein öffentliches Reuebekenntnis. Für ledige Mütter in Calenberg bedeutete die Kirchenbuße deshalb eine Möglichkeit, von der Sünde freigesprochen zu werden. Dabei versuchten die Frauen aber auch immer häufiger, bei der Strafzumessung glimpflicher davonzukommen. Das heißt, sie wollten möglichst im Gottesdienst nicht namentlich genannt werden, geschweige denn öffentlich ihre Schuld und ihre Reue bekennen, wie das bei wiederholten unehelichen Geburten vorgeschrieben war. Aus diesem Grund pochten auch viele Frauen beim Pastor, Superintendenten und Konsistorium auf ihre legitimen Rechte, die Buße gemildert oder erlassen zu bekommen. Dies war seit 1700 in jedem Fall möglich, wenn darum nachgesucht wurde. Doch erst Ende des 18. Jahrhunderts wurde von Pastoren und Betroffenen verstärkt von diesem Recht Gebrauch gemacht.

Einfach und selbstverständlich war es über weite Teile des 18. Jahrhunderts jedoch nicht, die Sanktionierung abzulehnen. Man mußte Zeit, Geld und Kraft investieren. Daher war es in gewisser Hinsicht wohl einfacher, die kirchliche Sanktionierung zu ertragen. Es war wenigstens entschieden billiger.

Seit den 70er Jahren des 18. Jahrhunderts haben die Pastoren dann schon beinahe routinemäßig die Milderung oder Erlassung der Kirchenbuße beim Konsistorium beantragt, wodurch der eigentliche Zweck der Disziplinierung vollständig in den Hintergrund trat.

Kirchenzucht - Obrigkeitliche Disziplinierungsmaßnahme oder innerdörfliches Regulationsinstrument?

Als Schablone für die Einordnung der Kirchenzucht wird in der deutschen Historiographie das weitreichende, auf alle gesellschaftlichen Lebensbereiche bezogene, universelle und entwicklungsgeschichtliche Interpretationsmuster der Frühneuzeitforschung, die Fundamental- und Sozialdisziplinie-

rung von Gerhard Oestreich, diskutiert[25]. Im Brennpunkt der Diskussion
steht die Frage, inwieweit es sich bei der Institution der Kirchenzucht in der
frühen Neuzeit um eine sozialdisziplinierende Maßnahme handelte, die in
das Konzept des absolutistischen Staates, das Verhalten der Untertanen zu
beaufsichtigen und zu regulieren, zu integrieren ist, oder ob es sich vielmehr
um eine rein seelsorgerische Maßnahme der Kirche handelte, die den Schutz
der Gemeinde zum Ziel hatte, und von den Gemeindemitgliedern mitgetragen wurde. Heinz Schilling formulierte treffend: "Ist die Geschichte dieser
Institution - so fragen wir - zu schreiben als 'Geschichte der Sünde' oder als
'Geschichte des Verbrechens'...?"[26]

Bezogen auf die evangelisch-lutherische Kirchenzucht sind sich die Historiker bisher einig, daß die disziplinierende Tätigkeit der Kirche den staatlichen Ordnungsbemühungen zur Seite standen[27]. Die Bildung eines landesherrlichen Kirchenregiments und die Ausformung einer zentralen Kirchen-
und Behördenorganisation zur Durchsetzung der Disziplinierung würden
eine "Fundierung im Willen der Gemeinde"[28] ausschließen[29]. Eine Verflechtung von kirchlicher und staatlicher Disziplinierung wäre dadurch un-
vermeidbar gewesen[30] und hätte die "staatlich-punitive" Ausprägung der
Kirchenzucht zur Folge gehabt[31]. Sie nähere sich deshalb der
"Kriminalgerichtsbarkeit" an, die sich dadurch auszeichnet, daß sie
"zunehmend stringent in der Souveränität der Staatsgewalt verankert" wurde, "von oben nach unten, von den Obrigkeiten hin zu den Untertanen"
durchgriff und "vom Staat delegiert" wurde"[32]. Michael Muster macht den
Prozeß der Auflösung der Kirchenzucht in protestantischen Territorien, der
in der Mitte des 18. Jahrhunderts erfolgte, dann auch unter anderem daran

---

[25] Gerhard Oestreich, Geist und Gestalt des frühmodernen Staates, Berlin 1969. - Ders.,
Strukturprobleme der Neuzeit, Berlin 1980.

[26] Schilling, Geschichte der Sünde (wie Anm. 8).

[27] Oestreich (wie Anm. 25), S. 192. - Münch, Kirchenzucht und Nachbarschaft (wie
Anm. 8), S. 222. - Dietrich Kluge, Die "Kirchenbuße" als staatliches Zuchtmittel im 15.
bis 18. Jh. In: Jahrbuch für westfälische Kirchengeschichte 70, 1977, S. 51- 62.

[28] Münch, Zucht und Ordnung (wie Anm. 8), S. 13. - Ders., Kirchenzucht und Nachbarschaft (wie Anm. 8), S. 222.

[29] Vgl. auch Kluge (wie Anm. 27), S. 58 f.

[30] Schilling, Geschichte der Sünde (wie Anm. 8), S. 176.

[31] Ebd., S. 181.

[32] Ebd.

fest, daß "die Kirche in den Dienst dieses patriarchalischen Territorialstaates getreten war"[33].

Im Unterschied zur lutherischen wird die calvinistische Kirchenzucht in ihrer presbyterialen Ausprägung als "Sündengerichtsbarkeit" gewertet, da sie "vergleichsweise unabhängig von der Staats- und Ratsgewalt"[34] war und weil sie "nicht die irdische Vervollkommnung und auch nicht die an Sühne oder Abschreckung orientierte Bestrafung des einzelnen, sondern die sakral-transzendental verstandene Einheit der Abendmahlsgemeinde"[35] beinhaltete. Schilling hält diese Form der Kirchenzucht für "nicht vorwiegend punitiv, sondern immer auch pastoral", weil es "entscheidend auf die Akzeptanz und die innere Umkehr ankam"[36]. Sie "war nur vordergründig Sittenkontrolle oder Disziplinierungsmaßnahme: Ziel war nicht die Bespitzelung oder Überwachung des einzelnen, sondern der Schutz der Gemeinde am Fundament ihrer christlich-reformierten Existenz"[37].

Für die Calenberger Kirchenzucht lassen sich sowohl die Merkmale staatlich-strafender als auch kirchlich-religiöser Kirchenzuchttätigkeit feststellen. Zum einen trifft man in Calenberg auf ein hierarchisch organisiertes landesherrliches Kirchenregiment, dem im 16. Jahrhundert die kirchlich-geistliche Gerichtsbarkeit zugesprochen worden war. Konsistorium, Superintendentur und Pastor bildeten eine zentral ausgerichtete Überwachungsorganisation, die darauf ausgerichtet war, vor allem das abweichende Verhalten der Untertanen im Auge zu behalten. Zum anderen lassen sich auch einige Merkmale der calvinistisch-presbyterialen Kirchenzucht nachweisen, die auf eine "Sündengerichtsbarkeit" hindeuten. Auch in der Calenberger Kirchenordnung von Herzog Julius ging es in erster Linie um die Reinhaltung der Abendmahlsgemeinde und die Versöhnung der Sünder. Sie war kirchlicherseits als eine seelsorgerische Maßnahme intendiert, die im wesentlichen auf der Akzeptanz der Betroffenen basierte und auf die Besserung des "Sünders" abzielte.

Doch ich glaube nicht, daß man die Bedeutung der Kirchenzucht in der frühen Neuzeit erfaßt, wenn man sie ausschließlich auf der Grundlage dieser Interpretationsmuster betrachtet. Ich meine, daß ein ganz wesentlicher Faktor dabei unberücksichtigt bleibt, nämlich die Frage nach der Bedeutung der

---

[33] Muster (wie Anm. 10), S. 67.

[34] Schilling, Geschichte der Sünde (wie Anm. 8), S. 179.

[35] Ebd., S. 181.

[36] Ebd., S. 185.

[37] Schilling, Reformierte Kirchenzucht (wie Anm. 8), S. 275.

Kirchenzucht für die Bevölkerung und die tatsächliche Praxis der Kirchen-
zuchtaktivitäten. Die Frage nach der Straf- oder Sündengerichtsbarkeit, die
in der Literatur aufgeworfen wurde, ist vorwiegend aufgrund normativer
Quellen beantwortet worden, die Intentionen darlegen, aber nur am Rande
die praktische historische Umsetzung betrachten.

Dementsprechend kommt die quellengetragene Forschung auch eher zu dem
Schluß, daß Kirchenzucht zugleich als "Teil der notwendigen kommunalen
Selbstregulation" anzusehen ist und "nicht nur Agent des Staates, sondern
gleichermassen Agent der innerdörflichen/innerstädtischen Gemeindlichkeit
ist"[38]. Die Kirchenzucht in Calenberg lebte ebenso wie die Sittenge-
richtsbarkeit im Raum Bern, die H. R. Schmidt untersucht hat, von der Akzeptanz im Dorf. Sie kam nicht in erster Linie den obrigkeitlichen Vorstellungen, sondern auch den Bedürfnissen der dörflichen Bevölkerung entgegen, so seltsam dieser Gedanke uns heute anmutet.

Die vorgegebenen Moralvorstellungen des frühneuzeitlichen Staates konnten
allerdings trotz staatlicher und kirchlicher Sanktionsmittel sicher nicht das
Liebes- und Eheleben im Dorf verändern. Es wurde lediglich neu bewertet.
Insbesondere wurde es, wie das Verhalten der Dorfbevölkerung insgesamt,
zunehmend von den örtlichen Pastoren beaufsichtigt. Uneheliche sexuelle
Beziehungen blieben nicht länger eine Familien- oder Dorfangelegenheit,
sondern wurden praktisch zum illegitimen Akt. Es war nicht damit getan,
sich gegenüber dem Dorf und der Familie zu behaupten, wie schwer das
auch gewesen sein mag. Man mußte vielmehr obrigkeitliche Straf- und
Sanktionsmaßnahmen in Kauf nehmen; z.B. 14 Tage im Gefängnis sitzen
und, wenn man wieder in die Abendmahlsgemeinde aufgenommen werden
wollte, Kirchenbuße tun.

Auch wenn die Kirchenbuße von den Betroffenen zum Teil als unrechtmä-
ßig, gesellschaftlich diskreditierend, furchterregend und als Strafe empfunden wurde, und einige versuchten, die Kirchenbuße zu umgehen, wurde sie
doch in Calenberg im 18. Jahrhundert nicht gänzlich in Frage gestellt. Sie
blieb stattdessen, wenn sie auch keine alltägliche Erscheinung in den Dörfern war, im Gegensatz zu anderen Territorien in relativ konstantem Maße
bestehen. Ein großer der Teil der Dorfbewohner, und dazu gehörten vor allem ledige Mütter, stattete sie sogar noch vorschriftsmäßig ab.

Die Frage, warum Calenberg in dieser Hinsicht so rückständig war und eine
gesetzliche Aufhebung der Kirchenbuße, im Gegensatz zu anderen Territo-

---

[38] Heinrich Richard Schmidt, "Gemeinde-Reformation". Das bernische Sittengericht zwischen Sozialdisziplinierung und kommunaler Selbstregulation. In: Hans von Rütte
(Hrsg.), Bäuerliche Frömmigkeit und kommunale Reformation (= Hinera 8), Basel 1988.

rien, nicht vorgenommen wurde, kann ich an dieser Stelle nicht beantworten. Sie bleibt zunächst ein Forschungsdesiderat. Der Umstand aber, daß Kirchenzucht weiterhin praktiziert wurde, obwohl von Seiten der Obrigkeit keine absolute Notwendigkeit mehr darin gesehen wurde, verdeutlicht meines Erachtens, daß ein Teil der dörflichen Bevölkerung an alteingesessenen Sanktionsformen festhielt.

Dirk Riesener

Die Produktion der Räuberbanden im kriminalistischen Diskurs
Vagantische Lebensweise und Delinquenz im niedersächsischen Raum
im 18. und 19. Jahrhundert

Das Thema Bandenkriminalität in der Frühen Neuzeit und dem 19. Jahrhundert findet seit den 1970er Jahren zunehmende Beachtung in der Geschichtswissenschaft[1]. Neben Untersuchungen zu anderen Formen historischer Kriminalität (Brandstiftung, Kindsmord) liefern die Quellen über Eigentumsdelikte in der Vergangenheit den Historikern gutes Material, um Einblicke in die Lebensverhältnisse vorwiegend der ländlichen Unterschichten zu gewinnen. Besonders die Veröffentlichungen und staatlichen Akten über das Bandenwesen sind nahezu die einzige Möglichkeit, sozialgeschichtliche Aussagen über den hohen nichtseßhaften Anteil der Bevölkerung der Frühen Neuzeit zu treffen[2].

Die vagantische Lebensweise stand der Bevölkerungspolitik der Territorialstaaten entgegen, denn diese war allein auf Seßhaftigkeit ausgerichtet. Während die staatliche Wirtschaftspolitik ambulante Erwerbsformen behinderte, förderte sie die landwirtschaftliche und hausindustrielle Produktion. Kleinhändler, ambulante Anbieter von Dienstleistungen, ungebunden wandernde Gelegenheitsarbeiter widersprachen dem staatlichen Gesellschaftsmodell völlig. Dem kameralistischen Autarkiemodell stellten sich diese Sozialgruppen als ein die Territorialgrenzen ignorierendes Potential von Arbeitskräften dar, die anstelle des "Gemeinwohls" eines Staates das Ziel des individuellen Fortkommens an wechselnden Orten in mehreren Staaten verfolgten. Die zeitgenössische Volkswirtschaftstheorie verstand die bloße Vermehrung der seßhaften Bevölkerung als Gewinn. Neben vereinzelten Maßnahmen, den Vaganten die Ansiedlung zu ermöglichen[3], betrieben die

---

[1] Vgl.: Carsten Küther, Räuber und Gauner in Deutschland. Das organisierte Bandenwesen im 18. und frühen 19. Jahrhundert (= Kritische Studien zur Geschichtswissenschaft 20), Göttingen ²1987. - Uwe Danker, Räuberbanden im Alten Reich um 1700. Ein Beitrag zur Geschichte von Herrschaft und Kriminalität in der Frühen Neuzeit, Frankfurt/M. 1988. - Christoph Sachße, Florian Tennstedt, Geschichte der Armenfürsorge in Deutschland, Bd. 1: Vom Spätmittelalter bis zum 1. Weltkrieg, Stuttgart, Berlin, Köln, Mainz 1980. - Heinz Reif (Hrsg.), Räuber, Volk und Obrigkeit. Studien zur Geschichte der Kriminalität in Deutschland seit dem 18. Jahrhundert, Frankfurt/M. 1984.

[2] Die Schätzungen gehen weit auseinander; ein Anteil von 5% für die Zeit um 1800 scheint eine annähernd realistische Zahl zu sein.

[3] Preußen gründete eine "Erziehungsanstalt" in Friedrichslohra in Thüringen, die bereits 1737 wieder aufgelöst wurde. Vgl. Emil Reinbeck, Die Zigeuner. Eine wissenschaftliche Monographie nach historischen Quellen bearbeitet. Herkommen, Geschichte und eigen-

Staaten vornehmlich eine Polizeipolitik, um ihnen die Grundlagen ihrer Lebensweise zu nehmen. Doch die Nichtseßhaften entzogen sich den "Peuplierungs"-Maßnahmen, die sie zwar der staatlichen Kontrolle unterworfen hätten, ohne ihnen jedoch ausreichende Erwerbsmöglichkeiten bieten zu können.

Die nichtseßhafte Lebensweise erzwang häufig kriminelle Laufbahnen. Die stark vom Zufall abhängige Suche nach Nahrung, Kleidung und Unterkunft erforderte zur Überbrückung von Engpässen, gegebenenfalls Kleider- und Felddiebstähle zu begehen. Die permanente Verfolgung der Nichtseßhaften durch staatliche Behörden machte zeitweilige Gefängnisaufenthalte zum "normalen" Bestandteil des Lebens. Vor allem verfolgten die Staaten die Bettelei. Betteln jedoch galt in der Gesellschaft der Frühen Neuzeit weithin als legitimes Mittel zur Subsistenzerhaltung, und milde Gaben waren fester Bestandteil des Haushaltsetats bürgerlicher wie bäuerlicher Haushalte. Beides, nicht-seßhafte Lebensweise und gesellschaftliche Akzeptanz des Bettelns, wurde in der im 17. Jahrhundert entstandenen "Policey-Wissenschaft", der absolutistischen Vorform der Nationalökonomie, als Schädigung der Volkswirtschaft betrachtet und dementsprechend verfolgt.

Seit dem 18. Jahrhundert wurde erkannt, daß die bevorzugten Maßnahmen der Territorialstaaten gegenüber Nichtseßhaften, Fernhaltung von den eigenen Grenzen und Abschiebung unerwünschter Personen über die Landesgrenzen in das Nachbarterritorium, das Vagantenproblem eher verstärkten als einschränkten. Zudem bedeutete es einen dauerhaften Verzicht auf dieses Arbeitskräftepotential, das nach entsprechender "Erziehung zur Arbeit" zur Verfügung gestanden hätte[4]. Es kam aber zu keinem gemeinsamen Konsens, diese Praxis einzustellen, so daß weiterhin in den jeweiligen Grenzgebieten Jagd auf Vaganten gemacht wurde, die dann schubweise in die Nachbarstaaten expediert wurden, um von dort aus entweder zurück- oder weitergeschickt zu werden[5].

---

thümliche Lebensweise dieses räthselhaften Wandervolkes, von seinem ersten Auftreten im fünfzehnten Jahrhundert bis auf die neueste Zeit, Salzkotten und Leipzig 1861, S. 38. Nach gescheiterten Versuchen gelang 1771 in der Grafschaft Wittgenstein eine dauerhafte Ansiedlung von Zigeunern. Vgl. Joachim S. Hohmann, Geschichte der Zigeunerverfolgung in Deutschland, Frankfurt/M., New York 1981, S. 42 u. 44.

[4] H. M. G. Grellmann, Die Zigeuner. Ein historischer Versuch über die Lebensart und Verfassung, Sitten und Schicksahle dieses Volks in Europa, nebst ihrem Ursprunge, Dessau und Leipzig 1783, S. 140.

[5] Reinhard Oberschelp, Niedersachsen 1760-1820. Wirtschaft, Gesellschaft, Kultur im Land Hannover und Nachbargebieten, 2 Bde. (= Veröffentlichungen der Historischen Kommission für Niedersachsen und Bremen 35; Quellen und Untersuchungen zur allgemeinen Geschichte Niedersachsens in der Neuzeit 4), Hildesheim 1982, Bd. 1, S. 114.

Aus dem erzwungenen Vagieren wurde die permanente vagantische Lebensweise, die sich dann von Generation zu Generation tradierte. Feste Reiserouten auf wenig kontrollierten Wegen, sichere Herbergen ("kochemer Bayes") in dichtem Abstand, Treffpunkte in Gemeinden und Regionen ohne funktionierende Polizei sowie eigene Kommunikationssysteme entstanden und wurden sorgfältig gepflegt. Damit war es zu Ansätzen einer Gesellschaft in der Gesellschaft - auch gegen die Gesellschaft - gekommen.

Dieser Befund sollte allerdings nicht überbewertet werden, denn alle Vagantengruppen besaßen eine gewisse "Standortgebundenheit", die sie auch gegen die staatliche Verfolgung zu verteidigen suchten. Das Netz der "Infrastruktur" der Gauner ermöglichte zwar einen ständigen Wechsel des Aufenthaltsortes, band sie aber zugleich in einen regionalen Verbund vertrauter Personen, Adressen und Routen ein. Der Wechsel von einem regionalen Netz in ein anderes fiel schwer, mußten doch dann die sozialen Kontakte neu aufgebaut werden. Die Sicherheit der Nichtseßhaften hing wesentlich ab von den zahlreichen sozialen Kontakten zur seßhaften Bevölkerung. Das Wissen um diese vertrauten ("kochemer") Plätze und Personen war ein gesellschaftliches Kapital der Vaganten, das mühsam erworben und nur selektiv weitergegeben wurde.

Die Quellen und ihre Problematik

Eigene Lebensbeschreibungen von Vaganten fehlen aus dieser Zeit völlig. Die literarischen Quellen dagegen unterlagen modischen Topoi und sind höchstens in einzelnen Szenen aussagekräftig. Weder die Schelmenromane des 17. Jahrhunderts (z.B. Grimmelshausens Simplicissimus) noch die Räuberromane um 1800 (Vulpius' Rinaldo Rinaldini als bekanntestes Beispiel) entstammten eigenem Erleben; sie sind an einer realistischen Darstellung der Lebensverhältnisse der Vaganten kaum interessiert.

Die Lebensumstände der Nichtseßhaften lassen sich mangels anderer Quellen fast nur aus Kriminalakten rekonstruieren. Dadurch entstehen allerdings besondere quellenkritische Probleme. Die heutige Analyse dieser Quellen korreliert nicht mit der Sichtweise der damaligen Untersuchungsbeamten und Gerichte; weniger die lebensgeschichtlichen Umstände der Angeklagten, vielmehr der juristisch einwandfreie Beweis ihrer Verstöße gegen Landesrecht und bürgerliches Recht stehen im Vordergrund der Texte. Diese Prozeßakten verengen den Blick des Historikers, dem dadurch alle Vaganten kriminell erscheinen. Tatsächlich kann das auch ganz anders gewesen sein[6],

---

[6] Ernst Schubert, Arme Leute, Bettler und Gauner im Franken des 18. Jahrhunderts (= Veröffentlichungen der Gesellschaft für fränkische Geschichte, Reihe IX, Darstellungen

nur der Gegenbeweis läßt sich mangels geeigneter Quellen nicht führen. Auch die Frage, in welchem Ausmaß die Vaganten wirklich nichtseßhaft waren, ist mit diesen Quellen nur schwer zu beantworten[7]. Die vorhandene Textüberlieferung zwingt dazu, nur über diejenigen zu sprechen, die straffällig wurden, weil nur in deren Untersuchungsprotokollen und Gerichtsurteilen sozialgeschichtlich verwertbare Informationen enthalten sind.

Eine besondere Quellengattung sind die Bücher von Kriminalisten, die über ihre erfolgreichen Ermittlungen gegen Diebesbanden berichteten. Diese Form von Behördenliteratur nahm in der zweiten Hälfte des 18. Jahrhunderts zu und bestimmt bis in den Vormärz hinein das Wissen über die Vaganten und ihre Kriminalität. Sie lassen ein Bild der Verhaltensweisen der Räuber entstehen, das zumeist weit von dem der zeitgleich grassierenden Literaturmode der Räuberromane entfernt ist, manchmal aber auch davon beeinflußt wird[8]. Hier werden minutiös Gruppenzusammenhänge, Tathergänge und Ermittlungsmethoden beschrieben. Eine Weiterentwicklung dieser kriminalistischen Literatur sind dann die regionalen Steckbrieflisten, die im 19. Jahrhundert jeweils für bestimmte Gegenden Deutschlands Tausende von Namen der Gauner mit Personenbeschreibungen, Vorstrafen und Kontakten enthielten. Sie orientierten sich an den "Territorien" der verfolgten Gauner und waren deshalb grenzüberschreitend angelegt. Die Kriminalisten hatten damit ihre eigene Seßhaftigkeit im Kampf gegen das Gaunertum überwunden und arbeiteten im überstaatlichen Zusammenhang.

Für den niedersächsischen Raum liegt nur ein einziges Buch vor[9] - sieht man ab von den Veröffentlichungen Sigismund Hosmanns über die Ermittlungen

---

aus der fränkischen Geschichte 26), Neustadt a. d. Aisch 1983, S. 7, hält nur eine Kerngruppe der Vaganten für kriminell.

[7] Carsten Küther, Menschen auf der Straße. Vagierende Unterschichten in Bayern, Franken und Schwaben in der zweiten Hälfte des 18. Jahrhunderts (= Kritische Studien zur Geschichtswissenschaft 56), Göttingen 1983, S. 8 f, unterscheidet permanent und zeitweilig Vagierende; letztere hatten einen festen Wohnsitz, zugleich Produktionsort, von dem aus sie weite Wanderungen unternahmen, um ihre Produkte, z.B. Mausefallen, zu verkaufen.

[8] Vgl. Jörg Schönert, Kriminalgeschichten in der deutschen Literatur zwischen 1770 und 1890. Zur Entwicklung des Genres in sozialgeschichtlicher Perspektive. In: Geschichte und Gesellschaft 9, 1983, S. 49-68. - Literatur und Kriminalität. Die gesellschaftliche Erfahrung von Verbrechen und Strafverfolgung als Gegenstand des Erzählens. Deutschland, England und Frankreich 1850-1880. Interdisziplinäres Kolloquium der Forschergruppe "Sozialgeschichte der deutschen Literatur 1770-1900" München 15./16. Januar 1981, hrsg. von Jörg Schönert. Tübingen 1983.

[9] G. L. Giese, Actenmäßige Notizen über eine Anzahl Gauner und Vagabonden des nördlichen Deutschlands, Celle 1828.

gegen Nikel List[10] -, außerdem zwei für den Nord- und Ostseeraum[11]. Um so zahlreicher sind dagegen die Steckbriefe und Diebstahlsmeldungen in den amtlichen Anzeigenblättern[12] und Steckbriefbüchern für den hessischen und bayerischen Raum sowie für Preußen[13]. Das Rheingebiet war in der Zeit nach der Französischen Revolution berüchtigt für seine Räuberbanden[14].

---

[10] Celle 1700 und 1701; vgl. dazu Danker (wie Anm. 1) sowie Hans-Dieter Schmid, "Das schwer zu bekehrende Juden-Hertz."Jüdische Unterschicht und christlicher Antisemitismus am Beispiel des Celler Stadtpredigers Sigismund Hosemann. In: Peter Antes u.a.: Christen und Juden. Ein notwendiger Dialog, Hannover 1988, S. 39-60. Hosmanns Schriften erlebten in der ersten Hälfte des 18. Jahrhunderts zahlreiche Auflagen und können als eigentlicher Beginn der schriftstellerischen Behandlung des Themas bezeichnet werden.

[11] Caspar Dietrich Christensen, Alphabetisches Verzeichnis einer Anzahl von Räubern, Dieben und Vagabonden, mit hinzugefügten Signalements ihrer Person und Angabe einiger Diebsherhergen, entworfen nach den Aussagen einer zu Kiel in den Jahren 1811 und 1812 eingezogenen Räuberbande ..., Hamburg 1814. - Ders., Beschreibung der in den Herzogthümern Schleswig und Holstein, den Hansestädten Hamburg und Lübeck, zum Theile auch im Königreiche Hannover und dem Großherzogthum Mecklenburg, in den Jahren 1802 bis 1817 bestraften oder mit Steckbriefen verfolgten Verbrecher ..., 3 Bde., Kiel und Hamburg 1819.

[12] Die Hannoversche Anzeigen erschienen seit 1758, später mehrmals in der Woche. Aus ihnen wurde umfangreiches Material gewonnen.

[13] Lediglich eine Auswahl stellen die folgenden Titel dar: J. J. Bierbrauer, Beschreibung Derer Berüchtigten Jüdischen Diebes-, Mörder- und Rauber-Banden, Welche seither geraumen Jahren, hin und wieder im Reich, viele gewaltsame Beraubungen, Mordthaten und Diebstähle begangen haben ..., Cassel 1758. - Carl Philipp Theodor Schwenken, Notizen über die berüchtigsten jüdischen Gauner und Spitzbuben, welche sich gegenwärtig in Deutschland und an dessen Gränzen umhertreiben, nebst genauer Beschreibung ihrer Person ..., Marburg und Kassel 1820. - Ders., Aktenmäßige Nachrichten von dem Gauner- und Vagabunden-Gesindel, sowie von einzelnen professionirten Dieben, in den Ländern zwischen dem Rhein und der Elbe, nebst genauer Beschreibung ihrer Person ..., Kassel 1822. - G. W. Pfeiffer, Actenmäßige Nachrichten über das Gaunergesindel am Rhein und Main und in den an diese Gegenden grenzenden Ländern, Frankfurt/M. 1828. - Karl Stuhlmüller, Vollständige Nachrichten über eine polizeyliche Untersuchung gegen jüdische, durch ganz Deutschland und dessen Nachbarstaaten verbreitete Gaunerbanden ..., o.O. 1823. - A. F. Thiele, Die jüdischen Gauner in Deutschland, ihre Taktik, ihre Eigentümlichkeiten und ihre Sprache, nebst ausführlichen Nachrichten über die in Deutschland und an dessen Grenzen sich aufhaltenden berüchtigsten jüdischen Gauner 1, Berlin ²1842.

[14] Johann Nicolaus Becker, Actenmäßige Geschichte der Räuberbanden an den beyden Ufern des Rheins. Erster Theil, Enthaltend die Geschichte der Moselbande und der Bande des Schinderhannes. Zweyter Theil. Enthaltend die Geschichte der Brabäntischen, Holländischen, Mersener, Crevelder, Neußer, Neuwieder und Westphälischen Räuberbande ..., Köln 1804 (ND Leipzig 1972). - Beschreibung derjenigen Verbrecher, besonders Raub-Mörder, Räuber und Diebe, welche als solche in den vor der Clev-Märkischen

Aus den Titeln werden schon einige Hauptmerkmale dieser Literaturgattung ersichtlich: Es waren nicht nur Fachschriften für Kriminalisten (Fahndungsbücher, Steckbrieflisten, methodische Hinweise), sondern sie waren auch auf Publikumswirksamkeit hin berechnet. Gerade die jüdische Kriminalität wurde bereits im Titel besonders hervorgehoben, während Zigeuner zwar in den Steckbrieflisten einen nicht unerheblichen Anteil hatten, aber nicht so deutlich herausgestellt wurden. Das Interesse konzentrierte sich im 19. Jahrhundert sogar verstärkt auf die jüdische Kriminalität (Schwencken, Thiele, Stuhlmüller). Zugleich bemühte man sich, durch angehängte Wörterbücher die Gaunersprache - die zu großen Teilen auf dem Jiddischen basierte - den Ermittlungsbeamten verständlich zu machen. Auf diesem Wege sind wohl nicht wenige ehemals jiddische Worte in den deutschen Wortschatz gelangt. Daneben fanden auch die geheime Zeichensprache (Gesten, Zeichnungen) sowie Einbruchswerkzeuge und -techniken starke Beachtung[15].

Diese Arbeit untersucht zunächst die Frage, ob während der hohen Zeit der Räuberbanden, wie sie die zitierte Literatur darstellte, auch im niedersächsischen Raum ähnliche Banden existierten. Damit soll ein quellenmäßiger Zugang zu den Randgruppen der nordwestdeutschen Gesellschaft in der Frühen Neuzeit gefunden werden, die in der Geschichtswissenschaft nur ein bescheidenes Interesse fanden und finden. Die Aktenlage ist jedoch nicht sehr ergiebig[16]. Es liegen nur noch die Untersuchungsakten vor über die Wackermaulsche Bande, über Aaron Levi und Komplizen, über die Bande des Brade sowie die Hilgensche oder Hadelner Bande[17]. Keine der Akten ist vollständig und bietet erschöpfende Informationen. Doch unterließen es die ermittelnden Beamten nicht, über ihre Erfolge jeweils Aufsätze mit ergän-

---

Immediat-Sicherheits-Commission geführten Inquisitionen ausgemittelt sind, und deren Aufenthalt bisher nicht auszuforschen gewesen, Bochum 1803. - Ludwig Pfister, Aktenmäßige Geschichte der Räuberbanden an den beiden Ufern des Mains, im Spessart und im Odenwalde ..., 1, Heidelberg 1812.

[15] Ausführlich dazu: Friedrich Christian Benedict Avé-Lallemant, Das deutsche Gaunerthum in seiner sozialpolitischen, literarischen und linguistischen Ausbildung zu seinem heutigen Bestande, 4 Teile in 3 Bdn., Leipzig 1858-1862 (ND Hildesheim, New York 1980).

[16] Benutzt wurden ausschließlich Akten des Niedersächsischen Hauptstaatsarchivs Hannover (NHStA).

[17] NHStA Hann. 72 Hannover Nr. 308 (Wackermaulsche Bande 1772-73). - NHStA Hann. 152 Acc 34/80 Nr. 65 (Aaron Levi und Komplizen 1798-1800). - NHStA Hann. 26a Nr. 7153 (Hilgensche Bande 1817-30). - NHStA Hann. 152 Acc 34/80 Nr. 78 (Bradesche Bande 1801-1810). - Die Akten über Nikel Lists Bande wurden bereits von Danker (wie Anm. 1) ausgewertet und blieben deshalb unberücksichtigt.

zenden Nachrichten zu veröffentlichen[18]. Außerdem können aus den gedruckten Steckbriefen in Zeitungen und Büchern weitere Hinweise gewonnen werden. Diese belegen die zahlreichen personellen Querverbindungen, so daß etliche Biographien notorischer Gauner - oder besser: häufig straffällig gewordener Personen - aus dem umrissenen Milieu rekonstruiert werden können.

Aus den vorliegenden Akten entsteht zwar kein sozialgeschichtlich hinreichend aussagekräftiges Bild über die Lebensverhältnisse im Gaunermilieu, doch boten die Veröffentlichungen aus anderen deutschen Ländern, zahlreiche Artikel in niedersächsischen Intelligenzblättern und die vorliegende Sekundärliteratur ergänzendes Material, um eine eigene Untersuchung sinnvoll erscheinen zu lassen. Ähnlich wie die Kriminalisten des 18. und 19. Jahrhunderts sich nicht an territoriale Zuständigkeiten hielten, sondern sich an den übergreifenden Territorien der Gauner orientierten, muß die historische Kriminalitätsforschung die durch die Archive vorgegebene Territorialität aufgeben und Steckbriefe verschiedener Länder miteinander in Beziehung setzen. Nur so lassen sich Wanderungsbewegungen und soziale Kontakte der Vaganten aus Steckbriefen und Akten erschließen. Für die vorliegende Arbeit gelang es, einige Biographien von Gaunern überregional zu rekonstruieren, ihre Familienzusammenhänge nachzuweisen und die Verbindungen der verschiedenen Einzelblätter und Familien untereinander zusammenzufügen.

Aus dem vorhandenen biographischen Material entsteht das Bild einer locker gefügten und regional agierenden Gaunergesellschaft, die über zahlreiche freundschaftliche und verwandtschaftliche Kontakte untereinander verfügte[19]. Dabei müssen die Grenzen der Quellen immer mitbedacht werden: Nur die wiederholt straffällig gewordenen Personen des Milieus sind hinreichend dokumentiert; es hing vom Ermittlungsgeschick der zuständigen Beamten ab, wie weit sie Lebensläufe und Zusammenhänge innerhalb des Milieus rekonstruieren konnten und wie weit sie Interesse daran hatten, ihre Ergebnisse zu veröffentlichen. Außerdem erfordert die Aufarbeitung dieser behördlichen Informationen, um über das bereits damals vorliegende Wissen hinaus Rekonstruktionen vorzunehmen, nicht nur einen enormen Leseaufwand, sondern viel wichtiger noch ein leistungsfähiges System der Verwal-

---

[18] Mejer, Ueber Diebe und Diebesbanden. In: Neues Hannöversches Magazin 1807, 32.-35. Stück, Sp. 491-558. - Brandes, Beitrag zur Classification der Diebe. Ein Pendant zu dem 33ten bis 35ten Stück des diesjährigen Hannöverschen Magazins. In: Ebd., 84. Stück, Sp. 1329-1338.

[19] Der Verfasser versuchte, die in den Akten und Steckbriefen nachgewiesenen Kontakte in der Magisterarbeit, S. 35, durch ein Schaubild zu verdeutlichen.

tung und Verknüpfung dieser Informationen. Für diese Ein-Mann-Arbeit konnte das nur mangelhaft geleistet werden; eine datenbankgestützte Aufarbeitung der Informationsmengen - möglichst aus verschiedenen Territorien - bleibt weiterhin ein Desiderat der Forschung.

Neben die sozialgeschichtliche Fragestellung trat im Verlauf der Beschäftigung mit dem Thema zunehmend die Frage nach den Leitvorstellungen der staatlichen Polizeipraxis. Die Beschäftigung mit den problematischen Sozialgruppen, die ihren Niederschlag in zahlreichen Publikationen fand, unterlag gewissen Wandlungen, die auch gesamtgesellschaftliche Konsequenzen hatten. Das Sprechen über den Gegenstand Bandenwesen unterlag diskursiven Schemata, die es zu analysieren gilt. Einerseits ist davon der historische Aussagewert der Quellen abhängig, andererseits bestimmten diese Diskurse die alltägliche Praxis im Umgang mit den Delinquenten. Die Untersuchung muß sich demzufolge über die Grenzen der Sozialgeschichte hinaus bewegen in den Bereich der Geschichte der Sozialwissenschaften. An diesem Punkt wurden die strukturalistischen Arbeiten Michel Foucaults als Grundlage benutzt und auf diesen Gegenstand angewendet. Die Untersuchung der Begrifflichkeit und des diskursiven Zusammenhangs der Quellen erlaubt weiterführende Ergebnisse.

Aus den vorliegenden Verknüpfungen der personenbezogenen Daten werden die Grenzen dieses Bekannten- und Verwandtennetzes deutlich: Nur sehr selten finden sich darin persönliche Verbindungen zwischen christlichen und jüdischen Vaganten. Dies hatten auch schon die zeitgenössischen Kriminalisten erkannt. Das sehr zahlreiche jüdische Gaunertum wurde nicht nur als technisch und organisatorisch fortschrittlicher, sondern auch als intelligenter als das christliche beschrieben. Innerhalb der jüdischen Zweiklassengesellschaft - der Klasse der Seßhaften mit Judenschutzbrief und der vagantischen ohne Niederlassungsrecht - bestanden Informationsnetze für Diebstahlsgelegenheiten und Abnehmer für Diebesgüter, die in der christlichen Gaunerschicht nicht annähernd vorhanden waren. Der "technologische Fortschritt" war bei den jüdischen Kriminellen so weit gediehen, daß sie Christen nur selten und dann meist in untergeordneter Stellung an ihren Diebeszügen beteiligten[20]. Dies lag vor allem an dem unterschiedlichen Bezug zum Diebesgut: Während Juden das Gestohlene als handelsfähige Ware ansahen, es also so schnell und gewinnbringend wie möglich in die öffent-

---

[20] Schwenken, Notizen (wie Anm. 13), S. 13. Grundlegend zum Thema jüdische Kriminalität: Rudolf Glanz, Geschichte des niederen jüdischen Volkes in Deutschland, New York 1968.

lichlegalen Ware-Geld-Tauschbeziehungen zurückzuführen bemüht waren[21], stahlen die Christen weiterhin für ihre Subsistenz und finanzierten damit einen bestimmten Habitus. Statt wie die Juden eine Familie zu haben und ernähren zu müssen, lebten die christlichen Gauner promiskuitiv, waren häufig in Bordellen zu finden - und zu verhaften - und sprachen exzessiv dem Alkohol zu[22].

Die jüdischen Gauner erhielten auch in der vagantischen und gaunerischen Lebensweise eine intakte Sozialstruktur aufrecht, deren Verbindungen zur "normalen", d.h. seßhaften und staatlich konzessionierten Lebensweise der Schutzjuden erst im Laufe des 18. Jahrhunderts allmählich abrissen. Die staatliche Judenschutzbrief-Praxis sorgte aber weiterhin dafür, daß auch in der Folgezeit nachgeborene Söhne und Töchter ansässiger Juden notgedrungen in die vagantische Schicht absanken und eigene vagantische Familienstammbäume bildeten. Dies ist einer der Gründe dafür, daß besonders in den hessischen Kleinterritorien "Gaunerdörfer" entstanden, denn die auch dort betriebene Peuplierungspolitik der Fürsten, in Verbindung mit korrumpierbaren lokalen Beamten, machte die Niederlassung mobiler jüdischer Kleinhändler leicht. Hier waren Pässe entsprechend einfach zu erhalten, die die Einreise in "lohnende" Gegenden für Hausierer wie Diebe ermöglichten.

Eine weitere Gruppe des Vagantentums waren die seit eh und je nichtseßhaften Zigeuner. Sie schotteten sich weitgehend von den beiden bisher genannten Gruppen ab. Zigeunerische Kriminalität unterschied sich von den oben beschriebenen Formen dadurch, daß die Zigeuner im Familienverband wanderten und darum in erster Linie für die Subsistenz der Sippe Kleindelikte verübten. Sie unterlagen einer besonders scharfen staatlichen Verfolgungspraxis, die im 18. Jahrhundert Vorformen des Genozids annahm[23]. Als eine besondere Gruppe sei noch die der Jenischen genannt, die aus Verbindungen von christlichen mit zigeunerischen Vaganten hervorgingen und von beiden Seiten zumeist abgelehnt wurden[24]. Lassen sich Zigeunersippen in den Quellen noch relativ einfach identifizieren, ist die Unterscheidung zwischen Zigeunern und Jenischen in den Dokumenten kaum möglich.

---

[21] Helmut Reinicke, Gaunerwirtschaft. Die erstaunlichen Abenteuer hebräischer Spitzbuben in Deutschland, Berlin 1983, S. 49. - Glanz (wie Anm. 20), S. 114.

[22] Vgl. die zahlreichen Schilderungen bei Becker (wie Anm. 14).

[23] Hohmann (wie Anm. 3), S. 7.

[24] Hermann Arnold, Vaganten, Komödianten, Fieranten und Briganten. Untersuchungen zum Vagantenproblem an vagierenden Bevölkerungsgruppen vorwiegend der Pfalz (= Schriftenreihe aus dem Gebiete des öffentlichen Gesundheitswesens 9), Stuttgart 1958.

Die Banden

Im folgenden werden einige Banden aus dem niedersächsischen Raum vorgestellt, über die ausreichende Informationen vorliegen. Sie repräsentieren
verschiedene historische Bandentypen: eine wahrscheinlich jenische Fami-
liensippe, eine jüdische Bande - der allerdings nur eine Tat nachgewiesen
werden konnte -, eine jüdisch-christlich gemischte Bande unter einem
christlichen Anführer und eine rein christliche Bande aus der ländlichen
Unterschicht. Es sollen hier zunächst nur die überlieferten Informationen
über ihre unterschiedlichen Strukturen und Methoden zusammengestellt
werden.

Mit der Wackermaulschen Bande[25] gelang der kurhannoverschen Strafjustiz
1772 ein großer Fang. Noch Jahrzehnte später war die Erinnerung an diesen
Fall nicht verblaßt. Die drei Brüder Wackermaul wurden zusammen mit einem Komplizen am 3. August 1773 in Vahrenwald bei Hannover hingerich-
tet, ihre Mutter zu lebenslangem Zuchthaus verurteilt, zwei mit ihnen liierte
Frauen zu je zehn Jahren, eine weitere zu sechs Monaten verurteilt. Eine
weitere Frau, wohl eine Schwester der Hingerichteten, wurde entlassen.

Die Wackermauls verübten Einbrüche, Diebstähle und Straßenüberfälle in
den Territorien Hildesheim, Kurhannover, Braunschweig-Wolfenbüttel und
Brandenburg in schneller Folge. Am schwersten wog ihr Postkutschenüberfall bei Echte, bei dem sie über 2.000 Tlr. Beute machten. Nicht aber der
Wert der Beute hob dieses Delikt aus ihren übrigen Verbrechen heraus, sondern der Postkutschenüberfall an sich. Er fand auf einer öffentlichen Straße
statt und bedeutete deshalb einen Angriff auf den friedenswahrenden Fürsten, der zugleich die Sicherheit des Postverkehrs garantierte.

Die Wackermauls stammten aus Hundeshagen im Eichsfeld. Dieser Ort
wurde häufiger als Herkunftsort für Gauner genannt. Das Eichsfeld bot seit
jeher nicht allen seinen Einwohnern Erwerbsmöglichkeiten und war deshalb
eines der Herkunftsgebiete von Wanderarbeitern und ambulanten Gewerben
wie z.B. der Kesselflickerei; hier siedelten jahrhundertelang Wandermusikanten[26]. Möglicherweise waren die Wackermauls Jenische, denn aus ihren

---

[25] Die Informationen über die Wackermauls wurden den Hannoverschen Anzeigen, den
Göttingischen Anzeigen sowie der Akte der Justizkanzlei (NHStA Hann. 72 Hannover
Nr. 308) entnommen. Der Prozeß wurde in einem juristischen Standardwerk der Zeit
kommentiert: David Georg Strube, Rechtliche Bedenken. Systematisch geordnet, ergänzt, berichtigt und mit Anmerkungen begleitet von Ernst Spangenberg, 3. Bd., Hannover 1828.

[26] Günther Kraft, Historische Studien zu Schillers Schauspiel "Die Räuber". Über eine
mitteldeutsch-fränkische Räuberbande des 18. Jahrhunderts (= Beiträge zur deutschen
Klassik 2), Weimar 1959. Die Hundeshagener Wandermusikanten im 19. und 20. Jahr-

Verhören - es wurde auf verschärfte Folter erkannt - gewann die Justiz eine 65 Namen umfassende Steckbriefliste anderer ihnen bekannter Gauner, darunter auch zahlreicher Zigeuner. Es werden darin die vielfachen verwandtschaftlichen Beziehungen der Genannten untereinander deutlich. Ihre Kontakte zum "Schwarzen Christel" (Johann Christian Schneider) waren besonders wichtig, denn Christel war wiederum ein enger Vertrauter von "Krumfingers Balthasar" (Johann Balthasar Raue, 1764 gehängt). Raue galt als der Anführer der größten, in der Mitte des 18. Jahrhunderts bestehenden Bande, die im sächsisch-thüringischen Raum operierte und aufgrund von Verhörsprotokollen bestens dokumentiert ist[27]. Die Wackermauls zählten demnach zum weiteren Kreis dieses Vaganten- und Gaunernetzes, das weitreichende Verbindungen in den mitteldeutschen Kleinterritorien lange Zeit aufrecht erhielt.

Bei den Wackermauls handelt es sich um die einzige Gruppe in dieser Untersuchung, bei der Beziehungen zu den in der Literatur berühmten Banden eindeutig nachweisbar waren. Zugleich wird deutlich, daß die Wackermauls außerhalb ihres eigentlichen "Territoriums" operierten. Sie führten als Familienverband einen Diebeszug durch mehrere Herrschaftsgebiete nördlich ihrer gewohnten Striche durch, bei dem sie sich durch die Geschwindigkeit ihres Ortswechsels der Verfolgung in Nachbarterritorien zu entziehen suchten. Über die Umstände ihrer Verhaftung ist nur bekannt, daß sie die Beute noch bei sich hatten, also nicht auf vorhandene Hehler und deren Verteilungsnetze zurückgreifen konnten oder wollten. Sie verfügten offenbar nicht über die notwendige Orts- und Personenkenntnis, die ihnen Schutz vor Verfolgung und den diskreten Verkauf der Beute sichern konnte.

Im Fall Aaron Levi und Komplizen[28] handelte es sich um eine Gruppe von Delinquenten, denen lediglich ein Einbruchdiebstahl vorgeworfen wurde. Nachdem in der Nacht des 10. Januar 1798 im Gasthaus Zum Wilden Mann vor dem hannoverschen Aegidientor eingebrochen worden war, dauerte es nur wenige Tage, bis die Nachricht aus Hildesheim eintraf, man habe einige Personen verhaftet, die die in den Hannoverschen Anzeigen beschriebenen gestohlenen Gegenstände bei sich hätten. Es handelte sich um sieben Juden,

---

hundert sind seit langem in das Interesse der Musikwissenschaft gerückt. Dazu ausführlich: Kurt Thomas, Die Wandermusikanten von Hundeshagen. Eine sozial- und kulturgeschichtliche Studie. In: Wanderarbeiter aus dem Eichsfeld. Zur Wirtschafts- und Sozialgeschichte des Ober- und Untereichsfeldes seit Mitte des 19. Jahrhunderts. Sonderausstellung des Heimatmuseums Duderstadt. Duderstadt 1990, S. 237-262.

[27] Vgl. Kraft, der sie als Vorbild für Schillers Räuber identifiziert.

[28] Die äußerst umfangreiche Prozeßakte ist einigermaßen vollständig erhalten (NHStA Hann. 152 Acc 34/80 Nr. 65).

fünf Männer und zwei Frauen, die laut ihren Pässen aus Amsterdam, Brandenburg, Preußen, Mecklenburg, der Pfalz, Frankfurt/M. und Hamburg stammten. Einem von ihnen gelang es, in Hildesheim auszubrechen.

Bei Aaron Levi und den Mitangeklagten ergibt sich die Schwierigkeit, daß ihre Angaben zur Person vermutlich falsch waren[29]. Es gelang der hannoverschen Justiz nicht, sie zur Angabe ihrer wahren Identität zu zwingen. Somit sind auch die Angaben, die sie zu ihrer Herkunft und Lebensgeschichte machten, fragwürdig. Andererseits mußten erfundene Biographien, sollten sie glaubwürdig wirken, über eine Fülle authentischer Details aus dem sozialen Milieu verfügen. Der angenommene Habitus konnte zwar ein Mitglied der betreffenden sozialen Gruppe nicht lange täuschen, mußte aber für Außenstehende hinreichend glaubwürdig erscheinen, d.h. mit den gesellschaftlichen Erfahrungen mit dieser Gruppe übereinstimmen. Deshalb werden auch falsche Lebensgeschichten für den Historiker wieder zum sozialgeschichtlichen Material[30]. Hier trennen sich die Interessen der Kriminalisten und der Historiker: Dem Kriminalisten lag an der Aufdeckung der wahren Identität, um gegebenenfalls strafverschärfend auf frühere Delikte zurückzugreifen, der Historiker sucht im nachhinein Informationen, die die individuelle Lebensgeschichte in den Kontext schichtenspezifischer sozialer Verhältnisse stellen. Das Strafrecht fragt nach der individuellen Delinquenz, die historische Kriminalitätsforschung nach den sozialen Bedingungen historischer Delinquenz.

Die Verhöre in Hannover förderten ein Bild der Lebensumstände jüdischer Unterschichten zutage: Die neunzehnjährige Lena erzählte, sie stamme von einem Trödler ab, der nichtseßhaft wurde, als sie sechs Jahre alt war. Sie habe sich ein Jahr zuvor von ihren Eltern im Streit getrennt und sei dann mit jüdischen Wandermusikanten herumgezogen. In Hamburg habe sie eine Stellung antreten können, sei dann dort mit dem in Hildesheim entflohenen Salomon Moses bekannt geworden, der sie heiraten wollte, das Versprechen aber nicht eingehalten habe. Eva, 21 Jahre alt, gab an, Waise zu sein und Stellungen in verschiedenen jüdischen Haushalten gehabt zu haben. Nach ihrer Heirat mit dem Hausierer Levi Bernard, der aus Pommern und Schlesi-

---

[29] Schwenken, Nachrichten (wie Anm. 13), S. 59, 242, 343, meinte, drei Männer identifizieren zu können.

[30] Vgl. Küther, Menschen (wie Anm. 7), S. 12. Küther geht davon aus, daß die in gerichtlichen Untersuchungen angegebenen Lebensgeschichten der Gauner in der Regel falsch waren und daß die Gauner alles daran setzten, ihre wahre Identität zu verheimlichen. Jeder Gauner verfügte nach Küther über mindestens eine Scheinidentität. Auch Küther greift auf die Bestandteile der Scheinidentitäten zurück, um sozialgeschichtliche Details aus dem Leben der Vaganten darstellen zu können.

en nach Hamburg gewandert sei (ebenfalls in Hildesheim inhaftiert), sei sie erst mit ihm herumgewandert, bis er sie in Sachsen-Anhalt zurückgelassen habe. Im Hildesheimer Gefängnis habe sie ihn wiedergefunden, ebenso wie Lena ihren Verlobten. Beide Frauen wurden beim Besuch der Männer verhaftet. Moses Joel und Elias Meyer, 28 und 29 Jahre alt, waren Packenträger für jüdische Händler. Elias Meyers Vater sei vom Kleinhändler zum Bettler abgesunken. Aaron Levi aus Amsterdam gab an, früh verwaist zu sein, als Packenträger, Hausierer für Brillen und Scheren, aber auch als Bettler gelebt zu haben.

Alle Aussagen beinhalten Grundelemente der Alltagserfahrungen der jüdischen Unterschicht. Die Grenzen zwischen Anstellungen bei seßhaften Juden, selbständigem Hausieren und Bettelei waren fließend, dagegen der Aufstieg zum relativ gesicherten Dasein der ansässigen Schutzjuden versperrt. Deutlich werden auch die weiten Wanderungen, die ermöglicht wurden durch das immer noch funktionierende soziale Netz, das die seßhaften für die nichtseßhaften Juden bereithielten. Jede jüdische Gemeinde gewährte wandernden Glaubensgenossen für jeweils eine Nacht Unterkunft und Nahrung, entweder in besonderen Armenhäusern der Gemeinde oder in den Privathäusern.

Bei der Bande des Brade handelt es sich um eine aus Christen und Juden bestehende Bande, die höchst erfolgreich mehrere Jahre in Niedersachsen aktiv war. In der Zeit um 1800 wurden ihnen 39 Einbrüche und Diebstähle, darunter ein Postraub, zur Last gelegt[31]. Über diese Bande liegt eine ausführliche Veröffentlichung des Untersuchungsbeamten Mejer vor[32]. Mejer beschäftigte sich ausführlich mit der Gaunersprache und übernahm diese in seinem Text so sehr, daß sein Aufsatz ohne das beigefügte Lexikon kaum verständlich ist.

Mejer beschreibt die Bande als Chawrusse. Dieses jiddische Wort bezeichnet eine Genossenschaft oder Firma; in bezug auf Bandenkriminalität meint es die grundsätzliche Gleichberechtigung aller Bandenmitglieder - auch bei der Beuteteilung. Der Anführer der Chawrusse wurde jeweils für eine Tat gewählt, erhielt die Befehlsgewalt und bekam nur deshalb einen höheren Beuteanteil. Das Auswahlkriterium für einen Anführer waren weniger seine Führungsqualitäten als vielmehr sein Werkzeugbesitz und die dazugehörigen technischen Fähigkeiten. Brade soll über hundert Dietriche besessen haben und war deshalb ständiger Anführer, ohne daß dies dem Chawrusse-Prinzip grundsätzlich widersprochen hätte. Der Anführer wählte die lohnendsten

---

[31] NHStA Hann. 152 Acc 34/80 Nr. 78.

[32] Mejer (wie Anm. 18).

Objekte nach den Informationen der Baldower aus und bestimmte, wer bei dem Einbruch beteiligt wurde. Die jeweils ausgeschlossenen Mitglieder der Bande gingen dennoch nicht leer aus: zumindest die zum Tatort Angereisten erhielten den vollen Beuteanteil. Sie wurden dadurch im Interesse der Sicherheit der Beteiligten von Mitwissern zu Nutznießern gemacht. Kurz nach der Tat wurde bereits die Beute geteilt, wobei der Anführer Streitigkeiten um die Beute zu schlichten hatte. Er hielt auch Kontakt zu den Hehlern. Die Hehler waren von entscheidender Bedeutung für die Banden: nicht nur, daß häufig von ihnen die Tatorte und -opfer schon bezeichnet wurden, so daß also die Einbrüche Auftragsarbeiten waren, sondern sie verfügten auch über die Möglichkeiten, die Beute über sichere Kanäle in entfernten Gegenden wieder in legale Ware zu verwandeln.

Die Hilgensche Bande[33] schließlich stellt den Typ einer Bande dar, der ohne technisches Raffinement - dafür mit entsprechend größerer Brutalität - aufwendig Beutestücke von geringem Wert, aber in großer Menge errang. Sie soll hier bewußt in Gegensatz zur Brade-Bande gesetzt werden, bei der kommerzielle Interessen und Methoden eindeutig im Vordergrund standen. Die geräuschlosen Einbrecher Brade und seine Komplizen arbeiteten in allen Phasen erfolgsorientiert, d.h. sie sorgten auch für ihre eigene Sicherheit. Die Hilgensche Bande dagegen bestand aus untereinander vielfach verwandten Gewohnheitsverbrechern, die ihren Opfern als Räuber gegenübertraten und gegebenenfalls Gewalt anwandten. Sie operierten im engeren Umkreis ihrer Wohnorte in Hadeln und Kehdingen. Als Tarnung gaben sie vor, französische Marodeure zu sein (zur Zeit des Königreichs Westphalen) und schwärzten sich die Gesichter. Ihre kriminelle Karriere begann mit dem einträglichen Schmuggel, ihre Einkünfte daraus wurden nach Ende der Kontinentalsperre ersetzt durch die Beute aus Raubüberfällen.

Die Hilgensche Bande hat in der Sekundärliteratur[34] eine gewisse Beachtung gefunden, weil ihre Vorgehensweise stark an die der großen Niederländer Bande im niederrheinischen Gebiet erinnert. Aus den Kriminalakten, die hier erstmals ausgewertet wurden, lassen sich aber keine eindeutigen Verbindungen der Hilgenschen Bande zur damals gefährlichsten Bande in Deutschland erkennen, außer daß Hinrich Hilgen einige Zeit unter dem Namen Christian Lührs im Münsterland gelebt und dort mit einer Bande Kontakt gehabt haben soll. Im Strafprozeß wurde die Hilgensche Bande denn auch als singuläre Erscheinung behandelt, nicht als Ausläufer einer Bande, die vom Hunsrück bis ins Niederrheingebiet, von Holland und Belgien bis

---

[33] NHStA Hann. 26a Nr. 7153. Sehr viele Informationen enthält auch: Anton Bauer, Strafrechtsfälle 1. Göttingen 1835, S. 459-543.

[34] Küther, Räuber (wie Anm. 1), S. 32 und Klappkarte 2.

nach Frankreich hin Delikte beging. Die Hilgensche Bande war zu sehr in
der ländlichen Unterschicht ihrer Heimat verwurzelt, als daß ihr solche weitreichenden Beziehungen unterstellt werden können.

Die vorgestellten Banden wiesen ein jeweils unterschiedliches Maß an Pro-
fessionalität auf. Erklärlich wird dies mit ihrer Herkunft aus verschiedenen
sozialen Milieus und - daraus resultierend - dem unterschiedlichen Bezug
zur Beute. Aus den Fallbeispielen werden einige sozialgeschichtliche Details
der vagantisch-kriminellen Lebensweise und die dabei vorkommenden Unterschiede erkennbar. Es erheben sich aber Zweifel, inwieweit diese Ergebnisse verallgemeinerbar sind, ob aus der Analyse weniger Untersuchungsakten über die Einzelfälle hinaus zu allgemeinen Aussagen vorge-
drungen werden kann, handelt es sich doch hier um Gewohnheitskriminelle,
deren Delikte keine direkten Aussagen über ihre Lebensverhältnisse zulas-
sen. Nur im Verlauf der Verhöre ergaben sich Hinweise auf soziale und
familiäre Herkunft, Sozialverhalten und persönliche Umstände. Das unterscheidet diese Form von Kriminalität von den Formen von Massendelikten,
wie sie in der Sekundärliteratur seit geraumer Zeit verstärkt Beachtung finden[35]. Holzdiebstahl und Wilderei, Brandstiftung und Kindsmord waren
häufig auftretende Delikte der vorwiegend ländlichen Unterschichten, die
auch für die Zeitgenossen deutlich erkennbar in den sozialen und wirtschaftlichen Verhältnissen der Täter ihren Ursprung hatten. Bei der vagantischen Bevölkerung findet dies seine Entsprechung in den Feld- und Gele-
genheitsdiebstählen (zum Trocknen aufgehängte Wäsche, Bleichediebstähle
etc.). Da es sich hierbei jedoch nicht um Raub und Einbruch handelte, sind
diese Diebstähle tausendfach zwar in den Intelligenzblättern dokumentiert,
die Akten über die Kriminaluntersuchungen aber längst kassiert. Auch ohne
Akteneinsicht sind jedoch hierbei die Motive der Delinquenten leicht rekon-
struierbar: sie lassen sich zwischen Mundraub und Befriedigung unmittelbarer Lebensbedürfnisse ansiedeln. Problematischer ist es, die Motivation zu
wiederholten Raubüberfällen und ähnlichen Delikten der Schwerkriminalität
zu bestimmen. Da die zeitgenössische Justiz diese Fragestellung nicht be-
rücksichtigte, finden sich auch keine Aussagen darüber in den Berichten.
Die umfangreichen Berichte über die große Niederländer Bande liefern jedoch einige Hinweise: Diese Gewohnheitskriminellen ermöglichten sich mit
ihren Delikten eine exzessive Lebensweise (Bordelle, Genußmittel). Bei den
jüdischen Kriminellen war das Motiv dagegen vorwiegend, für die Familie

---

[35] Regina Schulte, Das Dorf im Verhör. Brandstifter, Kindsmörderinnen und Wilderer
vor den Schranken des bürgerlichen Gerichts Oberbayern 1848-1910, Reinbek bei Hamburg 1989. - Josef Mooser, "Furcht bewahrt das Holz". Holzdiebstahl und sozialer Kon-
flikt in der ländlichen Gesellschaft 1800-1850 an westfälischen Beispielen. In: Räuber,
Volk und Obrigkeit (wie Anm. 1), S. 43-99.

und deren Unterbringung sorgen zu müssen. In keinem Fall wird man aber von unmittelbaren Notlagen und dem Zwang zu deren Behebung mittels Raubüberfällen ausgehen können - das würde auch die Wiederholung der Delikte nicht erklären.

Größere Schwierigkeiten bereitet dagegen die Frage, ob die vorgestellten Tätergruppen überhaupt als Banden anzusehen sind. Wenn unter Bande eine dauerhafte Lebens- oder zumindest Tatgemeinschaft von Gewohnheitskriminellen mit fester Struktur und Aufgabenverteilung und mit der Absicht, eine noch unbestimmte Anzahl von Verbrechen zu begehen, verstanden wird, entspricht keine der vorgestellten Gruppen und auch kaum eine aus der zeitgenössischen Literatur bekannte Gruppe dieser Definition. Eine Ausnahme bildet lediglich die Bande des Schinderhannes. Ihre rasche Ergreifung deutet aber schon an, daß das Bandenschema der zeitgenössischen Literatur in der Realität eher unpraktisch war. Im Gegenteil, die Gruppe um Brade bezeichnete sich selbst als Chawrusse, d.h. als Geschäftsunternehmen, und statt eine Lebensgemeinschaft zu bilden, reisten die Täter zu jedem Einbruch aus verschiedenen Städten an, wohin sie sich anschließend auch rasch wieder zurückzogen.

Dem ungeachtet erlebte das Wort Bande seit dem 18. Jahrhundert eine inflationäre Verbreitung. Das Fremdwort, aus dem Französischen und Italienischen übernommen, bezeichnete eigentlich und auch noch im 19. Jahrhundert eine Musikantengruppe und wurde erst ab Ende des 18. Jahrhunderts pejorativ verwendet[36]. Von einer kleinen Menschengruppe wurde es allerdings schnell auf Menschenmassen ausgedehnt: ein kurhannoversches Edikt vom 23.5.1765 sprach von einer den hiesigen Landen sich nähernden Diebesbande, welche aus 400 Juden und 200 Christen bestehen sollte[37]. Später konnte eine Bande in einer Kriminalistenschrift sogar europaweite Ausdehnung erfahren[38].

Der zunehmend paranoid verwendete Begriff Bande verbreitete sich zeitgleich mit der sich nach 1819 ausbreitenden Furcht vor politischen Verschwörungen. Die offen zutage tretende Opposition und die Aufstände im Europa des monarchischen Prinzips galten lediglich als Spitzen des Eis-

---

[36] Heinrich Scheffler, Wörter auf Wanderschaft. Schicksale von Wörtern und Redensarten, Pfullingen ²1987, S. 33 f.

[37] Zitiert nach Friedrich Christoph Willich, Churfürstliche Braunschweig-Lüneburgische Landes-Gesetze und Verordnungen Calenbergischen und Grubenhagenschen Theils in einem Auszug nach alphabetischer Ordnung, 3 Bde. Göttingen 1780-1782, hier Bd. 1, S. 853.

[38] Stuhlmüller (wie Anm. 13), S. VIII.

bergs, untergründig schien Westeuropa von wohlorganisierten und ihre Tarnung gut wahrenden Geheimgesellschaften durchzogen, deren Mitglieder "unbekannten Oberen" entweder direkt oder unwissentlich Folge leisteten. Die geheimen Kommunikationswege, die in Hierarchien und Zellen gegliederten Organisationen, die Verwendung von geheimen Sprachen, Schriften und Symbolen, alles das gestattete Analogien zu den verschwiegenen und weitreichenden Verbindungen der Gauner. Nicht so sehr die Gefährdung des Eigentums als vielmehr die Bedrohung des Staates galt es abzuwehren. Dem Monopol des Staates auf die Öffentlichkeit stand in Gestalt der Gauner eine soziale Schicht entgegen, die eigene Äußerungs- und Gesellschaftsformen entwickelt hatte oder zu entwickeln schien. Die Räuber- und Diebesbanden, die sich das verschlagenste System, behuf des Stehlens, geschaffen hatten, bildeten sozusagen einen Staat im Staate, formierten ein eigenes Corps[39].

Im Strafrecht fand das Wort Bande keine Verwendung, zu große Probleme waren damit verbunden. Wiederholt setzten sich Strafrechtslehrer und in den Prozessen gegen Banden die Anwälte mit dem Wort auseinander, zu einer allgemein akzeptierten Definition gelangten sie dabei nicht[40]. Die Versuche der Kriminalisten, mit strafverschärfender Wirkung Banden während der Untersuchungshaft zu konstituieren, indem sie verwandtschaftliche und freundschaftliche Beziehungen, die Verwendung einer gemeinsamen Geheimsprache und gleiche Verhaltensweisen aufdeckten, wurden von den Juristen zurückgewiesen - das Wort Bande blieb ein Begriff der Umgangssprache und der Polizeipraxis. Es dokumentiert den grundlegenden Wandel in den Methoden der Polizei weg von der tat- und hin zur täterbezogenen Ermittlungsarbeit unter Einschluß des Einsatzes von verdeckten Ermittlern und Agents provocateurs, die bestimmte Sozialschichten und Personen als wahrscheinliche Täter im vorhinein beobachteten.

Als vorläufiges Ergebnis kann somit festgestellt werden, daß die Quellenaussagen über Banden und deren Lebens- und Vorgehensweise mit äußerster Vorsicht übernommen werden müssen. So wie das damalige Strafrecht nur den Begriff des "Komplotts"[41] kannte, d.h. den Beschluß zur Ausführung eines Verbrechens, kann auch eine heutige Untersuchung im nachhinein eigentlich nicht von Banden sprechen. Zu viele literarische und polizeiliche

---

[39] G. Nicol, Ueber Diebes- und Räuberbanden, derselben nächste Begleiter, Bettler und Betrüger. In: Neues Hannoversches Magazin 1811, 7.-9. Stück, Sp. 97-134, hier Sp. 97.

[40] Defensionsschrift des J. C. Heimreichs, abgedruckt in Christensen, Verzeichnis (wie Anm. 11), S. 167-238. - Bauer (wie Anm. 33), S. 504 f.

[41] Hermann Bock, Das hannoversche Strafrecht im 19. Jahrhundert. Diss. jur. (masch.) Göttingen 1924, S. 32 f. kann beide Begriffe im Entwurf von 1825 zum hannoverschen Strafgesetzbuch (veröffentlicht 1840) nachweisen, ihre Definition entspricht der obigen.

Konnotationen sind mit dem Begriff Bande verbunden, um durch die dichte Schicht der Illusionen und Vorspiegelungen zu realistischen Aussagen zu gelangen. Der Räuberhauptmann ist eine literarische Figur, keine zeitgenössische Erscheinung[42]. Diese Interpretationsprobleme lenken den Blick von der Bande und ihrer Lebensweise weg und hin zur Untersuchung der juristischen Behandlung der Bandenkriminalität. Es gilt, die Paradigmen der juristischen Auseinandersetzung mit den Delinquenten herauszufiltern, um gesellschaftliche Ziele zu entdecken, die mit der vermehrten Verwendung des Bandenbegriffs zusammenhingen.

Die Untersuchungsbeamten waren an der Erforschung der Motive der Täter höchstens insofern interessiert, als deren Kenntnis ihnen Hinweise für zukünftige erfolgreiche Ermittlungen hätten geben können. Das juristische Interesse lag vielmehr in der Wiederherstellung des gestörten öffentlichen Rechtszustands, das kriminalistische im Schutz und in der Wiederherstellung der öffentlichen Sicherheit und Ordnung. Die Verfahren, derer sich die Justiz dabei bediente, und die Ziele, die sie damit verfolgte, hatten entscheidenden Einfluß auf die Form und den Inhalt der Aussagen der Angeklagten. Es kam dabei zu einem Sprechen auf zwei Ebenen: Inquisit und Inquirent verfolgten unterschiedliche Ziele im Verhör. Den Angeklagten lag daran, ihre Zugehörigkeit zu einer Bande und ihre Mittäterschaft abzustreiten, höchstens eine minimale Beteiligung zuzugeben. Die Untersuchungsbeamten hatten die Absicht, möglichst den Zusammenhang einer großen Bande und deren Verantwortung für möglichst viele zurückliegende Verbrechen aufzudecken. Je bedeutender eine Bande war, desto mehr stieg auch das fachliche Ansehen der Beamten. Berichteten also die Angeklagten über ihre Lebensverhältnisse, waren diese für die Beamten nur interessant, als sie Beweise für die Verurteilung oder Material für eine spätere Fachpublikation lieferten.

Im folgenden werden die Grundlagen der juristischen Praxis untersucht. Dabei stehen die Vorgehensweise der Justiz und die Verteidigungsmöglichkeiten der Angeklagten im Vordergrund; damit werden die beschriebenen Quellenprobleme unter einem anderen Gesichtspunkt betrachtet. Die Analyse des Untersuchungsverfahrens erlaubt es dann, mit der Kenntnis der Entstehungsweise der Quellen auch deren Wahrheitsgehalt einschätzen zu können. Entscheidend für die nachträgliche Auswertung dieser Quellen ist zu klären, wie dieselben entstanden sind. Das lenkt den Blick fort vom Inhalt der Akten hin auf ihre "Produktionsverhältnisse" und leitet über zur Analyse der Texte.

---

[42] Robert Mohl, System der Präventiv-Justiz oder Rechts-Polizei, Tübingen 1834, S. 253.

Das Strafprozeßrecht

Ausgangspunkt der juristischen Praxis der Neuzeit war die Constitutio Criminalis Carolina (CCC) von 1533, die Kriminalprozeß- oder "Peinliche Halsgerichtsordnung" Kaiser Karls V.[43] Sie löste nach dem Vorbild des kirchlichen Inquisitionsprozesses die germanische Rechtstradition ab, in der dem Herrscher die Funktion des Richters zufiel, der erst auf Anforderung der Rechtsparteien tätig wurde, und nach Anhörung freier und eidfähiger Männer entschied. Die CCC entstand aus der Rezeption des römischen Rechts in Deutschland. Sie ging nicht von der Rechtsauseinandersetzung freier Männer vor Gericht aus, sondern ließ den Herrscher kraft eigenen Rechts in Aktion treten. Das Delikt verletzte nunmehr auch die Ehre des Regenten, der den Rechtsbestand garantierte. Das Urteil diente nicht mehr der Wiedergutmachung eines entstandenen Schadens, sondern der Wiederherstellung der Würde und Souveränität des Herrschers. Die Gewalttätigkeit der neuen Hinrichtungsformen demonstrierte eindrucksvoll die Übermacht des Fürsten gegenüber dem Rechtsverletzer, die Zurschaustellung seines geschundenen Körpers stellte die Ehre des Herrschers wieder her[44].

Die Einführung des Strafprozeßrechts hatte die Entstehung einer neuen sozialen Schicht zur Ursache: Die CCC hatte die Bekämpfung der "landschädlichen Leute" zum Ziel[45]. Diese nichtständischen Menschen fielen aus dem traditionellen Rechtssystem heraus, ihre eidliche Aussage hatte keine rechtliche Wirkung. Neue Beweismittel waren nötig, um die Verurteilung herbeizuführen. Die CCC ersetzte deshalb den Eid als gültiges Beweismittel durch das Geständnis, denn die Voraussetzung für eine Verurteilung zum Tode war das Eingeständnis der Tat durch den Angeklagten.

Als Beweisfindungsmittel führte die CCC dafür die Folter in geregelten Formen ein. Die Folter war nicht als Mittel der Wahrheitsfindung gedacht, sondern sollte dem Angeklagten den Ernst seiner Lage demonstrieren und ihn zur Ablegung eines Geständnisses veranlassen. Darum wurden Geständnisse unter Folter erst rechtswirksam, wenn sie einige Tage nach Ende

---

[43] Constitutio Criminalis Carolina. Peinliche Gerichtsordnung Kaiser Karls V. Faksimiledruck der Ausgabe Augsburg 1533 (= Rechtsdenkmäler, Faksimiledrucke von Quellenwerken zur Rechtsentwicklung 2), Osnabrück 1973. Für das Kurfürstentum Hannover galt im 18. Jahrhundert die Criminal-Instruktion, wie in peinlichen Sachen bey Justitz-Canzleyen und Herrschaftlichen Nieder-Gerichten zu verfahren, vom 30. April/11. May 1736. In: Chur-Braunschweig-Lüneburgische Landes-Ordnungen und Gesetze, 2. Teil, Göttingen 1740, S. 796-884.

[44] Michel Foucault, Überwachen und Strafen. Die Geburt des Gefängnisses, Frankfurt/M. 1976, S. 64 f.

[45] Danker (wie Anm. 1), S. 57.

der Folterprozedur vom Angeklagten bestätigt wurden. Die Folter durfte nur
dann eingesetzt werden, wenn die Ankläger hinreichende Beweise gegen
den Angeklagten gesammelt hatten, so daß das Verfahren über das Stadium
des Schuldverdachts hinaus in das der Schuldgewißheit gediehen war. Erst
dann sollte die Regierung die Folter erlauben. Diese paradoxe Vorschrift
war nötig, weil die Regierung mit der Genehmigung ihre Reputation als gerechte Instanz riskierte, wenn sie die Folter gegen einen Unschuldigen an-
wandte. Außerdem wurde der Gefolterte durch die Berührung des Scharfrichters "unehrlich" und damit dauerhaft aus der Gesellschaft ausgeschlossen, woran selbst eine - peinliche - Ehrenerklärung der Regierung wenig ändern konnte. Deshalb konnte der Einsatz der Folter im Verlauf des Verfahrens jahrelang hinausgezögert werden. Dann hatten aber die hygienischen
und klimatischen Verhältnisse in den Zellen oft bereits gravierendere körperliche und psychische Schäden als jede Folter angerichtet. Mehrfach dokumentieren die hannoverschen Akten, daß Angeklagte in der Untersuchungshaft gewissermaßen bei lebendigem Leibe verfaulten[46], hinzu kamen
Selbstmordversuche und Halluzinationen[47]. War die Folter jedoch geneh-
migt worden, wurde das Kriminalverfahren zur Einbahnstraße: eine ohne
Geständnis überstandene Folter bedeutete spätestens seit den Hexenprozes-
sen des 17. Jahrhunderts keineswegs die Unschuld der Angeklagten, sondern bewies nur deren Hartnäckigkeit im Leugnen. Doch waren erst neue
Indizien oder in den Aussagen enthaltene Widersprüche nötig, um eine er-
neute Folter zu rechtfertigen.

Das Gerichtsverfahren war nichtöffentlich und schriftlich; der Richter bildete
sich sein Urteil aufgrund von Protokollen, nicht von mündlichen Befragun-
gen der Angeklagten. Diese hatten demzufolge auch keine Möglichkeit, auf
den Richter im persönlichen Kontakt Einfluß zu nehmen, z.B. durch ihr
Auftreten von ihrer Unschuld zu überzeugen. Die Verfahrensordnungen
legten deshalb großen Wert auf korrekte Führung der Verhörprotokolle:
nicht allein die Aussagen zur Sache, auch Gesten und die Mimik sollten in
die Protokolle aufgenommen werden. Bei Verhörprotokollen von Folterungen wurden exakte Uhrzeiten für Beginn, Ende und Unterbrechungen ange-

---

[46] NHStA Hann. 152 Acc 34/80 Nr. 71, p. 149, 192 (Kötner JoHann. Rüssen, verdäch-
tigt wegen Pferdediebstahls 1766, Geschwulste und Wassersucht, Haftentlassung 1768).
- NHStA Hann. 152 Acc 34/80 Nr. 65, Fasz. III, Nr. 146, p. 1383 (Moses Joel 1800,
Skorbut - er konnte sich nur noch kriechend fortbewegen, beide Beine waren von den
Knien abwärts schwarz und steif geworden).

[47] NHStA Hann. 152 Acc 34/80 Nr. 65, Fasz. VI, 17.1.1800 (Elias Meyer, der sich seinen Kopf an der Zellenwand einrannte) - Ebd., Fasz. V, p. 2, 12-14 (Aaron Levi, den der
Teufel und Sympathie-Mann, weiße und schwarze Gespenster, schwarze Vögel, ein
schwarzer Pudel und anderes Ungeziefer in der Zelle belästigten).

geben. Anschließend wurden die Akten an die Justizkanzlei übersandt, die über die weiteren Verfahrensschritte und die den Angeklagten vorzulegenden neuen Fragenkataloge zu beschließen hatte.

Verteidiger waren im deutschen Recht der frühen Neuzeit ungern gesehen: Schwere Strafen drohten denjenigen Anwälten, die durch "gottlose Künste ihre Klienten dem gemeinen Wesen zum Nachtheil und zur Beförderung mehren Ubels, der wohlverdienten Straffe [zu] entziehen suchten"[48]. Sie wurden also lediglich geduldet, waren keineswegs selbstverständliche Bestandteile des Verfahrens der Wahrheitsfindung. Zwar wurden sie für Unvermögende sogar auf Landeskosten gestellt[49], doch beschränkte sich ihre Funktion lediglich auf das Einreichen einer Verteidigungsschrift, in der sie auf Widersprüche in der Anklageschrift hinweisen durften. Solange der Staat Ankläger und Richter in einer Person stellte, wurde auch dem Verteidiger keine gleichrangige Stellung zugestanden.

Erst das öffentliche, mündliche Verfahren vor Geschworenen, eine der wichtigsten Errungenschaften des Liberalismus des 19. Jahrhunderts und allgemein erst 1848 durchgesetzt, verteilte die Aufgaben vor Gericht neu zwischen anklagendem Staatsanwalt, Verteidiger, den das Urteil fällenden Geschworenen und dem die Strafe festsetzenden Richter. Die Geschworenen repräsentierten nun die staatsbürgerliche Gemeinschaft, deren Sicherheit durch die Kriminellen gefährdet wurde, und stellten durch den Urteilsspruch den Rechtszustand wieder her. Die öffentliche Prüfung der Beweise vor Gericht in Form eines "Streitgesprächs" machte den Verteidiger zum unverzichtbaren Bestandteil des neuen Rechtssystems.

In der älteren Strafprozeßform war der Angeklagte dagegen weitgehend auf sich selbst gestellt und seine Möglichkeiten, sich von dem Verdacht zu reinigen, waren denkbar schlecht, denn durch die befragenden, anklagenden und urteilenden Justizbeamten war auf Seiten des Staates eine professionalisierte "Rechtspartei" vorhanden, die sich ihre Regeln selbst gesetzt hatte. Eine externe Kontrolle der Einhaltung der Verfahrensvorschriften war nicht vorgesehen. Nur die Widerlegung der Glaubwürdigkeit der Geständnisse unter Einfluß der Folter schützte den Angeklagten: Er hatte die Aufgabe, unter Angabe von triftigen Gründen durch vernünftiges Sprechen auf der Diskursebene der Justiz seine Ankläger von seiner Unschuld zu überzeugen, deren "argkwon"[50] auszuräumen. Sonst hatte er eine - in ihrer Brutalität gesteigerte - Folter zu gewärtigen. Das vernünftige Sprechen gebot allerdings

---

[48] Criminal-Instruktion (wie Anm. 43), Kap. IX, § 6, S. 864.

[49] Ebd, Kap. IX, § 1, S. 862 f.

[50] CCC (wie Anm. 43), S. XIIIv, § LVII.

eine dementsprechende physische Verfassung des Inquisiten; schon die CCC verbot deshalb Folterungen mit dauerhaft gesundheitsschädigenden Wirkungen, die kurhannoversche Criminal-Instruktion ging darüber hinaus und schrieb ärztliche Gutachten vor Beginn und nach Ende der Folterung vor. Die Folter wurde damit im 18. Jahrhundert zur "chirurgischen Operation" am Angeklagten: Ein geregelter und kontrollierter physischer Eingriff sollte den "Ausbruch" der Wahrheit aus dem "verstockten" Angeklagten provozieren. Relevant waren jedoch nur Aussagen, die während der Unterbrechungen der Folter und nach deren Ende gemacht wurden. Der "Erfolg" des Eingriffes (die Rechtswirksamkeit der Aussagen) stellte sich jedoch erst nach festgesetzter Zeit, nach dem Abklingen der physischen Schmerzen, heraus.

Damit verlor die Tortur tendenziell ihren ursprünglichen Sinn: die Verrechtlichung des Verfahrens wies auf die zunehmenden Zweifel des Staates an der eigenen Methode hin. Auch die beteiligten Beamten gingen im 18. Jahrhundert vorsichtiger vor: Der Tortur als vorweggenommenem Racheakt des "beleidigten" Souveräns Staat am Delinquenten wurden immer mehr Verfahrensstufen "vorgeschaltet", die die Folterung vermeiden helfen sollten: zunächst der Beschluß des Gerichts, die Tortur anzuwenden, dann die Ermahnung am Tag der Folterung, jetzt doch endlich zu gestehen, anschließend die Vereidigung des Scharfrichters auf die gesetzlich vorgeschriebene Form der Tortur, dann schließlich die Vorführung und Erklärung der Folterwerkzeuge für den Angeklagten sollten deren tatsächliche Anwendung umgehen. Jeder dieser Verfahrensschritte hatte den Zweck, den Angeklagten zum freiwilligen Ablegen eines rechtswirksamen Geständnisses zu animieren.

Gelegentlich vermeint man in den Formulierungen der hannoverschen Folterprotokolle sogar eine gewisse Angst der bürgerlichen Beamten vor der Folter zu verspüren, gewisse Ansätze seelischer Leiden angesichts der Ausübung körperlicher Gewalt[51]. Statt dessen bekam jetzt der "Terror", die Antizipierung körperlicher Schmerzen durch den zu Folternden, wachsende Bedeutung. Die Qual der Seele sollte die Tortur vermeiden, und - um einem anschließenden Widerruf des Geständnisses vorzubeugen - die Angst vor erneuter Folterung steigern.

Der Widerruf eines Geständnisses trotz möglicher weiterer Torturen bedeutete keineswegs die Reinigung vom Verdacht; die Rechtslehrer empfahlen in diesem Fall, besonders wenn die Vergeblichkeit der weiteren Peinigung vor-

---

[51] Vgl. NHStA Hann. 152 Acc 34/80 Nr. 65 Fasz. II, Nr. 106, p. 1013. Allerdings können die dort auffallenden Formulierungen fürchterlich und Qualen auch Floskeln sein, die sich auf die beabsichtigte Wirkung auf die Inquisiten beziehen sollten.

auszusehen ist, statt dieser eine außerordentliche Strafe[52]. Dies bedeutete einen weiteren Schritt hin zur Entwertung des bewährten Verfahrens: Nicht nur die Aussage unter dem Einfluß der Anwendung von Schmerzen war juristisch belanglos, auch das vernünftige Sprechen anschließend - in diesem Fall der Widerruf unter Hinweis auf die unerträglichen Schmerzen, die ein Geständnis erzwungen hätten - verlor seine Bedeutung im Prozeß der Wahrheitsfindung. Statt dessen wurden die für die Genehmigung der Folter entscheidenden Indizien zum ausschlaggebenden Urteilskriterium. Auch der ungeständige Angeklagte wurde schwer bestraft, obwohl und gerade weil er die Folter überstanden hatte[53].

Das Instrument der Territion wirkte nicht mehr immer - zunehmend gelang es den Angcklagten, das Verfahren des Kriminalprozesses zu durchschauen und für die eigenen Zwecke einzusetzen. Hier steht zu vermuten, daß es sich dabei um foltererfahrene Gauner handelte oder daß sie von dem in ihren Kreisen weitergegebenen Wissen profitierten. Sie redeten unter der Folter und übernahmen damit geradezu die Regie während der schmerzhaften Operation. Die Strategie des Gefolterten richtete sich zunächst darauf, den vorgeschriebenen Ablauf der Prozedur zu stören, Unterbrechungen herbeizuführen. Dann galt es, nur Teilgeständnisse abzulegen, die Beteiligung an den Hauptdelikten jedoch abzustreiten (Aaron Levi). Außerdem konnte man die Vorwürfe bestätigen, jedoch nur aufgrund von Hörensagen, oder man wies von vornherein auf seine große Schmerzempfindlichkeit hin, die dazu zwinge, alle Anklagepunkte ohne Abstriche zu gestehen (Elias Meyer).

Allen diesen Praktiken war gemeinsam, daß der Gefolterte unter der Folter log, was gemäß der Logik der Folter unmöglich war. Höhepunkt dieser Verteidigungsstrategie war, die gemachten Aussagen einige Tage nach dem Foltertermin zu entwerten, ohne das Geständnis direkt zu widerrufen. Dies gelang Aaron Levi 1799 in Hannover[54]:

"Inquisit, der schon bey der geschehenen Vorlesung seines vorigen Bekenntnisses eine in der Maße ihm sonst nie eigen gewesene Frechheit blikken lassen, in eins fort gelacht und spöttische Mienen gemacht hatte, erwiederte hierauf mit Frechheit und fortwährendem Lächeln, wenn man ihm nicht glaube, so könne man ihn ja alle 4 bis 5 Tage wieder so vornehmen. Auf die

---

[52] Georg Jacob Friedrich Meister, Practische Bemerkungen aus dem Criminal- und Civilrechte durch Urtheile und Gutachten der Göttingischen Juristen-Fakultät, 2 Bde. Göttingen 1791/95, hier Bd. 1, S. 115.

[53] Ebd., S. 173. Ähnlich - aber mit mehr Einschränkungen versehen - Strube (wie Anm. 25), Bd. 3, S. 474.

[54] NHStA Hann. 152 Acc 34/80 Nr. 65 Fasz. II, Nr. 108, p. 1069-1071.

Vorhaltung des Gerichts, man könne ihm jetzt sein Geständnis nicht mehr glauben, erwiderte der Inquisit hierauf mit eben der Frechheit, wie vorhin. Warum er nicht lachen solle? Das könne man ihm nicht wehren. Er habe die Wahrheit bekannt."

Mit einem Lachen zerstörte Aaron Levi die der Folter zugrundeliegende Aussagelogik, die in der Situation der Tortur nur die wahre Aussage kannte, welche durch die entsprechende Gestik und Mimik des Körper zusätzliche Glaubwürdigkeit erhielt. Ein widersprüchliches Verhalten entwertete die Aussagen, doch eine Wiederholung der Folter war ausgeschlossen, wenn der Angeklagte gleichzeitig die Wahrheit seiner Aussagen bestätigte.

An diesem Punkt setzte auch die Kritik der Spätaufklärung an der Folter an. Richtungweisend wurde das Buch "Dei delitti e delle pene". Sein Autor Cesare Beccaria wies 1764 auf den Widersinn hin, durch die Zufügung von Schmerzen die Wahrheit herausfinden zu wollen, als würde diese in den Muskeln und Nerven eines elenden Menschen zu finden sein[55]. Er zerlegte also den nach der Logik der Folter ganzheitlichen Menschen in einen aus Geist und Körper bestehenden Menschen, und beide Bestandteile konnten durchaus zueinander im Widerspruch stehen. Die Folter konnte bewirken, daß der gepeinigte Körper den Geist besiegte: Es ist dies das sichere Mittel, kräftige Verbrecher freizusprechen und schwache Unschuldige zu verurteilen[56]. Der Schuldige habe sogar größere Chancen, die Folter zu überstehen, denn er habe etwas dadurch zu gewinnen, während der Unschuldige in seiner Moral geschwächt sei[57].

Beccarias außerordentlich einflußreiches Buch fand im Kurfürstentum Hannover seine erste Resonanz beim Hofrat v. Rüling, der 1786 die moralische Gewißheit der Richter von der Schuld der Angeklagten untersuchte und dann die folgerichtige Frage stellte, warum, wenn diese vorhanden sei, nicht sofort zur Verurteilung geschritten werde[58]. Rüling übernahm Beccarias Argumente: Das unter der Folter gewonnene Geständnis gebe keine Schuldgewißheit, die Folter werde zur Strafe. Doch suchte Rüling noch den Kompromiß: Die Folter könnte Indizien für die Schuld erbringen, die zur gesicherten Verurteilung beitragen würden, und sie gebe dem Unschuldigen auch die Möglichkeit, sich vom Verdacht zu reinigen.

---

[55] Zitiert nach der Ausgabe Frankfurt/M. 1988, hrsg. von Wilhelm Alff, S. 92.

[56] Ebd., S. 92 f.

[57] Ebd., S. 99.

[58] Georg Ernst von Rüling, Auszüge einiger merkwürdigen Hexen-Prozesse aus der Mitte des 17ten Jahrhunderts im Fürstenthum Calenberg geführet, mit Anmerkungen, Göttingen 1786, S. 24 f.

1789 forderte der Göttinger Jurist Georg Jacob Friedrich Meister dann offen die Abschaffung der Folter. Er konnte darauf hinweisen, daß andere deutsche Staaten längst die Folter abgeschafft hätten[59]. Erst 1802 reagierte jedoch die hannoversche Staatsregierung und forderte drei juristische und zwei medizinische Gutachten über die mögliche Einschränkung der Folter ein[60]. Das Ergebnis war der Auswahl der Gutachter entsprechend disparat: Die Äußerungen variierten zwischen uneingeschränkter Befürwortung der Folter und deren Ablehnung.

Die Abschaffung der Folter oder auch nur ihre Einschränkung war keine Gesetzesänderung, die binnen weniger Jahre gelingen konnte, denn die Grundlagen des Strafprozeßrechts waren damit verknüpft und mußten radikal verändert werden. Wollte man nicht zum mittelalterlichen Reinigungseid zurückkehren und anerkannte man die Zweifel an dem Wahrheitsgehalt von Aussagen, die unter Folter gewonnen worden waren, blieb nur noch der Indizienbeweis als Ausweg. Der Indizienbeweis als hinreichende Grundlage für eine rechtsgültige Verurteilung - gegebenenfalls zum Tode - verlangte aber ein anderes Verfahrensrecht, das vor Gericht die vernünftige, logische, später auch mündliche und öffentliche Auseinandersetzung um die Stichhaltigkeit der vorgelegten Beweise beinhaltete. Zur bedingungslosen Forderung nach Abschaffung der Folter kam es deshalb erst 1818, diesmal allerdings erhoben von der Allgemeinen Ständeversammlung[61]. 1822 war es dann auch in Hannover soweit: Eine königliche Verordnung hob die Anwendung der Realterrition und der Folter auf und führte den Indizienbeweis als rechtsgültiges Beweisinstrument ein[62]. Bis zur Einführung von Staatsanwaltschaften, denen vor Gericht die Anwälte gleichgestellt wurden, und der Urteilsfällung durch Geschworene dauerte es noch bis 1848, dann waren die Grundlagen des modernen Strafprozesses auch in Nordwestdeutschland geschaffen.

Der frühneuzeitliche Strafprozeß verlangte das Geständnis des Angeklagten, verweigerte sich dieser, wurde die Folter notwendig. Unter der Folter sollte der Delinquent in einen Zustand versetzt werden, der ihn zum Geständnis der Wahrheit zwingen sollte. Keineswegs nur humanitäre Gründe, auch ganz

---

[59] Meister (wie Anm. 52), Bd. 1, S. 2.

[60] Die Originale der Gutachten (NHStA Hann. 26 Nr. 1092 und 1093) sind im II. Weltkrieg verbrannt, doch liegen verläßliche Exzerpte daraus von dem Historiker Friedrich Thimme vor (Landesbibliothek Hannover Handschriftenabteilung, MS XXIII 231a I, 49).

[61] Exzerpte Thimmes (wie Anm. 60), 34v-35r.

[62] Verordnung über die Zulässigkeit eines vollständigen Beweises durch Anzeigen in peinlichen Fällen, Carlton Hause 25.3.1822. In: Sammlung der Gesetze, Verordnungen und Ausschreiben für das Königreich Hannover, vom Jahre 1822, S. 97-100.

praktische Erfahrungen zeigten im Verlauf des 18. Jahrhunderts, daß dieses Verfahren unzureichend war. Der Historiker muß sich diesem Urteil anschließen - er kann unter Berücksichtigung dieser Umstände nicht von einer gesicherten Quellenbasis ausgehen. Das bedeutet aber nicht, daß sich das Thema Bandenkriminalität nun gänzlich der historischen Untersuchung entzöge. Es gewinnt vielmehr an Interesse, wenn es im Zusammenhang gesamtgesellschaftlicher Veränderungen betrachtet wird. Dieser andere Blickwinkel soll im folgenden vorgestellt werden.

Parallel zur Abschaffung der Folter verlief ein weiterer Wandlungsprozeß. Das gesamte Strafsystem erhielt eine neue Grundlage. Nicht mehr die gewalttätige Wiederherstellung des Rechtszustands durch Zerstörung des Körpers des Rechtsverletzers war das Ziel, sondern die "Umprogrammierung" eines durch soziale Einflüsse fehlgeleiteten Menschen, dessen kriminelle Handlungen sich gegen die Gesellschaft gerichtet hatten. Die Hinrichtungen, blutige Schauspiele des Rechts, wurden seltener, langjährige Einweisungen in Zucht- und Arbeitshäuser nahmen zu. Dort sollten der Geist und der Körper des Kriminellen für ein der Gesellschaft nützliches Leben korrigiert werden. Die Einzelhaft sollte den Häftling von den schädlichen Einflüssen seiner bisherigen Umwelt isolieren, sein Geist sollte sich auf sich selbst zurückwenden und die Verfehlungen erkennen. Die Gefängnisseelsorge hatte diesen Vorgang zu unterstützen. Der Zwang zur Arbeit sollte den Körper an geregelte Arbeitszeiten, Produktivität, Verzicht auf unmittelbare Bedürfnisbefriedigung und Anspruchslosigkeit bei Lohn und Nahrung gewöhnen. An die Aufseher richtete dieses neue System erweiterte Ansprüche: Sie sollten die Veränderungen am Häftling beobachten und in einer Charakteristik festhalten[63]. Das Strafsystem begann also, Individuen und Arbeitskräfte zu produzieren[64] und eine gesellschaftlich "nutzlose" und "schädliche" Gesellschaftsschicht, die der Vaganten und Gauner, durch Isolation, Individualisierung und Disziplinierung des Körpers und seiner Bedürfnisse aufzulösen und dem Arbeitsmarkt zurückzuführen[65].

---

[63] Ausschreiben der Regierung vom 29.10.1821. Abdruck in: Georg August Wilhelm Bechtold Nieper, Quellen des Criminal-Processes bei den Civil-Gerichten des Königreichs Hannover ..., Hannover 1841, S. 132.

[64] Foucault (wie Anm. 44), S. 250. - Ders., Dispositive der Macht. Über Sexualität, Wissen und Wahrheit, Berlin 1978, S. 83. - Mohl (wie Anm. 42), S. 244 f empfahl das Tretrad.

[65] Sachße/Tennstedt (wie Anm. 1), S. 176 verengen m.E. das Ziel zu sehr auf die Produktion von Manufakturarbeitern, die zeitgenössischen Quellen sagen dies jedenfalls nicht; es gab ohnehin zu wenig Manufakturen, um dieses Ziel sinnvoll erscheinen zu lassen.

Auch hiergegen fanden die Delinquenten Widerstandsmöglichkeiten. Neben der Flucht aus dem Gefängnis wurde die Mimikri des zerknirschten und seine moralische Besserung anstrebenden Häftlings zur erfolgreichen Waffe gegen die Umformung. Das führte allerdings dazu, daß die Besserungsagenten (Gefängnispersonal, Pastoren) ein generelles Mißtrauen gegen allzu rasche Persönlichkeitswandlungen entwickelten und Verfahren zur Überprüfung der Ernsthaftigkeit des moralischen Wandels einführten. Bestand der Häftling diese Tests, konnte er mit vorzeitiger Entlassung rechnen, besonders wenn sein Wandel durch das Einzelhaftsystem herbeigeführt worden war, das durch den erhöhten psychischen Druck als Strafverschärfung galt. Es sollte schneller zum Ziel führen und damit rationeller und kostengünstiger sein, weshalb die Haftzeiten in der Einzelzelle kürzer als die in der Gruppenzelle waren[66].

Die Flucht aus dem Gefängnis kam relativ häufig vor. Mit der Perfektionierung der Methoden der Polizeibehörden durch schnellere Kommunikation untereinander, Nachrichtenaustausch auch über die Grenzen hinweg, periodische Herausgabe von Steckbrieflisten und spezielle Polizeiblätter wurden die Chancen jedoch geringer, danach unentdeckt zu bleiben. Gegenüber der Flucht hatte die vorgetäuschte Versittlichung des Häftlings den Vorteil, nach der Entlassung mit Einschränkungen ein freier Mensch zu sein. Die Beschränkungen waren, daß Haftentlassene häufig unter Polizeiaufsicht gestellt wurden, d.h. den ihnen zugewiesenen Wohnort nicht verlassen durften und weiter einer moralischen Kontrolle durch die Geistlichkeit unterlagen[67].

Auch die völlige Uneinsichtigkeit konnte sich für den Häftling lohnen: Im 19. Jahrhundert entdeckten die Regierungen in der Zwangsemigration nach Nordamerika eine kostengünstige Methode, sich der unverbesserlichen Gewohnheitskriminellen zu entledigen. Gegen das Versprechen, niemals wieder in die Heimat zurückzukommen, wurden diese vorzeitig entlassen und über Bremerhaven verschifft[68] - die Rückkehrerquote war aber hoch; diese Personen mußten, wenn sie gefaßt wurden, die Reststrafe verbüßen.

---

[66] G. Ludewig/v. Vogt/Erdmann, Wirtschaftliche und kulturelle Zustände in Alt-Hannover, Hannover 1928, S. 174 f.

[67] Gustav Zimmermann, Die Deutsche Polizei im neunzehnten Jahrhundert 2, Hannover 1845, S. 490, 492 f. - Franz Georg Ferdinand Schläger, Der Bußfertige; Ein Erbauungsbuch für Schuldbeladene, für Sträflinge in Gefängnissen und öffentlichen Zuchtanstalten, Hannover ²1839, S. XI.

[68] Ein Ausschreiben der Landdrostei vom 29.6.1835 regelte das Verfahren der Aussiedlung von, dem Gemeinwesen zur Last fallenden Personen, namentlich solcher, die einen umherstreifenden unordentlichen Lebenswandel führen, über das Grenzamt Lehe (NHStA Hann. 74 Nienburg Nr. 391). Dieses Verfahren wurde bis in die 1860er Jahre

Der Wandel im Diskurs: Von der Sühne des Verbrechens zur Korrektion der Gesellschaft

Das Thema Bandenkriminalität hat unversehens in eine komplexe Vielfalt von Interpretationsproblemen hineingeführt: "Objektive" Beschreibungen der Lebensweise der vagantischen und kriminellen Unterschicht sind unauffindbar, die Aussagen der Angeklagten - selbst unter der Folter - sind unglaubwürdig, die Ermittlungsergebnisse der Kriminalisten waren geprägt von literarischen Topoi und Karrieremotiven, und sie entbehrten des "soziologischen Blicks", der die Täter und ihr soziales Umfeld in den Rahmen ihrer sozioökonomischen Bedingungen gestellt hätte. Es fehlte jegliche Ursachenforschung, statt dessen wurden charakterliche Mängel aufgezählt: Falsche Erziehung, Arbeitsunlust, Neigung zum - unstandesgemäßen - Genuß waren die standardisierten Erklärungsmuster der Zeit. Die Nichtseßhaften wurden nie als Klasse betrachtet, die wirtschaftlichen und sozialen Zwängen unterlag, sondern immer als Personen mit individuellen moralischen Defekten. Diese analytischen Scheuklappen legen den Schluß nahe, daß hier Standesegoismus vor Wahrheitsliebe ging. Den anderen Schichten und Ständen wurden fremde, d.h. bürgerliche Verhaltensmuster und -normen aufgeprägt. Das Bürgertum formte ein Ideal des "Staatsbürgers" nach seinem - angeblichen - Ebenbild und forderte offensiv dessen Verwirklichung in allen Bevölkerungsschichten. Es akzeptierte keine anderen Lebensformen und Verhaltensmuster mehr. Darum koalierte es mit dem Staat, der die Seßhaftigkeit, kontrollierbare Arbeits- und Einkommensverhältnisse sowie solide Lebens- und Familienverhältnisse erzwingen konnte.

Es liegt deshalb nahe, die Verfolgung der Banden als Teil einer Sozialpolitik zu begreifen, die mit der Durchsetzung des staatlichen Gewaltmonopols eine Neuformierung und Disziplinierung der Gesellschaft verband. Dabei standen weniger volkswirtschaftliche Gründe im Vordergrund als vielmehr Machtinteressen. Der nach außen und nach innen hin sich formierende Staat begann, Schichten und Stände mit ihren spezifischen tradierten Verhaltens- und Öffentlichkeitsformen dem Prinzip der einheitlichen staatsbürgerlichen Gesellschaft anzupassen. Er konnte sich dabei der Mitwirkung des Bürgertums sicher sein. Der monarchische Staat des 19. Jahrhunderts schickte sich an, die nichtrealisierten Pläne des frühneuzeitlichen Absolutismus zu verwirklichen. Die Regierungen entmachteten durch eine willfährige Bürokratie die traditionale korporative Selbstverwaltung der Gesellschaft und ersetzten sie durch den Polizeistaat, die allumfassende Verwaltung durch Staatsbeamte.

---

beibehalten (ein solcher Fall findet sich im Hannoverschen Polizeiblatt 1865, Nr. 1725), trotz der Proteste der Regierung der USA gegen die Ausstellung von Pässen für Vorbestrafte; vgl. Thiele (wie Anm. 13), S. 102.

Zwar widersetzten sich die Stände und die Städte dieser "Modernisierung", doch hatte das für die Unterschichten, besonders die nichtseßhaften, keine Auswirkung. Der akzeptable Erwerb wurde an eine seßhafte und kontrollierbare Lebensweise gebunden, deren Mittel und Wege der Bürokratie durchschaubar waren.

Das gesellschaftspolitische Ideal des Bienenstaates, das eine sozial gegliederte, aber durch und durch nützlich-produktive Gesellschaft vorsah, hatte keinen Platz für Nichtseßhaftigkeit und permanent wechselnde Dienst- und Einkommensverhältnisse, und erst recht nicht für Lebensweisen, die sich der staatlichen Normierung entzogen. Das Geheime, das sich in nicht-konzessionierten Sub- und Gegenkulturen entfaltete, wurde mit aller Gewalt an die staatlich kontrollierte und reglementierte Öffentlichkeit gezogen. Dem Einzelnen wurde das Private entzogen, der verhaltensauffällige Angehörige einer traditionalen Schicht oder Gruppe wurde individualisiert, er wurde zum Fall.

Der nichtseßhaften Schicht selbst begegnete man mit verschiedenen Mitteln: Fernhaltung vom eigenen Territorium, Zerstörung der autonomen Kommunikationswege, Individualisierung und lückenlose Kontrolle der habhaft gemachten Mitglieder, Versittlichung bei der Almosenvergabe, sogar Verhinderung ihrer Fortpflanzung mittels metallischer Versiegelung der männlichen Geschlechtsorgane[69].

Die Oktroyierung der neuen Normen auf eine sich immer wieder entziehende Wirklichkeit konnte nur gewaltsam geschehen. Die kursierenden Sozialdisziplinierungstheorien (Oestreich, Elias[70]), denen letztlich die mechanistische Vorstellung vom absteigenden Kulturgut zugrunde liegt, verharmlosen diesen Prozeß. Nicht die mehr oder minder freiwillige Anpassung an neue Normen mit hohem Sozialprestige, die Arbeit an sich selbst, war die Regel, sondern die zwangsweise Formung durch die staatliche Macht und

---

[69] C. A. Weinhold, Von der Uebervölkerung in Mittel-Europa, und deren Folgen auf die Staaten und ihre Civilisation, Halle 1827, S. 32.

[70] Gerhard Oestreich, Strukturprobleme des europäischen Absolutismus. In: ders., Geist und Gestalt des frühmodernen Staates. Ausgewählte Aufsätze, Berlin 1969, S. 179-197, S. 187-196. - Winfried Schulze, Gerhard Oestreichs Begriff "Sozialdisziplinierung in der frühen Neuzeit". In: Zeitschrift für historische Forschung 14, 1987, S. 265-302 arbeitet Oestreichs Konzept aus dem Nachlaß heraus. - Norbert Elias, Über den Prozeß der Zivilisation. Soziogenetische und psychogenetische Untersuchungen, 2 Bde., Frankfurt 1976.

ihre Disziplinierungsagenturen gegen den Eigenwillen der Individuen[71] - der gesellschaftliche Krieg[72].

Der Kampf des Staates gegen die Bandenkriminalität und ihre soziale Basis, die Vaganten, bekam eine zentrale Funktion und erhielt die Sympathie der geschädigten und bedrohten Bevölkerung. Der Krieg gegen die inneren Feinde[73], die anscheinend drohten, einen Staat im Staate zu formieren, erforderte neuartige "Truppen". Der Auf- und Ausbau der staatlichen Sicherheitskräfte, die Übertragung von immer weiter reichenden Kompetenzen und Rechten auf dieselben, konnte damit plausibel legitimiert werden. Die gesellschaftlichen Selbstschutz- und Regulierungsmechanismen hatten scheinbar versagt. Die Polizei, früher eine Tätigkeit der staatlichen und kommunalen Obrigkeiten, wurde zur Behörde, die in der entstehenden Massengesellschaft für Ordnung sorgte. Abhilfe bot die Zentralisierung und Monopolisierung der Gewalt im Staat. "Das Publicum ist ein unbehülflich Ding. In ihren eigenen Bewegungen hindert sich die ungeordnete Menge; sie ist nicht im Stande, sich gegen das Unrecht und die Ungebühr der Einzelnen zu schützen"[74].

Ist Bandenkriminalität ein Gegenstand historischen Interesses?

Statt abenteuerlicher Räubergeschichten behandelt dieser Text vornehmlich Quellenprobleme und führt dabei immer weiter vom ursprünglichen Untersuchungsgegenstand, den Banden und ihrer sozialen Basis, den Vaganten, fort. Es wird sogar behauptet, daß "Banden" im landläufigen Sinne gar nicht oder nur selten existierten. Das ist zweifellos ein enttäuschendes Ergebnis, doch die unbefriedigte Erwartungshaltung erregt ihrerseits Neugier. Das romantische Bild vom - gegebenenfalls sogar edlen - Räuber verstellt den Blick auf eine durch und durch prosaische Vergangenheit, geprägt von Armut, Verfolgung, zerrissenen Familienbanden und unsicheren Lebensverhältnissen als den Ursachen für Kriminalität und "Laster". Das sahen die Zeitgenossen jedoch nicht, und das wird auch in allgemeinen historischen Darstellungen unterschlagen. Dennoch war es historische Realität und besaß vor allem historische Relevanz.

---

[71] Vgl. Foucault, Überwachen (wie Anm. 44), der Militär, Erziehungsanstalten und schließlich das "pennsylvanische" Gefängnissystem schildert.

[72] Stefan Breuer, Politik und Recht im Prozeß der Rationalisierung. In: Leviathan 5, 1977, S. 53-99, hier S. 83.

[73] Schwenken, Nachrichten (wie Anm. 13), S. 89.

[74] Die sociale Aufgabe der Polizei in Deutschland. In: Deutsche Vierteljahrs-Schrift 1857, 3. Heft, S. 213-242, hier S. 225.

Die "geheime Sozialgeschichte der Moderne" diente wesentlich zur Legitimierung des inneren Staatsausbaus seit dem 16. Jahrhundert. Sie war ein soziales Problem, aber die Auseinandersetzung damit besaß von Anfang an eine sehr weitreichende politische Funktion. Doch darf dieses Ergebnis nicht verdecken, mit welchen Schwierigkeiten der Staat bei der Durchsetzung seiner Ziele zu kämpfen hatte. Es gab bedeutende Widerstände in der traditionalen Gesellschaft, und die Kriminellen waren keineswegs nur Objekte der Verfolgung, Untersuchung, Bestrafung und Verwahrung, sondern sie entwickelten ihrerseits listige Widerstandsmethoden. Diesen "Kampf" zwischen den staatlichen Organen und einzelnen Delinquenten zu beobachten, bedarf es landesgeschichtlicher Quellenstudien, ebenso für die Beschreibung der vagantischen Wanderungen über die Territorialgrenzen hinweg. Es sind nicht so sehr die Gesetzestexte als vielmehr die "unbedeutenden" Schriften und Fallakten und die dort verwendete Sprache, die dazu sorgfältig analysiert werden müssen. Aus diesem Gesichtspunkt betrachtet ist das Thema Bandenkriminalität von beträchtlichem historischen Interesse und seine Erforschung noch lange nicht abgeschlossen.

Carl-Hans Hauptmeyer

Der Raum Hannover im entstehenden Internationalen System

Nicht berücksichtigt wurde in den vorangehenden Beiträgen die "klassische" Stadt-Umland-Forschung, basierend auf der Theorie der zentralen Orte. Systematisch wären für die funktionale Raumabgrenzung während der frühen Neuzeit folgende Leitindikatoren zu erforschen: veränderte Inwertsetzung physiogeographischer Potentiale, Bevölkerungsentwicklung, Arbeitsverhältnisse, Marktbeziehungen/Verkehrseinbindungen, Angebote im tertiären Sektor[1]. Stadt und Umland Hannovers während der frühen Neuzeit sind hinsichtlich solcher Leitindikatoren noch nicht untersucht. Ich hoffe, daß dies alsbald in weiterführenden Arbeiten möglich sein wird. Ebenso stehen die mentalitäts- und geschlechtergeschichtlichen Arbeiten noch ganz am Anfang. Mit den Aufsätzen dieses Bandes über das Ehewesen im frühneuzeitlichen Hannover und die Kirchenzucht am Beispiel der Superintendentur Wunstorf wird aber eine Richtung gewiesen. Erst recht gilt dies für das Verhalten randständischer Gruppen. Hier sind über den vorgelegten Beitrag zu den Räuberbanden viele zusätzliche Untersuchungen fortan möglich.

Bauern und Landwirtschaft, Städte und Bürger, Menschen und Alltag wurden in den Beiträgen aus den hier vorgestellten Examensarbeiten behandelt. Ohne die Einzelaussagen der vorangegangenen Beiträge zu wiederholen, sollen im folgenden ergänzende Antworten auf die eingangs gestellten Fragen gesucht werden. Wie ist die Regionalentwicklung im Raum Hannover während der frühen Neuzeit in die interregionalen Zusammenhänge einzuordnen? Mit ersten Antworten auf diese Fragen will ich versuchen, Lücken zwischen den Beiträgen dieses Bandes zu schließen.

Immanuel Wallerstein charakterisiert die wirtschaftlich führenden europäischen Regionen des ausgehenden 15. und des 16. Jahrhunderts wie folgt: Als sich die Welt des Handels und der Industrie im geographischen und demographischen Bereich so ungeheuer ausdehnte, konnten manche Gebiete Europas die Gewinne aus dieser Expansion anhäufen, zumal, wenn sie sich

---

[1] Walter Christaller, Die zentralen Orte in Süddeutschland. Eine ökonomisch-geographische Untersuchung über die Gesetzmäßigkeit der Verbreitung und Entwicklung der Siedlungen mit städtischen Funktionen, Jena 1933, NND Darmstadt 1980, S. 64. - Rudolf Klöpper, Entstehung, Lage und Verteilung der zentralen Siedlungen in Niedersachsen (=Forschungen zur deutschen Landeskunde 71), Remagen 1952 . - Hans Heinrich Blotevogel, Zentrale Orte und Raumbeziehungen in Westfalen vor der Industrialisierung (1780-1850) (=Veröffentlichungen des Provinzialinstituts für westfälische Landes- und Volksforschung des Landschaftsverbandes Westfalen-Lippe, Reihe 1, Heft 19), Münster 1975. - Einstweilen: Hans Heinrich Seedorf, Hannover und Umgebung vor 200 Jahren, Hannover 1986, S. 29.

auf Aktivitäten spezialisieren konnten, die für das Einbringen dieses Profits wesentlich waren. Sie mußten daher in geringerem Umfang Zeit, Menschenkraft, Land und andere natürliche Ressourcen aufwenden, um ihre Grundbedürfnisse zu befriedigen[2]. Deshalb liegt das Geheimnis des Kapitalismus in der Durchsetzung einer Arbeitsteilung im Rahmen einer Weltwirtschaft, die nicht ein Imperium war, und nicht innerhalb eines einzigen Nationalstaates[3].

Wallerstein hat Theorien zum Internationalen System auf die Geschichte bezogen und gehört zu denjenigen, die den Beginn des modernen Kapitalismus mit der Expansion Europas über seine eigenen Grenzen hinaus in Verbindung bringen. Sein Konzept zur Erklärung des regionalen Wandels in Nordwestdeutschland während der frühen Neuzeit zu nutzen, liegt bereits einigen der vorangestellten Beiträge zugrunde. Das liegt nahe, weil in Hannover von Historikern und Sozialwissenschaftlern seit fast 20 Jahren zum Internationalen System geforscht wird. Es liegt auch nahe, weil weder Wallerstein noch Fernand Braudel differenzierte Aussagen über dieses kleine Stück Europas während der frühen Neuzeit treffen, denn es gab bisher wenige Forschungen, die sie hätten verwenden können.

Internationales System

Wallerstein, Sozialwissenschaftler und Afrikanist, hat mit seinen seit 1974 erschienenen Büchern zum "Modern World-System" die aktuelle Ungleichheit der Weltordnung im Blick. Doch er argumentiert historisch. Wallersteins Ideen sind nicht gänzlich neu, sie sind kritisiert und in Details widerlegt worden. Dennoch besteht ein Grundkonsens über das Internationale System. Es existiert in gleicher Struktur seit einem halben Jahrtausend und grenzt daher den Spielraum der in ihm Handelnden ein. Zwar wandelt es sich, wie allein die Verlagerungen auf neue Hauptregionen zeigen: z.B. jüngst Japan. Doch bleiben drei Grundprinzipien. Das ist zum einen die Konkurrenz, und zwar diejenige zwischen Nationalstaaten, zwischen sozialen und ethnischen Großgruppen und zwischen den großen Kapitalien. Zum zweiten ist es die weltweite räumliche Hierarchie, und zwar in vier Stufen: Zentrum, Halbperipherie, Peripherie und Außenwelt. Zum dritten ist es die Expansion. Durch Expansion im Handel, dann in der politischen Einflußnahme und schließlich in vielfältigste Lebensbereiche der Menschen hinein bindet das Zentrum einer Epoche die hierarchisch nachgeordneten Räume an

---

[2] Immanuel Wallerstein, Das moderne Weltsystem. Kapitalistische Landwirtschaft und die Entstehung der europäischen Weltwirtschaft im 16. Jahrhundert. Dt. Frankfurt a.M. 1986, S. 128.

[3] Ebd., S. 151.

sich. Das Gefälle drückt sich am sinnfälligsten darin aus, daß die meiste Wertschöpfung an der Spitze realisiert werden kann[4].

Das Internationale System wird von der Wirtschaft dominiert, aber nicht determiniert. Daher werden soziale und politische Ordnungen von ihm mitbestimmt, können aber, gerade außerhalb des Zentrums, eigenständige Erscheinungsformen besitzen. Ein halbperipheres Land kann Großmacht sein, ein Zentrumsland muß es nicht sein. "Die politische Verfassung des Weltsystems entspricht also nicht automatisch der sozialökonomischen, und sie hat ihr auch historisch nie oder nur für sehr kurze Perioden entsprochen. Zum Beispiel trotzte das zahlenmäßig kleine, aber qualitativ überlegene Holland im 16. Jahrhundert der quantitativ weit überlegenen Weltmacht Spanien; und [es] spielte das qualitativ unterlegene, feudale Rußland [sozusagen] die Rolle eines 'Befreiers Europas' gegen den französischen Hegemonialversuch unter Napoleon"[5]. Die Kluft zwischen politischer Ordnung und wirtschaftlicher Gliederung fördert die Dynamik des Gesamtsystems. Nie blieben Hegemonien konstant; Aufholjagden waren üblich. Flexibilität und Komplexität sind also Grundmuster des Internationalen Systems. Der Konkurrenz kann Kooperation folgen; Überlegenheit kann durch behutsames Zusammentragen von Machtmitteln ebenso erreicht werden wie durch den Einsatz bloßer Gewalt; der Anspruch auf Gleichheit der Menschen kann verbunden sein mit extrem ungleichen Lebenschancen.

Die Hierarchien lassen sich nicht auf Nationalstaaten beschränken. Sie übergreifen Staaten oder bestehen innerhalb von Staaten. Untersucht worden sind in dieser Hinsicht in jüngster Zeit vorrangig sogenannte Innere Peripherien innerhalb eines Nationalstaates. Ein 1991 erschienener Sammelband von hannoverschen Tagungsbeiträgen faßt die aktuelle Diskussion über Innere Peripherien zusammen[6]. Wichtigstes Ergebnis für die frühe Neuzeit ist: "das am weitesten von gewerblicher Wirtschaft bestimmte, am meisten verstädterte Zentrumsland England veränderte seine innere Peripherie Irland gründlicher und dauerhafter als [z.B.] die halbperipheren Staaten Preußen und Rußland die ihren"[7].

Wallerstein wurde von Sozialwissenschaftlern, die marxistische Theorien stringenter als er vertraten, heftig kritisiert. Weltreiche und Weltökonomien

---

[4] Hans-Heinrich Nolte, Kontexte der Ost-West-Beziehungen. In: Gegenwartskunde 2, 1988, S. 159-170, hier S. 160.

[5] Ebd.

[6] Hans-Heinrich Nolte (Ed.), Internal Peripheries in European History (= Zur Kritik der Geschichtsschreibung 6), Göttingen, Zürich 1991.

[7] Nolte, Kontexte (wie Anm. 4), S. 890.

als grundsätzlich prägend für den räumlich-historischen Wandel anzunehmen, berücksichtige nicht die verschiedenen Typen gesellschaftlicher Eigentumsverhältnisse. Wallerstein könne nicht die bestimmenden Faktoren der kapitalistischen Weltökonomie genauer benennen, "deren grundlegende Gebrauchswerte ... (Boden, Arbeit, Kapital), systematisch als Tauschwert kombiniert ... werden, um Profitmaximierung und Akkumulation auf erweiterter Stufenleiter zu realisieren"[8]. Der Beginn des Kapitalismus sei davon bestimmt, daß Boden und Arbeit zu Waren würden und die Produzenten nicht über die Produktionsmittel verfügten. Das Kaufmannskapital reiche nicht zur Expansion der Tauschwerte aus, es könne nicht die patriarchalischen Eigentumsverhältnisse aufbrechen und bewirke nicht zwangsläufig profitorientierte Produktion.

Aus Sicht der allgemeinen Geschichte läßt sich anführen: Expansion, Konkurrenz, Hierarchie der Wirtschaftsräume und dabei speziell regionale Arbeitsteilung kenne bereits die mittelalterliche Gesellschaft Europas. Ihre regionalen Spezialisierungen, denke man an den hansischen oder den oberitalienischen Raum, besäßen alle charakteristischen Züge des späteren Weltsystems. Die Arbeitsteilung zwischen Polen und den Niederlanden im 16./17. Jahrhundert gleiche den aus dem Mittelalter bekannten, beispielsweise zwischen Flamen und Osteuropa. Die Wirtschafts- und Herrschaftsverhältnisse bestünden während der frühen Neuzeit in Teilen des Zentrums und in der Halbperipherie in, wolle man den Begriff überhaupt verwenden, feudalistischer Art fort. Generell werde die Veränderungen der mittelalterlichen Gesellschaft im 12./13. Jahrhundert und die Bedeutung der Take-off-Phase während der Industrialisierung unterschätzt. Daß in England früher und umfangreicher als anderswo eine Kapitalbildung erfolgen konnte, sei auf die interne Modernisierung der Agrarwirtschaft in einer Zeit der weltweit fallenden Agrarpreise zurückzuführen.

Vorteil und Nutzen des Wallersteinschen Ansatzes hat insbesondere Fernand Braudel gewürdigt: "Man suchte und fand mehr Präzedenzfälle, als man sich hätte träumen lassen, und entdeckte vielfältige Anwendungsmöglichkeiten und Folgerungen. Unter anderem zeigte sich, daß auch die Volkswirtschaften diesem allgemeinen Schema entsprechend von autarken Regionen durchsetzt und gesäumt sind, mit anderen Worten, daß die Welt mit 'Randgebieten' - unterentwickelten Ländern, Zonen, Streifen und Wirtschaftsgefügen - übersät ist. Wobei sich im engeren Rahmen, bei Übertragung des Gitternetzes auf "nationale" Räume mäßiger Größenordnung,

[8] Robert Brenner, Das Weltsystem. Theoretische und historische Perspektiven. In: Jochen Blaschke (Hrsg.), Perspektiven des Weltsystems. Frankfurt/M. 1983, S. 80-111, hier S. 81.

scheinbar im Widerspruch zur allgemeinen These stehende Beispiele finden, etwa Englands "Peripherie" Schottland, das Ende des 18. Jahrhunderts einen beachtlichen Aufschwung erlebt ..."[9]. Braudel betont den besonderen Vorzug des Wallersteinschen Modells: "Schließlich hat er [Wallerstein] gezeigt, wie sich mit Hilfe der Ungleichheit in der Welt, Aufstieg und Entwurzelung des Kapitalismus erfassen lassen. Das wiederum erklärt, warum die Zentralregion, über sich selbst hinauswachsend, die Spitze jeden erdenklichen Fortschritts hält; und warum die Weltgeschichte als Reigen, als Prozession koexistierender Produktionsweisen aufzufassen ist, die wir gewöhnlich nach Zeitaltern einteilen, während sie in Wirklichkeit zusammengehören: Die fortschrittlichsten hängen von den rückständigen ab und umgekehrt, d.h. Entwicklung und Unterentwicklung sind die beiden Seiten ein und derselben Medaille"[10].

Die Anwendungsmöglichkeiten für die Regionalgeschichte des Raumes Hannover

Bei unseren Vorhaben geht es zunächst nicht darum, die Theoriedebatte um das Konzept Internationales System zu ergänzen. Ob gar der Kapitalismus mit ihm begänne, wollen wir nicht klären; in der von uns untersuchten Halbperipherie mit Sicherheit nicht. Wir nutzen das flexible Raumordnungsmodell Wallersteins, um zu ergründen, in welchem Umfang interne oder externe Faktoren die kleinräumliche Entwicklung in Nordwestdeutschland während der frühen Neuzeit beeinflußten.

Das Modell bietet für die regionale Wirtschafts- und Sozialgeschichte während der frühen Neuzeit folgende Vorteile: Es hilft, regionalen Wandel nicht nur anhand von Indikatoren zu beschreiben, sondern im interregionalen Kontext zu erklären. Es bietet die Möglichkeit, politikgeschichtlich bestimmt Interpretationen zu ergänzen, ohne sie zu verdrängen: z.B. daß die politische Dominanz Preußens in Nordwestdeutschland verantwortlich sei für die wirtschaftlichen Entwicklungen oder die politische Bestimmung Kurhannovers durch England ab 1714.

Vor allem vermag eine Umkehrung der Fragestellungen nach "Inneren Peripherien" wertvolle neue Erkenntnisse zu liefern. Wie können innerhalb von Halbperipherien neue Hauptorte entstehen, die alsbald mit dem Zentrum wetteifern? Diese Frage legt die Verknüpfung des Globalmodells Internationales System mit dem Regionalmodell der "Zentralen Orte" nahe. Die

---

[9] Fernand Braudel, Aufbruch zur Weltwirtschaft (= Ders., Sozialgeschichte des 15.-18. Jahrhunderts 3), München 1986, S. 72.

[10] Ebd.

Verbindung beider hilft, Interne Hauptorte zu erkennen und zu bewerten[11].
Eine innere Differenzierung des Globalmodells Internationales System ist
durch die Verquickung mit dem Regionalmodell Zentrale Orte von uns
durchaus angestrebt. Beide lassen sich problemlos mit dem Konjunktur-
Krisen-Modell verbinden, wie es Wilhelm Abel in die Geschichtswissenschaft eingebracht hat. Damit wird die zeitliche mit der räumlichen Kompo-
nente verbunden. Fernand Braudel hat die sinnvolle Verknüpfung einer solchen Raum-Zeit-Vorstellung am sogenannten "langen 16. Jahrhundert" mit
seinen zwei Hauptphasen und den wesentlichen auf die Moderne deutenden
ökonomischen Wandlungen vorgeführt[12].

Das Modell Internationales System erleichtert, die Frage "warum gerade
Hannover?" neu zu stellen. Reicht die "Residenzstadttheorie" aus, um den
Aufschwung einer Mittelstadt zum - nächst Hamburg und wohl vor Bremen
stehenden - zweitwichtigsten Internen Hauptort Norddeutschlands erklären
zu können? Genügen die Schlagworte Kameralismus, Merkantilismus, Absolutismus, die - verstanden als konkurrierende Imitation - belegen, wie die
Territorialstaaten der Halbperipherie mit dem Zentrum wetteiferten? Führen
Rußlands vergebliche Aufholjagden dies nicht ad absurdum? Ist die sogenannte Refeudalisierungsthese, am markantesten vertreten von John Merrington[13], zur Erklärung neuer Interner Hauptorte wie Hannover nützlich?
Was erklären in diesem Zusammenhang Kapitalanlage in Land, Kapitalin-
vestionen auf dem Lande in die expandierende Landwirtschaft und in die
Gewerbe oder in ländliches Verlagswesen? Helfen uns Vorstellungen von
Protoindustrialisierung als entweder notwendiger Vorlauf der Industrialisierung oder als in Deindustrialisierung endende Episode ländlicher Räume[14] zur Erklärung der Konzentration des Bruttosozialproduktes auf eine
geringere Zahl von Orten und Räumen bereits während der frühen Neuzeit?
Wie entstanden Interne Hauptorte in der Halbperipherie, in welchem Bezug
standen sie zum Zentrum des Gesamtsystems, was wurde während der frühen Neuzeit in den Internen Hauptorten vorbereitet, daß sie im 20. Jahrhundert selber Teil des Zentrums im Weltsystem sein konnten?

---

[11] Siehe oben Anm. 1.

[12] Braudel, Aufbruch (wie Anm. 9), S. 73-92, 147-185.

[13] John Merrington, Stadt und Land im Übergang zum Kapitalismus. In: Paul Sweezy
u.a.: Der Übergang vom Feudalismus zum Kapitalismus, Frankfurt/M. 2 1984, S. 229-
269, hier S. 246-257.

[14] Peter Kriedte, Hans Medick, Jürgen Schlumbohm, Industrialisierung vor der Industrialisierung. Gewerbliche Warenproduktion auf dem Land in der Formationsperiode des
Kapitalismus, Göttingen 1978, S. 272-321.

Wallerstein und Braudel zählen Nordwestdeutschland in der frühen Neuzeit zur Halbperipherie. Denn die Niederlande waren im 16. Jahrhundert zu einem Wirtschaftszentrum gewachsen, von dem aus der größte Teil des europäischen Frachtverkehrs über See abgewickelt wurde[15]. Frankreich versuchte den wirtschaftlichen Vorsprung der Holländer durch konkurrierende Imitation einzuholen[16]. Erfolge mit einer solchen Politik hatte vorrangig England. Auf der Grundlage einer "agrarian revolution" und mit Hilfe einer entschlossenen Monopolisierung des Frachtverkehrs gelang es England am Ende des 17. Jahrhunderts, die Niederlande vom ersten Platz im Zentrum des Welthandelssystems zu verdrängen[17].

Der Erfolg des im Nordwesten Europas entstandenen neuen Zentrums ließ die Staaten im Norden und Osten nachgeordnete Rollen im Welthandel spielen. Zwar blieben sie militärisch konkurrenzfähig und nahmen, anders als die kolonialen Peripherien des Systems, weiter an der europäischen Entwicklung teil, doch beschränkte sich ihre Ausfuhr mehr noch als bisher auf agrarische und montane Massengüter. Viele ihrer Menschen verdienten ihr Brot im Zentrum oder wenigsten im Dienst des Zentrums. Diese Position ökonomischer Zuordnung - aber politischer Selbständigkeit - zwischen Zentrum und Peripherie ist charakteristisch für die Halbperipherie, so auch für den niedersächsischen Raum.

Typisch ist hier die im Vergleich zum Zentrum deutlich geringere Stellung der Städte. In der hochwertigen Produktion gewerblicher Güter vermochten die niedersächsischen Städte nicht mehr international zu konkurrieren. Was der Markt nicht leisten konnte, versuchten die Territorialstaaten zu kompensieren. Ihre Anstöße konnten allein aus Kapitalmangel nur sekundär wirtschaftliche sein, primär politisch-kulturelle. Also dominierten in der Stadtförderung die drei Hauptbereiche territorialstaatlicher Aktivitäten: Bü-

---

[15] Horst Lademacher, Geschichte der Niederlande, Darmstadt 1983, bes. S. 126-130.

[16] Fritz Blaich, Die Epoche des Merkantilismus (= Wissenschaftliche Paperbacks Sozial- und Wirtschaftsgeschichte 3), Wiesbaden 1973, S. 126-141. - Der Terminus "konkurrierende Imitation" kennzeichnet die Intention, nicht das Ergebnis entsprechender Politik; siehe: Ekkehard Krippendorff, Einführung in die internationalen Beziehungen 1, Frankfurt/M. 1975, S. 79.

[17] Ilja Mieck, Europäische Geschichte der Frühen Neuzeit. Eine Einführung, Stuttgart usw. 1970, S. 271-288. - Christopher Hill, Von der Reformation zur industriellen Revolution. Sozial- und Wirtschaftsgeschichte Englands 1530-1780, Dt. Frankfurt/M. 1977.

rokratie, Militär und Hofhaltung. - Hamburg aber nahm als Emporium des Zentrums eine Sonderposition ein[18].

Der Raum Hannover besaß am Ende des Mittelalters im Vergleich z.B. zu Braunschweig, Lüneburg und Goslar lediglich nachrangige Bedeutung, entwickelte sich bis zum 19. Jahrhundert aber zu einem in übernationale Verbindungen integrierten eigenständigen Hauptort zwischen Hamburg, Berlin, dem rhein-mainischen und dem rheinisch-westfälischen Gebiet. Mit der Vollindustrialisierung setzten hierauf aufbauende neue Entwicklungen ein. Hannover ist ein Beispiel dafür, wie während der frühen Neuzeit innerhalb der Halbperipherie der Konzentrationsprozeß auf wenige lokale Zentren begann. Entsprechend gelangten die an Zahl reduzierten Hauptorte samt ihrem Umland in führende Positionen, die sich z.B. deutlich im Verkehrsnetz der Chausseen unmittelbar vor dem Eisenbahnbau ausdrücken[19]. Allein die Bevölkerungsentwicklung zeigt auffällige Veränderungen während der frühen Neuzeit.

Hannovers Bedeutung als Warenumschlagsplatz für Güter aus der Umgebung und insbesondere als Transitort zwischen Süd und Nord, Ost und West nahm im 17. und 18. Jahrhundert stetig zu, doch blieb die Stadt wirtschaftliches Anhängsel an die Niederlande, Hamburg und Bremen[20]. Noch 1819 fehlten ein Wechselrecht und ein Handelsgericht im Königreich Hannover. 1784 wurde beklagt, der Mangel einer Bank und eigener Wechselkaufleute dränge den hannoverschen Handel auf den Hamburger Wechselmarkt. Für die über Hamburg und Bremen weltweit ausgeführten Agrar- und Halbfertigprodukte erhielten die Händler nur leichte Münzen, müßten aber die eingeführten höherwertigen Agrar-, Fertig- und Luxusprodukte mit hartem Geld bezahlen. Die Bedingungen diktierten die Händler der Seestädte mit ihrem international verflochtenen Börsenwesen. Die wenigen eigenen Fabriken verarbeiteten im übrigen zumeist importierte Produkte.

---

[18] Carl-Hans Hauptmeyer, Die Residenzstadt Hannover im Rahmen der frühneuzeitlichen Stadtentwicklung. In: Niedersächsisches Jahrbuch für Landesgeschichte 61, 1989, S. 61-85, hier S. 65 ff.

[19] Udo Baldermann, Die Entwicklung des Straßennetzes in Niedersachsen von 1768-1960 (= Schriften der Wirtschaftswissenschaftlichen Gesellschaft NF. A1, 87), Hildesheim 1968, Kartenbeilagen.

[20] Carl-Hans Hauptmeyer, Die Residenzstadt (Hannover). Von der Residenznahme 1636 bis zum Beginn des 19. Jahrhunderts. In: Geschichte der Stadt Hannover (hrsg. v. Klaus Mlynek u. Waldemar R. Röhrbein), Hannover 1991, S. 137-264, hier S. 160-163, 236-239, 244 f.

Schematische Darstellung der Einwohnerzahlen ausgewählter nord-westdeutscher Städte 1550-1900[21]

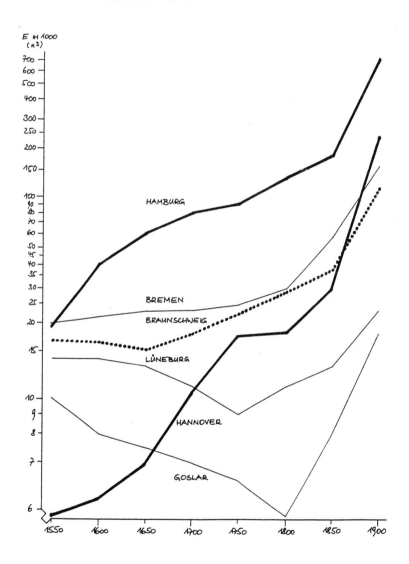

---

[21] Im wesentlichen nach: Erich Keyser, Niedersächsisches Städtebuch 1952 und ders., Deutsches Städtebuch, 1939.

In den Jahren 1710-1727, der Hauptphase der Diskussion um ökonomische Verbesserungen in Kurhannover, wurden ausdrücklich die Niederlande, England und Frankreich als Vorbilder genannt, deren Stand es zu erreichen gälte. Mit Hilfe von Monopolen und Schutzzöllen sollte dies versucht werden. Doch verhinderten die Seestädte erfolgreich den Abschluß von Münzkonventionen, die den Kapitalabfluß hätten eindämmen können.

Der weiter im Binnenland, in den Börden, angebaute Weizen wurde nur zu Festtagen im Land konsumiert, im übrigen aber u.a. nach England verschifft[22]. Die in vielen Teilen Niedersachsens hergestellte, meist grobe Leinwand gelangte im 18. Jahrhundert in die Niederlande, nach England, Spanien, Portugal, nach Nordamerika und als "Osnaburg Linnen" in die Karibik[23]. Und auch niedersächsische Territorialstaaten verdingten ihre Soldaten an die im Westen gegeneinander kämpfenden Mächte oder nahmen deren Subsidiengelder.

Linden, unmittelbar westlich Hannovers, ist das bekannteste der Fallbeispiele. Es war bereits am Ausgang des Mittelalters das größte Dorf im Fürstentum Calenberg. Durch den herzoglichen Küchengarten wurde ein Teil des Ortes direkt in die neue Residenzfunktion Hannovers nach 1636 einbezogen. Wichtiger aber war, daß hier Graf Platen ab 1689 eine mustergültige Wirtschaftsherrschaft aufbaute, mit Veredelung von Landwirtschaftsprodukten und überlokal orientierter Gewerbeproduktion. Linden war am Ende des 18. Jahrhunderts ein riesiges Gewerbedorf mit expandierendem Binnenhafen. Hannover trat deshalb in die frühe Industrialisierungsphase mit der

---

[22] Walter Achilles, Die Lage der hannoverschen Landbevölkerung im späten 18. Jahrhundert (= Quellen und Untersuchungen zur Wirtschafts- und Sozialgeschichte Niedersachsens in der Neuzeit 9), Hildesheim 1982 S. 34 ff. - Walter Crone, Die innere Politik Franz Egons von Fürstenberg, Fürstbischofs von Paderborn und Hildesheim 1789-1802 (= Beiträge für die Geschichte Niedersachsens und Westfalens 8,4), Leipzig 1914, S. 62. - Heinrich Wilhelm Crome, Über Akkerbau, Getreidehandel, Kornsperren und Landmagazine ... mit besonderer Berücksichtigung auf das ehemalige Fürstenthum Hildesheim, Hildesheim 1808, S. 323-329. - Gustav von Gülich, Über den gegenwärtigen Zustand des Ackerbaus in der Provinz Hannover, Hannover 1827, S. 5 f.

[23] Reinhard Oberschelp, Niedersachsen 1760-1820. Wirtschaft, Gesellschaft, Kultur im Land Hannover und Nachbargebieten 1, (= Quellen und Untersuchungen zur allgemeinen Geschichte Niedersachsens in der Neuzeit 4,1), Hildesheim 1982, S. 183. - Edith Schmitz, Leinengewerbe und Leinenhandel in Nordwestdeutschland. (= Schriften zur rheinisch-westfälischen Wirtschaftsgeschichte 15), Köln 1967 S. 81-95. - Die Mitteilung über "Osnaburg Linnen" in der Karibik verdanke ich meinem hannoverschen Kollegen Claus Füllberg-Stolberg.

Altstadt, der Neustadt (mit ihren höfischen Gewerben) und dem Gewerbe- und Handelsort Linden[24].

Allgemeine Anzeiger für den Stellenwert der Außenbeziehungen sind viele zu finden. Aus dem küstennahen Westniedersachsen verdienten seit dem 16. Jahrhundert Arbeitssuchende ihr Brot als sogenannte Hollandgänger außerhalb der Region[25]. Auch die bäuerliche Anteilswirtschaft, das charakteristische Meierrecht, kann unter dem Gesichtspunkt der Außenverflechtungen gesehen werden. Die Bauern waren in der Mehrzahl - ob persönlich frei oder nicht - Lebenszeiterbpächter zu Anerbenrecht. Die Landesherrschaft erhielt ein bis zwei Diensttage, die Grundherrschaft Naturalleistungen. Der Anteil der freien Verfügbarkeit über die Arbeitszeit lag höher als in ostelbischen Gebieten der Gutsherrschaft und niedriger als in rheinischen Gebieten der reinen bäuerlichen Pacht. Von Boetticher hat die Entwicklung des Meierrechts als charakteristische Mischform zwischen Ost- und Westeuropa interpretiert[26]. Folgerichtig war die Protoindustrialisierung eine bäuerliche wie die Räume Osnabrück, Schaumburg und das Wendland belegen[27]. Die in den internationalen Handel gelangenden Textilien und Garne wurden während überschüssiger Arbeitszeit der bäuerlichen Familie und ihres Gesindes produziert. Die erzielten Geldeinkünfte verbesserten die materielle Situation insbesondere der größeren Höfe.

---

[24] Hauptmeyer, Die Residenzstadt (Hannover). Von der Residenznahme 1636 (wie Anm. 21), S. 186-189, 221 f.

[25] Franz Bölsker-Schlicht, Die Hollandgängerei im Osnabrücker Land und im Emsland. Ein Beitrag zur Geschichte der Arbeiterwanderung vom 17. bis zum 19. Jahrhundert (=Emsland/Bentheim, Beiträge zur neueren Geschichte 3), Sögel 1987.

[26] Manfred von Boetticher, "Nordwestdeutsche Grundherrschaft" zwischen Frühkapitalismus und Refeudalisierung, in: Blätter für deutsche Landesgeschichte 122, 1986, S. 207-228.

[27] Hierzu werden an der Universität Hannover derzeit Untersuchungen von Karl Heinz Schneider am Beispiel Schaumburgs und von Wolfgang Jürries am Besipiel des hannoverschen Wendlandes durchgeführt. Vgl. einstweilen: Bernd Habicht, Stadt- und Landhandwerk im südlichen Niedersachsen im 18. Jahrhundert. Ein wirtschaftsgeschichtlicher Beitrag unter Berücksichtigung des Zugangs zum Markt (= Göttinger Beiträge zur Wirtschafts- und Sozialgeschichte 10), Göttingen 1983, insbes. S. 96-105, S. 170-193. - Karl-Heinrich Kaufhold, Gewerbe und ländliche Nebentätigkeiten im Gebiet des heutigen Niedersachsens um 1800. In: Archiv für Sozialgeschichte 23, 1983, S. 163-218. - Jürgen Schlumbohm, Agrarische Besitzklassen und gewerbliche Produktionsverhältnisse. Großbauern, Kleinbesitzer und Landlose als Leinenproduzenten im Umland von Osnabrück und Bielefeld während des frühen 19. Jahrhunderts. In: Mentalitäten und Lebensverhältnisse. Festschrift für Rudolf Vierhaus, Göttingen 1982, S. 315-334. - Arno Steinkamp, Stadt- und Landhandwerk in Schaumburg-Lippe im 18. und beginnenden 19. Jahrhundert (= Schaumburger Studien 27), Rinteln 1970.

Hiermit hängt unmittelbar die Aufwertung der Fleckensiedlungen als lokale
Marktorte zusammen. Das Marktgeflecht wurde in der niedersächsischen
Fläche vom 16. bis zum Ausgang des 18. Jahrhunderts offensichtlich um das
dreifache verdichtet. Das jüngst untersuchte Clenze (Landkreis Lüchow-
Dannenberg) zeigt ebenso wie die Flecken der ehemaligen Grafschaft
Hoya[28], daß die Vermarktung exportorientierter Landwirtschafts- und Ge-
werbeartikel die - im übrigen lokale - Tauschfunktion anregte. Interessant
ist, wie oft von den Flecken aus die Handelsverbindungen nach Hamburg,
Bremen, Braunschweig oder Hannover gerichtet waren. - Daß Einflüsse zur
Modernisierung der Agrarwirtschaft und zu frühen Agrarreformen aus England kamen, ist bekannt, wenngleich in der Wirkung umstritten[29]. Bestätigen
läßt sich die zeitliche Parallelität der wirtschaftlichen Entwicklung mit der
allgemeinen, insbesondere von Braudel hervorgekehrten, Entwicklung im
ökonomischen Zentrum:

Die spätmittelalterliche Agrarkrise endete Mitte des 15. Jahrhunderts, und es
setzte ein Aufschwung in Handel und Landwirtschaft ein, die Neuschaffung
von Bauernstellen der Beibauern oder Brinksitzer deuten hierauf ebenso wie
der Ausbau der Adelsgüter; die Weserrenaissance wurde aus Kriegs-
gewinnen und Adelseinnahmen der Agrarkonjunktur bezahlt[30]. Erst jetzt
erfolgte die Konzentrationen von Domanialland, und es wurden die Amts-
wirtschaften ausgebaut[31]. Die Handelsexpansion wird an Hannovers Kontakten mit Antwerpen und dann Amsterdam deutlich. Krisenanzeichen
mehrten sich am Ausgang des 16. Jahrhunderts: Verfall der Agrarpreise,
nachlassendes Bevölkerungswachstum, Staatsverschuldungen, Rückgang der

---

[28] Reinhard Evers, Stadt und Flecken in der ehemaligen Grafschaft Hoya um 1560 bis
1800. Studien zur Rechts-, Verfassungs- und Verwaltungsgeschichte städtischer und
stadtähnlicher Siedlungen (= Quellen und Darstellungen zur Geschichte Niedersachsens
89), Hildesheim 1979. - Käthe Mittelhäußer, Flecken als ländliche Zentralorte in der Zeit
von 1650 bis 1850. In: Dieter Brosius, Martin Last (Hrsgg.), Beiträge zur niedersächsischen Landesgeschichte. Zum 65. Geburtstag von Hans Patze (= Veröffentlichungen der
Historischen Kommission für Niedersachsen und Bremen, Sonderband), Hildesheim
1984, S. 263-284. - Ulrich Schröder, Die Sozialgeschichte des Fleckens Clenze 1780-
1900, Diss. phil. Lüneburg 1990.

[29] Otto Ulbricht, Englische Landwirtschaft in Kurhannover in der zweiten Hälfte des 18.
Jahrhunderts. Ansätze zu historischer Diffusionsforschung, (= Schriften zur Wirtschafts-
und Sozialgeschichte 32), Berlin 1980.

[30] Irmintraud Richarz, Herrschaftliche Haushalte in vorindustrieller Zeit im Weserraum
(= Beiträge zur Ökonomie von Hauhalt und Verbrauch 6), Berlin 1971.

[31] Dirk Riesener, Das alte Amt Fallersleben. Regionalverwaltung des fürstlichen Staates
vom 16. bis zum 19. Jahrhundert (= Texte zur Geschichte Wolfsburgs 22), Wolfsburg
1991.

Exportgütermengen und der interregionalen Verflechtungen z.B. Braunschweigs[32]. Drastisch schnitt der Dreißigjährige Krieg ein, den Hannover aber besser überstand als alle anderen benachbarten Städte. Die lange Erholungsphase währte bis Mitte des 18. Jahrhunderts, wurde aber durch den Siebenjährigen Krieg unterbrochen. Immer wieder wird deutlich, daß in den letzten Jahrzehnten des 18. Jahrhunderts das Reformbedürfnis in allen Bereichen rasch wuchs. Mit der Landwirtschaftskonjunktur nach der Krise 1771/72 begannen frühe Agrarreformen, rasch wuchs der Handel insbesondere von Hannover nach Bremen, es entstanden Commerzcollegien und Börsen auch außerhalb Hamburgs und Bremens[33].

Trotz aller Wandlungen und dem Anwachsen der außerbäuerlichen und außerbürgerlichen Gruppen blieb die Gesellschaftsordnung verglichen mit den Niederlanden oder Südengland stabil, wie die vorangegangenen Beiträge zeigen: Keine dramatischen Veränderungen der Geschlechterbeziehungen, keine rasche Wandlung traditionaler Verhaltensweisen, kein Entstehen von Massendelinquenz. Das Meierrecht verweist hierauf ebenso wie die indirekte Beteiligung der Bauern an der regionalen und lokalen Verwaltung. Das jüngst in einer Dissertation durch Fritzemeier untersuchte "Modell Ilten" östlich Hannovers[34], zeigt in den Details, bei welcher Vielzahl von Entscheidungen die landesherrliche Verwaltung mit den Reiheleuten in den Dörfern kooperieren mußte. Viele Vorschläge für erste Agrarreformen gingen von den Bauern aus. Auch den Landesherrschaften lag am innergesellschaftlichen Konsens, für den Konfliktregulierungsmechanismen bestanden, so daß es nur zu vereinzelten Bauernunruhen kam, als am Ende des 18. Jahrhunderts fiskalische und soziale Problem drückend wurden.

---

[32] Werner Spieß, Geschichte der Stadt Braunschweig im Nachmittelalter vom Ausgang des Mittelalters bis zum Ende der Stadtfreiheit (1491-1671), Bd. 2, Braunschweig 1966, S. 371-416.

[33] Die folgenden Tabellen nach: Christian Ludwig Albrecht Patje, Kurzer Abriß des Fabriken-, Gewerbe- und Handlungs-Zustandes in den Chur-Braunschweig-Lüneburgischen Landen, Göttingen 1796, Tab. zu S. 494.

[34] Arnd Fritzemeier, Die Korporation der Freien im Amt Ilten bei Hannover vom 17. bis zum 19. Jahrhundert. Eine Gemeinschaft von Bauern als Teil der Amtsverwaltung und als Interessenvertretung, Diss. phil. Hannover 1992.

Gütertransporte von Bremen nach Hannover auf der Leine 1790/91

Ware	Menge (m. Maßeinheit)	Warenwert (Rtlr.)	[%]
Kaffee	2091 Ztr.	49138	14,3
Wein	2152,5 Oxhöft	43050	12,6
Sirup	7781 Ztr.	38905	11,4
Roggen	344,5 Last	37895	11,0
Reis	5738 Ztr.	28690	8,4
Tabak	2324,75 Ztr.	21539	6,3
Tran	2455,33 Ztr.	17564	5,1
Zucker	688,5 Ztr.	14458	4,2
Baumöl	445,66 Ztr.	8913	2,6
Butter	49700 Pfd.	6875	2,0
Kandis	413 Kisten	6814	2,0
alle übrigen		*68963*	*20,1*
insg.		**342804**	**100,0**

Gütertransporte aus Hannover, Celle und Verden nach Bremen auf Leine, Aller und Weser 1790/91

Ware	Menge (m. Maßeinheit)	Warenwert (Rtlr.)	[%]
Blei	20975,75 Ztr.	94863	23,7
Weizen	528 Last	81840	20,4
div. Hölzer		65042	16,2
Gewehre	7364 Stück	51548	12,9
Wolle	1376 Ztr.	30960	7,7
Gerste	304,75 Last	30475	7,6
Garn	366,5 Ztr.	14660	3,4
Töpferwaren	121 Fuder	6655	1,7
alle übrigen		*25477*	*6,4*
insg.		**401520**	**100,0**

Braunschweig blieb stabil, bei deutlich geringerer Dynamik; Lüneburg oder Osnabrück beispielsweise blieben es auch, doch bei erkennbaren Verlusten; Städte wie Goslar oder Einbeck verloren radikal. Gleichzeitig mit den Internen Hauptorten etablierten sich protoindustrialisierte Regionen, Fleckensmärkte und Wirtschaftsherrschaften. Der Absatz der dort produzierten oder vermarkteten Artikel wurde nur zu einem Teil vom Zentrum des Internationalen Systems oder von seinem Emporium direkt erledigt. Zum erheblichen Teil waren die Internen Hauptorte beteiligt. Der hannoversche Fernhändler und Finanzier Johann Duve verkaufte in der Mitte des 17. Jahrhunderts Garn, Tuche und Blei z.T. direkt in Amsterdam oder in London[35] . Der Handel der protoindustrialiserten Regionen unterlag zwar den Gesetzen des Internationalen Systems, wurde aber von den Internen Hauptorten mitgesteuert.

Einige Vorteile der Halbperipherie im Vergleich zum Zentrum sind ersichtlich. Die Mehrzahl der Bevölkerung lebte weiterhin unabhängig von Marktbeziehungen und damit von externen Krisen. Im Regelfall bestand die relative Subsistenzwirtschaft innerhalb einer Region fort. Die Mehrzahl der Bevölkerung verfügte - bei abnehmender Tendenz - über eine eigene, zumindest bescheidene landwirtschaftliche oder basisgewerbliche Subsistenzgrundlage, die das Überleben in Krisenzeiten erleichterte. Die sogenannte "moralische Ökonomie" blieb gewahrt. Trotz anfänglicher landesherrlicher Gegenbemühungen bestanden Zünfte fort, wurden in Flecken gar neu geschaffen. Hoch war die Konstanz der Gemeindeverbände in Bruderschaften und Buerschaften der städtischen Bewohner sowie in Kirchspielen, Markgenossenschaften usw. der ländlichen Bewohner. Im Vergleich zum Zentrum blieb der Anteil der außerhalb dieser Ordnung stehenden Personen gering, ebenso wie der Anteil von Spitzenvermögen. Und eine große Chance hatte die Halbperipherie generell: Sie konnte Zentrumserfahrungen übernehmen und die dort erkannten Fehler vermeiden.

Während sich das Zentrum rasant veränderte und die Peripherien z.T. in wenigen Jahrzehnten umstrukturierte, verlief der historische Wandel in der Halbperipherie gemächlich. Uns wird aus allem einmal mehr die "Mittelposition" des Untersuchungsraumes deutlich: Nicht Gutsherrschaft, nicht reine landwirtschaftliche Rentensysteme; kein einheitlicher Absolutismus, aber auch keine eindeutigen Vor- und Frühformen des Parlamentarismus; Ballung von sogenannten Nebenländern der Nachbarstaaten, aber zunehmende Verselbständigungsmöglichkeiten; Bemühen der Territorialstaaten um eine Reglementierung aller Lebensbereiche ihrer Untertanen,

---

[35] Hauptmeyer, Die Residenzstadt (Hannover). Von der Residenznahme 1636 (wie Anm. 21), S. 179-182.

aber faktisch völliger Mißerfolg einer Sozialdisziplinierung noch am Ende des 18. Jahrhunderts; Verflechtung mit den Zentren des Welthandels, aber hohe Autarkie; durchaus bereits Verlagssystem, Protoindustrialisierung und Manufakturen, aber lange Konstanz der traditionellen Sozialordnung; Rückgang der Bedeutung vieler Städte, aber Konzentration bisher differenzierter städtischer Leistungen auf einige wenige Hauptorte; verminderte Bedeutung der städtischen Handelshäuser, aber wachsende Bedeutung einzelner Unternehmer und der staatlichen Wirtschaftsförderungen.

Hieraus erwächst die weiterführende Hypothese, die wir mit unserer Aufsatzssammlung aufzustellen versuchen: Bereits vor der Industrialisierung waren durch die Einordnung in das entstehende Internationale System die Grundstrukturen für die regionale Entwicklung des niedersächsischen Raumes geschaffen, die in der Industrialisierungsphase gefestigt wurde[36].

Eine qualitative Bewertung der Außenverflechtungen im Hinblick auf das Verhältnis innenbürtiger und außenbürtiger Kräfte können wir noch nicht leisten. Hierzu fehlen viele weitere Arbeitsschritte: Preise, Löhne, Hinweise zum Lebensstandard, Hinweise zum Sozialprodukt, Hinweise zum Pro-Kopf-Einkommen und Hinweise zur Handelsbilanz müssen an aussagefähigen, regional differenzierten Einzelbeispielen mit vergleichbaren Angaben aus den Niederlanden, aus England und aus Hamburg in Relation gebracht werden. Sinnvoll wäre es, in einem zusätzlichen Schritt die politische und die gesellschaftlich-mentale Ordnung genauer zu untersuchen; das aber ist einstweilen noch Utopie. Gruppenspezifische Mentalitäten fallweise zu untersuchen, wäre besonders interessant.

Wem unser Vorhaben problematisch erscheint, dem könnte ich mit Fernand Braudel Recht geben. Braudel legt Kriterien für die Peripherien und für das Zentrum fest, um fortzufahren: "Schwieriger dagegen ist es, die an diese zentrale Zone angrenzenden Nachbarregionen ... zu erfassen, die dem Kernbereich manchmal kaum nachstehen ..." Glücklicherweise aber ergänzt Braudel nach wenigen Zeilen: "Daß in Wirklichkeit sehr wohl mehr oder weniger deutlich zu Tage tretende Unterschiede bestehen, beweist das Kriterium der Preise, der Löhne, des Lebensstandards, des Sozialprodukts, des Pro-Kopf-Einkommens und der Handelsbilanz in all den Fällen, in denen uns Zahlen zur Verfügung stehen"[37].

---

[36] In diesem Sinn bereits: Karl-Heinrich Kaufhold, Historische Grundlagen der niedersächsischen Wirtschaft. In: Niedersächsisches Jahrbuch für Landesgeschichte 57, 1985, S. 69-108.

[37] Braudel, Aufbruch (wie Anm. 9), S. 38.

Abkürzungsverzeichnis

AfA	Amt für Agrarstruktur
CKO	Calenberger Kirchenordnung
Ggr.	Gute Groschen
Gr.	Groschen
ha	Hektar
Hm.	Himten
Hz.	Herzog
Kfst.	Kurfürst
Kg.	König
km	Kilometer
Ma.	Malter
Mg.	Morgen
Mgr.	Mariengroschen
NHStA	Niedersächsisches Hauptstaatsarchiv Hannover
StAH	Stadtarchiv Hannover
Pfg.	Pfennig(e)
Pfd.	Pfund
Rtlr.	Reichstaler
Tlr.	Taler

Verzeichnis der Autoren und Autorinnen

Christian Eggers, geb. 1963. Ab 1984 Studium der Germanistik, Geschichte und Politik an der Universität Hannover. 1991 Magisterexamen in Deutscher Literaturwissenschaft und Geschichte. Seit 1992 Wissenschaftliche Hilfskraft an der Universität Hannover.

Carl-Hans Hauptmeyer, geb. 1948. Studium der Geschichte, Geographie und Wissenschaft von der Politik. 1975 Promotion, 1978 Habilitation, seit 1983 Prof. für Geschichte des späten Mittelalters und der frühen Neuzeit unter Einschluß der Regional- und Lokalgeschichte am Historischen Seminar der Universität Hannover.

Anne-Lore Koch-Steding, geb. 1958. Studium der Fächer Geschichte und Englisch für das Höhere Lehramt an der Georg-August-Universiät Göttingen. Ab 1982 Fortsetzung des Studiums an der Universität Hannover. 1985 Erstes Staatsexamen. Erteilung von Volkshochschulkursen für Familiengeschichtsforschung und Englisch.

Rolf Kohlstedt, geb. 1958. Studium der Geschichte und Deutschen Literaturwissenschaft an der Universität Hannover, anschließend Tätigkeit im Stadtarchiv Bad Münder und an der Kreisvolkshochschule Schaumburg.

Elke Meyer, geb. 1953. Studium der Geschichte und Soziologie an der Universität Hannover. Ab 1988 war sie Wissenschaftliche Mitarbeiterin am Museum im Schloß Bad Pyrmont und ist seit 1991 wissenschaftliche Referentin beim Museumsverband für Niedersachsen und Bremen e.V. in Hannover.

Dirk Riesener, geb. 1961. Studium der Geschichte und Germanistik an der Universität Hannover. Nach dem Magisterexamen 1989 war er Mitarbeiter bei universitären Forschungsprojekten und Stipendiat der niedersächsischen Graduiertenförderung. Zur Zeit Arbeit an einer Promotion zum Thema: "Politische Kultur und politische Polizei im Königreich Hannover". Veröffentlichung diverser Arbeiten zur niedersächsischen Regionalgeschichte.

Karin Schmidtke, geb. 1963. Studium der Geschichte und Philosophie an der Universität Hannover. 1990 Magisterabschluß. Studienschwerpunkte: Lokal-, Regional- und Alltagsgeschichte der frühen Neuzeit und Zeitgeschichte. Seither Werkaufträge zur Schulgeschichte in Vorsfelde (Wolfsburg) und Barsinghausen sowie zur Sozial- und Alltagsgeschichte der Bergarbeiter in Barsinghausen.

Christiane Schröder, geb. 1963. Studium der Geschichte, Politik und Deutscher Literaturwissenschaft an der Universität Hannover. Magisterexamen, Tätigkeit in der Erwachsenenbildung. Veröffentlichungen zur Regional- und zur Geschlechtergeschichte, besonders der frühen Neuzeit. Seit 1991 arbeitet sie an einer Dokumentation zur hannoverschen Frauengeschichte.

Martin Stöber, geb. 1958. 1978-85 Studium der Geographie und Geschichte für das Lehramt an Gymnasien an der Universität Hannover, 1986-87 Refendariatsausbildung, 1988-90 Anstellung als Historiker bei der Stadtverwaltung Elze, 1990-92 beim Kulturamt der Stadt Goslar. Seit 1993 Mitarbeiter bei einem Forschungsprojekt der Universität Göttingen. Mehrere Publikationen zur niedersächsischen Regional- und Lokalgeschichte und ständige Tätigkeit als Referent in der Erwachsenenbildung.

Rolf Uphoff, geb. 1963. Studium der Geschichte, Soziologie und Wissenschaft von der Politik an der Universität Hannover, 1987 Magisterexamen. Seit 1989 Arbeit an einer Dissertation über die Geschichte der Deicharbeit an der oldenburgisch-ostfriesischen Küste im 17. und 18. Jahrhundert. 1987-92 Wissenschaftlicher Mitarbeiter am Küsten-Museum der Stadt Wilhelmshaven, seit 1992 Wissenschaftlicher Mitarbeiter am Schloßmuseum Jever. Diverse Publikationen.

Ortsregister

Personenregister

Hannoversche Schriften
zur Regional- und Lokalgeschichte

Bisher erschienen: